大学生职业素养提升研究

余继军　马新强　著

北京航空航天大学出版社

内 容 简 介

本书从IT相关专业的职业素养和岗位需求能力出发，重点介绍包括演讲与口才、交流与沟通、写作、礼貌礼节、信息处理、简历制作、面试技能、个人管理、团队素质拓展等能力在内的非专业能力以及与软件开发工作相关的IT专业技能和素养。本书逻辑清晰，内容翔实，共有10章，分别讲述了职业素养、演讲与口才、流畅文笔、信息素养、求职简历、职场礼仪、面试考核、就业权益、工程素养和团队素质。

本书可供从事大学生职业素养教学的老师参考使用，也可供从事职业素养培训的教育机构使用。

图书在版编目(CIP)数据

大学生职业素养提升研究 / 余继军，马新强著. -- 北京 ：北京航空航天大学出版社，2020.9

ISBN 978-7-5124-3369-4

Ⅰ. ①大… Ⅱ. ①余… ②马… Ⅲ. ①大学生—职业选择—研究 Ⅳ. ①G647.38

中国版本图书馆CIP数据核字(2020)第181938号

大学生职业素养提升研究

余继军 马新强 著

策划编辑 董宜斌 责任编辑 张 凌

*

北京航空航天大学出版社出版发行

北京市海淀区学院路37号(邮编100191) http://www.buaapress.com.cn

发行部电话：(010)82317024 传真：(010)82328026

读者信箱：copyrights@buaacm.com.cn 邮购电话：(010)82316936

北京九州迅驰传媒文化有限公司印装 各地书店经销

*

开本：710×1 000 1/16 印张：14 字数：298千字

2020年9月第1版 2020年9月第1次印刷

ISBN 978-7-5124-3369-4 定价：68.00元

前言

2013年习近平在同各界优秀青年代表座谈时指出:梦想从学习开始,事业靠本领成就。党的十九大报告指出,青年一代有理想、有本领、有担当,国家就有前途,民族就有希望。大学生是祖国的未来和民族的希望,肩负着实现“两个一百年”和中华民族伟大复兴中国梦的历史使命。大学生不仅要志存高远,更要有服务祖国和人民的本领。对于大学生而言,成功地就业是成就事业的开始,而成功地就业离不开过硬的本领和扎实的职业素养。

当前,绝大多数的大学生都能够在毕业时顺利就业,但有的毕业生在毕业时却不能顺利就业。这其中存在的原因很多,有就业观念和选择的问题,也有就业技能和岗位胜任力不足的问题,还有完成不了学业的问题,等等。在很多大学生就业面临困难的同时,很多企业却面临着招不到合适的人才的矛盾局面。提高大学生职业素养,提高其就业竞争力,可以缓解这种供需矛盾。因此,在高校的大三和大四年级开设“职业素养训练”课程势在必行,是加强和改进大学生思想政治教育工作的迫切需要,也是促进大学生成长成才的需要。

职业素养可以分成专业素养和非专业素养两大类,不同的行业有不同的职业素养需求。本书从IT相关专业的职业素养和岗位需求能力出发,重点介绍包括演讲与口才、交流与沟通、写作、礼貌礼节、信息处理、简历制作、面试技能、个人管理、团队素质拓展等能力在内的非专业能力以及与软件开发工作相关的IT专业技能和素养。

本书逻辑清晰,内容翔实,共有10章。第1章是大学生职业素养综述,介绍了职业素养的概念、组成、内涵、意义以及如何加强和提高大学生的IT职业素养等。第2章开始具体介绍与大学生IT职业素养相关的知识和技能,即演讲的概念、分类、结构、交流沟通的技巧等。第3章介绍写作的基础知识、常用写作技巧,并以生活中的案例进行分析和说明,旨在加强大学生的写作能力,帮他们练就职场的核心竞争力。第4章主要介绍大学生应该掌握的常用信息技术和技能,为提高职场的办公效率和提升专业素养奠定基础。第5章主要介绍大学生如何通过分析招聘信息来确定自己的工作岗位以及如何根据四年的现实表现来梳理、设计和制作符合行业标准的求职简历。第 6 章主要介绍大学生在职场中应知道和遵循的礼仪及规则。第 7 章主要介绍在面试过程中应该掌握的知识和技巧。第 8 章主要介绍大学生在求职过程中应该注意的事项以及如何保障自己的合法权益等。第 9 章介绍 IT 相关专业（软件工程）大学生应该掌握的工程素养和基本技能以及完成项目的流程和规范。第 10 章主要介绍在现代职场中个人应该如何在时间、学习、习惯、情绪等方面进行管理以及如何加强团队的素质拓展和训练。

本书由余继军策划统稿，各章节编写工作分工为：第 1～5 章由余继军负责，第 6～10 章由马新强负责。

本书的编写是在借鉴大量同仁研究成果和多次实地走访知名企业高管、技术总监以及人力资源负责人的基础上完成的，作者参阅了许多有价值的文献资料，借鉴了很多专家、学者、行业人员的宝贵经验，在此向他们表示衷心的感谢。由于时间仓促，加之作者水平有限，书中疏漏和错误在所难免，真诚地欢迎各位读者提出批评和宝贵意见。

余继军　马新强
2020 年 5 月

目 录

第 1 章

职业素养——行走职场的基础

现代企业和各行各业都有自己的高标准行业规范和从业法则，每一个大学生在进入职场前也要充分了解自己所入行业的素养规范和要求，了解得越早，熟悉程度越高，越有利于自己快速融入行业和进入工作状态。大学生在学校时培养和练就的爱岗敬业、工作踏实、耐心细致、超强执行能力等品质，无疑都是优秀职业素养的一部分，也是一个人在从业过程中的良好开始，但是企业和领导更看重员工的工作状态和结果，即结果导向性。因此，不同的思维方式和良好的职业素养将成为每一个大学生追求和修炼的技能。接下来我们就如何提升大学生的职业素养进行讨论和分析。

何为职业素养

为什么要讲职业素养这个概念？假如你去某银行办理业务，当你走进柜台时看到一个穿戴整洁、服装统一、面带微笑、起身相迎、彬彬有礼且动作快速高效的工作人员为你办理了业务，你此时的感受是什么？你会觉得工作人员的专业化令你舒适，下次还想来这里办理业务。没错，这种感觉就来源于银行工作人员良好的职业素养。每个行业都有自己的职业素养和规范，所谓职业素养就是：职业内在的规范和要求，是在职业过程中表现出来的综合品质，包含职业道德、职业技能、职业行为、职业作风等方面[①]，也就是从事某项职业时所具备的素质和修养。具体到岗位而言，职业素养体现在态度、情感、认知、技能、知识、创造力、胜任力等方面。我们要想成为一个谈吐优雅、充满自信、专业精进的 IT 精英，就得从自己良好的行为习惯和工作作风开始慢慢训练和养成。

职业素养的组成

不同的行业和专业有不同的职业素养需求，但总体而言，职业素养可以分成专业素养和非专业素养两大方面。专业能力是从事某一专业领域的某一岗位的胜任力。非专业能力是一种公共能力，是一种可迁移能力。这些能力可广泛运用于各行各业、各个岗位和人生发展中。非专业能力主要是指包括一个人的格局与视野、思想与品德、演讲与口才、交流与沟通、写作与阅读、调研与策划、组织与管理、礼貌与礼节、批

① 任婷.高校软件工程人才职业素养培养途径探析[J].教育现代化，2016，9.

判与创新、反思与总结、信息与处理、身体与心智等能力在内的软能力，以及包括个人情绪、时间、心态、效能、自信、包容、气场、逆商等在内的潜能力。这些能力也叫作可迁移能力，一旦拥有则可适用于社会各行各业。非专业能力又可以划分为软能力和潜能力两方面。这些能力不是生而拥有和先天具备的，是可以通过后天的训练和实践获得的。

第一节　为什么要加强职业素养训练

一、职业素养的重要性

案例 1：一家知名高科技企业招聘博士的故事。

企业由于发展前景较好且福利待遇好，吸引了大批著名高校的硕士和博士研究生前来报名应聘。经过几轮 PK 下来，小张（化名）从众多应聘者中脱颖而出，进入最后的面试和审核环节。正待公布结果之际，公司决定休会 10 分钟，大家纷纷中场休息和上卫生间。不知小张是由于本身习惯不好，还是由于此次面试思考的事情太多以至于上完卫生间后却没有按下冲洗键，而是直接离开了卫生间。运气不好的是，这一幕被正好来上卫生间的公司总经理看到了。正当小张信心满满地等待公布结果之时，却看到公司公布的录取名单中没有自己的名字，而有岗位胜任力和学术水平都稍稍落后自己一点的小李。

小张非常纳闷，不知道自己哪个环节出了问题。这说明一个人最基本的素养不仅仅是学术和能力，还有品质和言行。

案例 2：小高购买高铁票的故事。

国庆长假前夕，某知名 IT 公司要派 10 人去上海参加一个重要的产品推介会。因会议重要，加之国庆期间机票和高铁票非常难买，所以，公司总经理本周一上班第一件事情就是落实买票事宜。9 月 27 日一大早，总经理就安排办公室小高在网上预订高铁票。由于小高手机信息没有及时完善，不能在手机上预订，考虑到量大，于是就收齐身份证去现场购买，快下午了，小高满头大汗地回来了，说："售票处人太多了，我挤了半天，排了 1 个小时才轮到我，但是窗口的所有高铁票和其他火车的软卧票、硬卧票、硬座票都卖完了，没办法，我只好回来了。"

总经理非常生气，将小高狠狠地训了一顿，说他真不会办事。小高感到很委屈，心想：我辛苦了大半天，的确是因为手机出了问题，我还亲自跑了一趟车站，但确实是没票了，为什么还要怨我呢？

反思与讨论：

1. 总经理为什么会批评小高？

2. 如果你是小高，总经理派你预订高铁票，请问你会怎么做？

二、近年来大学毕业生数据和行业就业情况

2018年6月11日，由麦可思研究院正式发布的《2018年中国大学生就业报告(就业蓝皮书)》显示：2017届大学生毕业半年后的失业率(8.1%)与2016届、2015届(分别为是8.4%、8.3%)基本持平。其中，本科院校2017届毕业生的失业率(8.4%)与2016届(8.2%)基本持平，比2015届(7.8%)略高；高职高专院校2017届毕业生的失业率(7.9%)比2016届、2015届(分别是8.5%、8.8%)略低。从近三届的趋势可以看出，大学毕业生半年后失业率呈现平稳态势。① 同时，该报告中对毕业生去向的调查显示：在2017届大学毕业生中，有78.7%的人毕业半年后受雇全职或半职工作，2.9%的人自主创业，0.4%的人入伍；有10.8%的人升学，其中7.0%正在国内读研，1.1%正在港澳台地区及国外读研，2.7%正在读本科；有7.2%的人处于失业状态，其中1.4%准备在国内外读研，3.4%准备继续寻找工作，还有2.4%放弃了继续求职和求学。①

三、就业难的原因分析

在就业市场存在一种奇特的怪现象：一方面大量的毕业生无法按时就业或者找不到满意的工作；另一方面大量的用人单位却找不到合适的毕业生。造成这种供需矛盾的原因很多：一是体制问题，如中国自身产业结构尚处于变革和调整中，对毕业生提出了更高的要求。二是教育体制的不健全和专业设置的滞后性，影响了毕业生接受社会的挑选。三是学生的岗位胜任力达不到用人单位的要求，导致毕业生被用人单位委婉地拒绝。四是学生的期望值和能力水平与用人单位的待遇和要求不相匹配，造成高不成、低不就的就业意识错位。因此，加强大学生就业观念和意识转变，加强职业素养训练，提高思想觉悟、职业道德水平、岗位胜任力以及可迁移技能变得十分关键。这些综合素养将影响学生一生的成长，能为学生未来的发展奠定坚实的基础。

四、加强职业素养的意义

1. 增强就业竞争力，帮助快速寻找工作

当今社会说到底是人才竞争的社会，人才竞争导致就业压力增大。因为没有一个企业愿意花钱选拔一个不能给公司带来效益和价值的员工。那些从众多求职者中脱颖而出的佼佼者都有一个共同的特点：拥有良好的专业能力和非专业素养。用人单位在选拔和招聘时主要是看应届毕业生的专业能力和非专业素养。当然不是每个人都能百分之百达到用人单位的标准，用人单位都是尽可能地向这个标准和方向去寻找可接受的人。谁比别人拥有更多的专业能力和非专业素养，谁就可能先被录用。

① 麦可思研究院. 2018年中国大学生就业报告(就业蓝皮书)[R]. 北京，2018，6.

2. 提供岗位胜任力，促进职业快速发展

一步领先，步步领先。个人某个领域比较突出的主要原因是不间断地训练和知道计划对于自己成长的意义。因为善于规划的大学生比一般大学生进入职场后更能进入角色状态并快速发展，有良好职业素养的大学生，习惯和善于关注行业动态和社会发展状况，能够很好地将自己的专业、学业与社会的变化和需求进行有效的对接和转化。

五、如何解决就业难问题

（一）树立正确的就业观

树立正确的就业观，首先要衡量自己的综合素质有多高，专业知识有多少，实际操作能力有多强。根据这些自身基本条件去对照，自己干什么工作比较适合，再去有针对性地应聘，这样应聘的成功率就比较高。这才是正确的就业观。反之，没有正确地估价自己，盲目上阵，就是错误的就业观。

1. 实现四个转变

（1）精英—大众：随着高等教育由精英教育向大众化教育推进，大学生就业模式必然由精英教育阶段所形成的毕业生就业模式，向大众化教育阶段所形成的毕业生就业模式转变。

（2）城市—基层：广大基层特别是西部地区、艰苦边远地区和艰苦行业以及广大农村还存在人才匮乏的问题。

（3）公有—非公有：传统上大多数人都希望到政府机关、事业单位或国有大企业谋职、发展，而不愿意到集体企业或民营企业求职发展。

（4）专业—通用：注重综合素质，现代社会分工越来越细，在校期间所学专业知识与现实需要难以完全吻合，求职过程中如果过分强调专业对口，则难以找到合适的职业。

2. 几个错误的观点

（1）求稳，迷信铁饭碗、公务员、事业单位；

（2）求大，大城市、大单位、大机关；

（3）求高，高起点、高收入、高福利；

（4）求闲，有五要八，早上报纸下午茶；

（5）求适，舒适、优美、明亮、宽敞的环境。

3. 树立新的就业观

（1）树立先就业、后择业的观点；

（2）有到基层、一线、边远地区的决心；

（3）不怕困难、艰苦创业的就业观；

（4）自强自立、敢闯敢干的就业观；

（5）循序渐进、不断发展的就业观；

(6) 跨地区、跨行业、跨所有制、跨国界的全方位就业观;

(7) 树立自主创业、终身学习的观念;

(8) 树立发挥专长、注重综合素质的观念。

(二) 快速找到自己的方向并着手准备(专业或专业相关方向,互联网公司的六大岗位方向)

高考前,每个同学都干劲十足、热情高涨、信心满满,因为大学就是黑夜中的明灯,这盏灯照亮了前行的道路,让同学们目标明确、方向清晰,那就是考上大学。然而考上大学后,天亮了,灯却熄了,有的同学没了方向,开始迷茫,不知该走向何方……

当今,大学校园学风乱象千奇百怪,不上课、不考试、不锻炼、不做清洁、不洗澡、不讲礼貌、不讲诚信、不写代码(不完成作业)、不参加课外科技文化活动,迟到、早退、旷课等现象时有发生。虽然这不是普遍现象,却影响了整个大学的学习风气和个人的成长发展。有的同学以为考上大学后就万事大吉了,却不知道考上大学后不一定能拿到毕业证。拿到毕业证也不一定能拿到学位证。双证到手,也不一定能找到工作或者找到满意的工作。临近毕业,有的同学在填写简历时,才发现自己的大学生活一片空白,不知如何填写,这才感觉大学四年白上了。

怎样才能像高考前一样精神饱满、斗志昂扬有动力地去学习呢?怎样才能在千军万马过独木桥的潮流中顺应形势,到达成功的彼岸?怎样才能根据自己的爱好和兴趣在毕业时撰写出适应社会发展需要而又有特色的简历呢?这就需要我们从大一开始就确定学业目标并认真做好成长发展规划。

人生为什么要规划呢?哈佛大学的一项研究表明,有规划跟没有规划,效果截然不同。3%的人有清晰且长期的目标,一直朝着同一个方向不懈努力,25 年后,他们几乎都成了社会各界的顶尖成功人士。10%的人有清晰的短暂目标,大都生活在社会的中上层,不断完成预定的短期目标,生活状态逐步上升,25 年后,他们成了诸如医生、律师、工程师、高级主管等各行各业不可或缺的专业人士。60%的人目标模糊,25 年后能安稳地生活与工作,但都没有什么特别突出的成绩。27%的人是那些没有目标的人群,他们几乎都生活在社会的最底层,生活过得很不如意,常常失业,靠社会救济,并且常常都在抱怨他人、抱怨社会、抱怨世界。

1. 榜样的力量无穷大,学习从模仿开始

其实每一个进入大学的同学都是优秀的,至少一开始都是积极和有雄心壮志的。那为什么从进校时的认真、严格,逐步变成了落后、邋遢、迷茫的状态呢?是因为调剂过来,不喜欢这个专业,而没有学习的兴趣?还是因为课程太难,学不懂而不愿意去深入研究、啃下专业的硬骨头?只求毕业,是专业的问题,还是学生的问题?显然更多的应该是学生自己的问题。榜样的力量是无穷的,每个人都需要一个或者多个榜样来支撑前行的路!俗话说:条条大路通罗马,我们能否从别人成功的道路和模式中找到适合自己的发展路径呢?

(1) 学好专业,走专业发展之路。人工智能和大数据时代的到来为同学们的成长和发展带来了无限机会和更多可能，信息技术的普及和深度交叉，让新工科、新商科充满活力。毫无疑问，IT信息类专业在未来很长一段时间都会是朝阳产业。因为各个行业都离不开信息技术。如何才能学好呢？一是要了解专业背景和行业发展状况，如通过对各专业人才培养方案的学习，可以对专业整体状况和发展去向有一定的知晓，对各学年和学期的课程安排有一定的了解。通过关注专业相关企业的招聘信息、专业前沿的学术讲座可以加强对行业前沿的了解。二是要奠定良好的专业基础，其实整个大学相对于走入社会实际工作岗位而言都算是基础教育的一部分，同学们应该在大学的第一学年里把专业基础和文化基础课程学扎实，学懂弄通，能够做到举一反三，建立知识宽度，为高年级的深入学习奠定基础。三是要多去图书馆和实验室，专业技能是专业学得好坏的直接体现，要通过熟能生巧和反复琢磨来研究和强化技能，让它成为解决实际问题的求生本领。四是要多参加学科竞赛，通过参加比赛可以不断增强自己的思维、动手和解决生产实际问题的能力，同时可以拓展自己的眼界。

① 走上北京理工大学讲台——周川。他是重庆文理学院计算机学院（现人工智能学院）2008级教育技术学（影视媒体技术）专业的学生，学习刻苦，擅长影视制作与动漫技术，曾担任学院红星漫影协会会长，主持了学校技能大赛，拍摄了学院风采展等影视宣传片。2010年拍摄的《华灯初上》入围上海世博会，原创动画作品《飞翔症候群》获北京电影学院动画学院之“最佳新人奖”和“最佳短片提名奖”，并获北京蓝梦无限传媒科技有限公司设立的“蓝梦无限创新奖”奖学金。他的获奖，让重庆文理学院首次获此殊荣。他毕业后工作于北京龙世纪文化传播有限公司，作为校企合作的骨干教师被派往北京理工大学授课，教学效果良好，受到师生的欢迎。

② 阿里巴巴集团的资深工程师——孙兆。他是重庆文理学院人工智能学院2011届毕业生，一毕业就被阿里巴巴集团录取，现已工作七年，任淘宝事业部前端工程师。他特别喜欢绘画和设计，大二时创办了RS动漫社，主办过大型活动多次，由于善于钻研和技术过硬，在重庆市、国家部委主办的各类大型学科竞赛中获得大奖。孙兆说能够成功就职于阿里这样的大型企业，主要得益于在校期间有一定的互联网思维和国际视野，经常关注行业动态、不断地加强思维训练，在校项目训练和实习实践过程中培养了自主学习和适应能力，用开放、包容的心态去拥抱快速的发展和变化。

③ 快速实现“北漂”扎根北京的陈有余。陈有余毕业于重庆文理学院2011级计算机科学与技术（软件工程）2班，在校期间，一直担任2班班长，学习刻苦，乐于助人，荣获过两次“国家励志奖学金”。毕业后一直从事Android系统相关的研发工作，就职于58集团北京总部，负责58同城App招聘版块的研发工作，服务于5亿用户；于2018年进入58集团新英才项目组（原中华英才网），负责从0到1研发新英才App，目前为新英才项目组核心技术成员。由于工作能力出色，他受到各个团队的一致好评，并于2019年完成职级晋升，成为58集团高级研发工程师。

很多同学会认为，专业太难，尤其是软件工程、大数据、人工智能相关专业，特别是对于个别女同学而言更是难上加难。在专业领域求职几乎被他们看成是很难做到的事情。然而真的有那么难吗？实际上，通过调研发现，每一个专业在制作人才培养方案的时候都会留有宽口径的出口。下面我们举例说明当前互联网行业的六大岗位，如表 1.1 所列。

表 1.1　当前互联网行业的六大岗位

序　号	岗　位	岗位描述
1	运营岗位	内容、产品、数据、用户、活动、游戏运营等
2	产品岗位	产品经理、产品助理、产品专员等
3	设计岗位	UI 设计、交互设计、视觉设计等
4	技术岗位	前端开发、后台开发、移动开发、测试、运维等
5	市场与销售岗位	策划、营销、推广、销售等
6	职能岗位	人力、行政、财务、法务等

这 6 个岗位几乎可以让同一专业的每个同学成功就业。1 和 2 有一定的专业知识和技能要求，同时要具备一定的策划、设计和组织管理能力；3 和 4 是纯技术岗，对这个技术岗又进行了划分，有的同学喜欢平面，对颜色、构图、绘图等比较善长和敏感就可以选择 3 设计岗位，对程序、算法、数据库等比较敏感的可以选择 4 技术岗位；对于口才比较强，有一定的市场推广能力的同学可以选择 5 市场与销售岗位；对于办公室工作比较熟悉的同学可以选择 6 职能岗位。如此一来，同一个专业相关的岗位至少就有 6 个大的类别。因此，只要有计划和方向，就一定可以实现专业对口或者至少相关就业。

(2) 立志考研，走应用研究之路。考研可以说是许多学子的求学梦想，能增强学术水平和专业能力，同时也扩大了就业层面。有的同学一进校时就明确了要考研的目标，有的同学则是到了大三才开始确定考研。其实，与其晚考，不如早准备，而且越早越好，从大一开始准备最好。考研的目标确定之后，学习的劲头和努力程度都会大大提高。如能拿出当年高考复习的精神和状态来学习和复习，一定一考就能考上。

大三后才决定考研的帅小伙——任玉亭曾就读于重庆文理学院计算机学院的 2008 级教育技术学专业，2012 年以英语 71 分、政治 76 分、专业 278 分、总分 425 分的优异成绩考取四川大学硕士研究生。在 1～3 年级期间他曾担任学院团总支副书记和班长等职务，2009 年加入中国共产党；荣获特等奖学金 5 次，国家励志奖学金 1 次，获“重庆市优秀毕业生”称号和校“优秀共青团干部”“三好学生”称号。现任职于安徽省亳州市委组织部。很多同学担心担任学生干部和社会职务会影响学习，实际上只要做到有目标，合理安排时间，做事有规划，就一定可以实现学业进步和能力提升的双赢目标。

(3) 出国留学，走国际发展之路。中国正由世界的边缘走进世界的中央，开放程度越来越高，国际化合作越来越紧密。具有全球眼光和国际竞争力的复合型人才越来越受到世界500强企业和跨国公司的青睐。出国留学对于开阔眼界、增长见识、提升海外学术经历都是非常不错的选择，特别是对提高外语表达和写作能力有非常好的效果。目前重庆文理学院和很多国家开展了联合办学项目，可以供同学们选择。软件工程学院办学10年来已选拔推荐了10余名学生留学海外，有的已学成归来，成长为公司骨干。

(4) 创新创业，走自主发展之路。大众创业、万众创新激励了许多大学生，也成就了青年的创业梦想。建院10年来，重庆文理学院人工智能学院的一大批优秀学生走入社会，自主创业。这些同学通过创业，不但成就了自己并获得了丰富的经济回报，还为社会创造了不少的就业岗位。其中，2006级教育技术专业毕业的李珂新很值得大家学习。他在校期间同时获得成都电子科技大学管理学学士学位。毕业后曾在重庆创业，一年后回到家庭自营公司发展，并担任公司业务经理，实现一年内营业额提升1000多万元的好成绩。由于业绩出色，他被推举为公司总经理。经营管理好公司后，他又成立了山东宝柔国际贸易有限公司，2017年12月成功收购韩国iboro纸制品实验室，研发销售安宝柔纸尿裤，公司掌握全球最新一代纸尿裤核心技术并成功签约美国3M公司、日本住友公司，与德国莱卡合作，成为战略合作伙伴。

(5) 应征入伍，走职业军人之路。国防信息现代化建设需要一批高学历、高素质的复合型人才，IT信息类专业的学生应征入伍，将大有作为。我院第二届学生会主席姜凯，于2006年6月入党，同年9月考入我校教育技术学专业，在校期间多次获专业奖学金，多次被评为“先进个人”和“优秀学生干部”。2009年12月参军入伍，进入济南军区某野战部队服役，其间充分发挥大学生综合素质能力强的优势，利用部队的广阔平台和各种机会锻炼自己，不怕苦、不怕累，练就一身过硬的军事本领。先后荣获“优秀士兵”“岗位成才先进个人”等荣誉称号。2011年因表现突出，荣立三等功两次、二等功一次。2012年9月顺利通过大学生士兵提干考试，现担任北部战区陆军某部连级军官。

(6) 备考公招，走事业单位之路。有的同学从小的梦想就是进机关、进政府、进事业单位当一个公务员或是当一名光荣的教师。在现今“逢进必考”和犹如千军万马过独木桥的形势下，要走这一条路无疑要为自己多做准备。一是要有高尚的思想品德和崇高的理想信念；二是要有良好的听说读写、组织策划、协调管理等综合素质；三是要加强复习，过好理论考试关，如申论、行测、综合基础知识、机关应用文写作等；四是要准备好面试，“冰冻三尺，非一日之寒”“台上一分钟，台下十年功”。一个人的综合素养不是一朝一夕就能形成的，非深入社会实践和各类平台千锤百炼不可。目前重庆文理学院人工智能学院（原计算机学院）参加的公招考试主要有考村官、考公务员（考警察）、考教师、“三支一扶”（支农、支教、支医，扶贫）、特岗计划、西部计划、其他事业单位等类别。

(7) 基层起步，走大众发展之路。有同学会说，不好意思，似乎以上路线都不适合我，那我又该怎么办呢。天无绝人之路，条条道路通罗马。办法总比困难多，总有我们的出路，那就是从小微企事业单位或社会的最基层开始，总能找到我们的出路和饭碗。这条路可能也是最适合大多数同学的选择。2008 年金融危机爆发以后，就业形势异常严峻，2007 级计算机应用技术(多媒体方向)专业毕业生张雪花，曾任计算机学院外联部长、礼仪队长，她于 2009 年 12 月 25 日，与众多技校中职学生一起以实习生的身份进入富士康华东淮安厂区 NWIng 事业群从事一线插件、看板等工作。由于她认真、细致、上进、心态平和，很快被从作业员提拔为全技员。两年后担任生产线线长、生管、物控等职务，于 2011 年晋升为工程师，同年 8 月调回富士康科技集团重庆厂区 NWInG 事业群 CQ 总务行政科，2012 晋升为总务行政工程师。

2. 练就过硬本领，锻造核心竞争力

不管走哪一条路，一个人的发展总是跟他的职业素养和综合素质能力相关的。这个综合素质能力由两部分构成，一个是专业能力，我们把它叫作硬实力，它是我们来求学的根本，是我们的主业，更是我们求职和发展的基础；另一个是包括思想与品德、演讲与口才、交流与沟通、写作与阅读、调研与策划、组织与管理、礼貌与礼节、批判与创新、反思与总结、信息与处理等能力在内的软实力以及包括个人情绪、时间、心态、效能、自信、包容、气场等在内的潜能力。这些能力也叫作可迁移能力，适用于社会各行各业。这些能力不是生而拥有和先天具备的，而是可以通过后天的训练和实践获得的。那我们怎样才能获得这些能力呢?

(1) 腹有诗书气自华，勤奋努力运气佳。大学的功能是育人，上大学的目的是读书，新时代的大学生一定要珍惜韶华，多读书，除了读好第一课堂的专业和其他课程的书外，还要多读古今中外的经典名著，做到贯通古今、融汇中西。习近平总书记之所以能取得如此伟大的成就，满腹经纶，跟他在那艰苦的七年知青岁月里读的书是分不开的。在历史著作方面，他读了《中世纪史》《基督教青年读本》《中国通史简编》《史记选》《汉书选》《后汉书选》《三国志》《中国古代思想史》；在马克思主义经典著作方面，他读了《共产党宣言》《法兰西内战》《哥达纲领批判》《反杜林论》《国家与革命》《资本论》；在文学方面，他读了《离骚》《古诗源》《李白诗选》《三曹诗选》《静静的顿河》《九三年》《战争与和平》《一九一八》《悲惨世界》《鲁迅全集》《且介亭杂文》；在军事和国际政治方面，他读了《罗斯福见闻秘录》《隆美尔战时文件》《太平洋战争：岛屿战争》《马克思恩格斯军事文选》《战争论》《中国古代军事理论选集》《三十六计》《毛泽东军事文选》《中国革命战争的战略问题》《十大军事原则》《伟大卫国战争年代苏军战术的发展》《苏联伟大的卫国战争的重要战役》《核武器对外政策》《选择的必要：美国外交政策展望》。而且习近平总书记善于运用比较读书法和撰写读书笔记来加强学习。

三毛说：书读多了，容颜自然改变。沈从文也说：读书是门槛最低的高贵。因为知识忘了，思想却留下了。书读多了，才会通晓事理、透彻人生，才不会“书到用时方恨少”“船到江心补漏迟”。当今多媒体盛行、院线电影再受追捧，周末大家都喜欢去看看电影，既是消遣，又增加思考、促进学习。这里就给大家推荐一些励志电影吧。给女生的十部电影有：《牛仔裤的夏天》，推荐理由，体会友情；《情书》，推荐理由，体会初恋；《天使爱美丽》，推荐理由，感受孤独；《隐形的翅膀》，推荐理由，学会坚强；《千与千寻》，推荐理由，学会成长；《穿普拉达的女王》，推荐理由，感受自我；《成为简奥斯汀》，推荐理由，学会尊严；《黑暗中的舞者》，推荐理由，学会母爱；《蓝》，推荐理由，理解万岁；《律政俏佳人》，推荐理由，感受智慧。同时也有推荐给男生的十部电影：《阿甘正传》，推荐理由，感受执着；《东方不败》，推荐理由，感受才华；《美国往事》，推荐理由，体会人生；《罗马假日》，推荐理由，感受爱情；《勇敢的心》，推荐理由，学习勇气；《辛德勒的名单》，推荐理由，体会责任；《肖申克的救赎》，推荐理由，感受信念；《现代启示录》，推荐理由，感受痛苦；《E. T》，推荐理由，不忘童心；《第七封印》，推荐理由，感受哲思。

外表的漂亮是一时的，心灵的美丽才是永远的。一个漂亮的女孩或者帅气的男孩，如果不读书、远离书籍，将失去应有的内涵。我们希望男孩稳重大方，修炼出儒雅的气质，希望女孩温婉而智慧，修炼出优雅的状态。

(2) 纸上得来终觉浅，觉知此事要躬行。明朝心学大师王阳明提出“知行合一”的思想，就是告诉我们不能做“失街亭”的马谡和“纸上谈兵”的赵括，而要做理论联系实际的毛泽东。毛主席善于理论结合实际。他在安源开展农村调查时，剖析了当时中国的现状，抓住了主要矛盾，提出了正确的思路，做出了正确的决定，避开了强大军阀势力，挺进了井冈山，开辟了中国工农红军第一个革命根据地，以星星之火可以燎原之势取得了全国总胜利。因此，同学们在大学里学习也要掌握学习的方法和技巧，一定要抓住课堂45分钟集中精力学习；课后要及时复习、不断消化、反复训练。同时要做好四个方面：一是积极参加校内外各种科技文化活动，加强能力锻炼；二是要踊跃竞选各级各类学生干部，获得成长经历；三是要参加专业性的社团，提升个人兴趣和特长；四是要多参加社会实习实践，广泛获得实践经历，为未来的成长和发展奠定基础。

3. 幸运绝非偶然，成功始于规划

(1) 了解需求，确定目标是基础。兵法有云，知己知彼方能百战百胜。要想实现理想的求职目标和人生价值的最大化，大学生们不能只读圣贤书、不闻窗外事，而要加强对外界信息的了解和获取，要根据外面的情况并结合自身的需求来确定自己的学业目标。一是要了解外部需求情况。有的同学在谈自己毕业后的工资待遇时，“毫不谦虚”地说道至少要7000～10000元，而且还要有良好的办公环境和优厚的福利待遇，工作时间还不能太长，不接受加班和异地出差。有较高的需求本身没有问题，但前提是你得有与此岗位相匹配的能力和价值，不能只从自己的需求出发，因此建议大家在大学期间通过文献、访谈、实践等形式多关注、多了解行业动态。你得回答出一个关键的问题——职场里需要什么样的人。二是剖析自身能力状况。主要是加强对自身情况的剖析和了解。俗话说，了解别人容易，了解自己难。要想真正地了解自己,主要应做好两方面,一方面可通过朋友、室友、亲人、家人、老师、同学等作 360 度无死角评价;另一方面可多参加校内外科技文化艺术活动,在实践中证明和增强对自己的了解。三是整合资源拟定计划。当我们了解外面的状况,又知道自己的需求以后,在熟悉本专业人才培养方案的基础上就可以结合自身特长、兴趣、爱好以及专业发展方向,制定适合自己的学业目标和求职方向。值得提醒的是,拟定的大、中、小目标,一定要设定完成期限,一定要给出理由,再切割成若干个小目标,从而盘点资源,找出成功的经验,确认你要克服的障碍,确认你所需要的知识,然后再核对目标,并再次确认。

(2) 实施计划,正确执行是关键。执行力不仅是完成上级领导和部门工作安排的一种核心素养,更是自己人生规划和成长发展的基础。说一千道一万,不如自己做一遍。一切再好的计划,不去做就会等于零。很多企业家能够取得成功的原因之一就是具备立即行动的执行力。我们确定了学业和求职目标之后,应将长远目标分解成中期、短期、学期,甚至每月的具体目标,然后一定要去执行和实施,而且要身体力行、不尽最大努力誓不罢休。一定要有今日事今日毕的决心和习惯。向大家介绍一位通过学业规划实现求职梦想的人——田寻贝。她是重庆忠县人,计算机学院 2008 级动漫本科班学生,父母都是老实本分的小本生意人。我们在与她进行多轮谈话之后了解到,她父母和她本人的愿望就是想寻找一个稳定的“铁饭碗”工作。我们就给她建议做计算机相关学科的教师。但田同学不是师范生,欠缺很多师范类课程和技能训练。于是,我们帮她做了《如何考取中小学教师的学业职业规划》。将考普通话、过三笔字、修教心学、练习试讲、复习公招考试等相关能力和岗位素养培训贯穿于她大学四年的学习、生活工作中。最后,她通过 3 次公招考试,就职于黔江职教中心,成功实现了做一个计算机老师的梦想,完美实现了当初的理想和目标。

(3) 评估反思,不断总结是进步。毛泽东主席说:“我们的革命能够成功靠什么,一个是团结,一个是总结。”团结就是要团结一切可以团结的人,朝着既定目标走向成功;总结就是要找够成绩、梳理成功的经验;或者要找出问题、总结失败的教训,从而找到解决问题的办法和思路。同学们在学习、生活、工作中也要善于反思和及时总结,以便修正自己的学业方向和不断完善学习规划,从而早日实现当初进校时的初心和儿时的梦想。有的同学在制定学业规划和求职目标时容易出现对职场人的角色认识不到位、不知道自己的学业目标和就业方向、对自己所学的专业兴趣不大、设置的学业目标和求职方向过多、没有记录下学业目标而形成系统的规划书、没有经常检查与总结等问题。

国家经过“十三五”的发展,取得了举世瞩目的成就,各单位通过规划也超常规地发展着。那么我们个人也要通过学业的规划和求职目标的制定来实现人生的升华和华丽的转身。

(三) 主动出击,多方获取就业信息

曾经有一个研究机构做过一个调查,大概意思就是:大学学习期间一直在前排位

置就坐的同学，毕业后往往比坐在后排位置的同学更为积极，能作出更多的贡献。这就告诉我们主动积极的同学总是会获得更多的机会，当今社会是信息交融与数据爆炸的时代，谁获取的信息多就拥有更多的选择。因此，信息＝机遇。信息量越多，选择面越广；信息质量越高，把握性越大；信息越及时，越有主动权；信息越全面明确，求职盲目性越小。然而现在的情况是，很多同学根本不知道如何获取和利用信息。比如，每所大学或者每个学院都会发布许多与专业相关的招聘信息至各自班集体的QQ群。但这些信息的利用率特别低，甚至有的同学根本就不去点击信息，造成信息的浪费。目前大学生获取信息的渠道主要有以下几种。

1. 校园招聘

就在校大学生而言，校园招聘应该还是一个主要的就业信息获取渠道。校园招聘一般有两种方式：一种是学校会把各类就业信息通过辅导员发至各年级就业QQ群中，供大家选择；另一种是有的用人单位有明确的要求，需要校方进行推荐面试。校园招聘有时会提前通知，有的则不会，来得很突然。这就要求，在校的大学生们要提前做好各种准备，如自我介绍、自荐书、简历以及求职面试时可能要应对的问题等。

2. 求职网站

目前各种互联网求职网站如智联招聘、前程无忧等，各种手机App种类繁多，供大家求职、找工作的机会也非常多。大家根据目标岗位要求填写简历发布后，可以获得一些面试机会。

3. 关系网络

这种方式适合家族或者家庭中有资源和社会关系的学生，他们可以借助这些渠道获取就业信息。

4. 直接联系

很多学生对知名的企业、公司比较喜欢和向往，希望毕业后能到这些企业工作。但是这些著名的企业并不一定会到我们的校园来招聘。通过查阅官方信息之后，可以直接向这些企业人力资源部门的HR投递简历。前面提到在阿里工作的重庆文理学院人工智能学院（原计算机学院）校友孙兆就是通过官方邮箱进行投递简历获取的面试机会。

5. 人才中介

当然，如果实在没有其他的渠道和方式，通过人才服务中介机构获取求职信息和进行推荐就业也是不错的选择，不过这些机构一般都需要交一些费用。

（四）对照岗位，外塑形象，内修素质

怎样才能在千军万马过独木桥的竞争中立于不败之地呢？其实，这是一个既复杂又简单的准备工作。说复杂，是指大学生要通过目标定位分析、发展方向决策、计划严格实施等过程才能获得成功，而这个过程起码也要两年以上的时间。说简单，我们只要对照目标岗位需求，对项目表中的一一检查和弥补，加强训练和准备，通过一定的时间即可达到岗位职业技能的要求。

教师准入资格

(1) 思想政治素质。思想政治和品德素质优秀，无任何不良记录，获得毕业证、学士学位证等证书。

(2) 教师基本素质。教师资格证(三字一话、教育学、心理学知识体系完整)。

(3) 逢进必考制。公开招聘教师有两种情况：一种是校招，学校自己有招聘应届大学生的资格和指标。另一种是要经过人事部门统一组织的招聘计划入编，但凡这种就要经过行政职业能力测试、申论、公共基础、应用文写作等科目的统一考试。

(4) 教学科目(专业)与综合素质齐头并进。这里主要指的是专业领域的知识和能力要达标和特点突出，要做到知识扎实、技能过硬、水平高超。

(5) 精彩一课，准备一堂完整的试讲课。为什么要常备这么一堂课呢，很简单，求职面试教师，最重要的和最基本的就是看你有没有讲好一堂课的能力，知识可以积累和学习，但若一个人的综合素质能力不达标，那么肯定是不会被录用的。

案例赏析：立志当一名计算机教师的陈琴

陈琴，女，2013 级软件工程专业学生，来自重庆市丰都县一个普通农村家庭。为了能完成学业，减轻家庭负担，该生结合自身的条件和理想，经过慎重的思考，决定当一名中学计算机老师。有了目标后的陈琴，特别关注作为一名教师的条件和专业素养。她在大学里完成了教师资格证、英语四级等考试，同时在大三时就去学校周边的高中观摩和实习，不断了解对中学计算机教师职业素养的要求。经过精心准备，该生结合上面谈到的五点要求，不断提高职业素养，最后在西南大学参加荣昌县中学的招聘选拔考试，并以总分第三名的好成绩战胜了众多西南大学和重庆师范大学的硕士研究生，获取了录用资格。

第二节　社会和企业需要什么样的人

一、供需模型分析

很多在校大学生在谈及未来的职业和发展时，毫不客气地说：希望自己以后的工资、待遇和福利要好，希望不加班、不出差，办公环境要舒适和漂亮。其实有这样的想法本是无可厚非的。但问题是我们拥有获得这些待遇和福利的能力和本领了吗？大家看看图 1.1 所示的模型，当自己的能力与公司的要求相一致时，自己的需要就能和公司的给予相一致，当两者画上等号的时候就是我们个

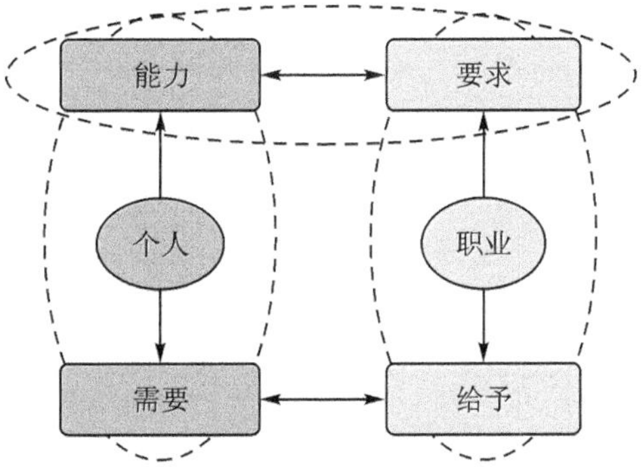

图 1.1　求职供求模型

人和公司签约成功的时候。我们不怕没有高收入和好福利，就怕我们没有高强的本领和能力。

二、雇主们怎样讲

1. 雇主们最重视的综合素养

通过多年调查和与企业的交流，我们发现雇主们最为重视的技能和个人综合素养如表 1.2 所列。

表 1.2　技能和个人综合素养

序　号	技能和个人综合素养	备注(描述)
1	流畅、准确的口头表达	敢说话、会说话、说恰当的话
2	交流、沟通、社会交往	主动性、诚意，解决问题，融入
3	礼貌、礼节、团队合作、文化修养	体现休养，融入分工配合完成
4	调研、策划、提炼、总结	思维意识和发现问题
5	组织、协调、管理	领导能力、个人号召能力、人格魅力
6	执行力、反馈进度	效率、主动性，做让人放心的人
7	责任心、上进心、事业心	完成好工作，有始有终
8	守时、诚信、忠诚度、正确心态	兑现自己的承诺和忠诚于上级
9	主动性、灵活性、情商高	主动融入，主动解决问题，主动完成
10	学习能力、创新能力	愿学、会学、善于学，改进创新
11	分析解决问题能力	一切做人的落脚点在于做好事情
12	公司文化、核心价值观	快速认知、认可并适应

2. 雇主们最重视的专业素养

通过多年调查和与企业的交流，我们发现雇主们最为重视的知识和技能如表 1.3 所列。

表 1.3　知识和技能

序　号	知识和技能	备注(描述)
1	查询、搜索、统计	信息获取、筛选能力
2	逻辑分析、严谨踏实	信息处理使用能力
3	系统操作、办公自动化	工具能力
4	各类信息技术速成	快速适应现代化办公能力
5	专业、行业、工作岗位特点性质熟悉	专业领域熟悉
6	外语基础知识及听说读写能力	工具能力

续表 1.3

序 号	知识和技能	备注(描述)
7	专业基础知识扎实	
8	专业技能过硬、动手能力强	
9	应用专业分析和解决问题的能力	
10	规范、流程化、标准、程序意识	
11	专业具体岗位要求的素养	

三、工程师和管理人员怎样讲

1. 程序设计岗位

阳书权,男,原重庆文理学院软件学院 2012 级软件工程专业学生,大学期间热爱专业、酷爱编程,毕业后就职于深圳多家著名 IT 公司,从事软件开发工作多年。他从五个方面谈到对职业素养的体会和感受。

(1) 基本概况。企业一般都喜欢基础比较扎实、综合能力较强的人。小型企业一般希望你入职之后可以做事,入职之后就可以参与到工作中,不会花太长的时间培养你。而大公司愿意培养你,但是需要你基础非常扎实,有一定的宽度和深度。

(2) 关注行业。大学生在校学习期间应多关注与技术相关的微信公众号,每天晚上睡前看看,或者下载 csdn、掘金之类的技术 App。同时还可以去慕课网看看相关课程,通过这些基础和实用的课程,加强对职业岗位技术和素养的了解。

(3) 加强表达。在校大学生一定要加强自己的表达能力,因为无论是技术还是非技术岗位,都会涉及到相互讨论和交流沟通,如果没有一个良好的口头表达能力,又怎能正确表达自己的观点和他人互动沟通呢?又怎能升职加薪呢?

(4) 注重面试。在面试之前,面试试题肯定是需要大批量做的。一般企业的流程是笔试—HR 面试—复试—用人部门面试—总监面试—收到 Offer。收到 Offer 后可以入职,如办理工资银行卡、体检等基本程序,会在 Offer 邮件里面作具体通知。入职第一周一般都是熟悉环境、了解公司企业文化、规章制度等。

(5) 敬业精神。所有的公司和主管都要求大学生要有良好的敬业精神和积极的工作态度。敬业精神就是在工作中要将自己作为公司的一部分,不管做什么工作一定要做到最好,发挥出实力,对于一些细小的错误一定要及时地更正,敬业不仅仅是吃苦耐劳,更重要的是“用心”去做好公司分配的每一份工作。其次要有良好的态度。比如在工作中体现出负责、积极、自信的态度,要充分相信自己的能力。

2. 技术管理岗位

王秀伟,男,重庆文理学院软件工程学院 2012 级计算机科学与技术专业学生,毕业后就职于世界 500 强企业富士康科技集团深圳公司。他认为企业最看重的就是工作态度、专业知识、专业技能和软实力等方面。

四、怎样加强大学生职业素养

软件工程师总结出IT行业的职业素养有敬业精神、沟通合作能力、人际交往能力、职场礼仪、日常职业情景相联系的素养、持续学习能力、团队合作、文档写作、软件开发规范以及与软件开发岗位相联系的专业素养等。

软件相关专业的职业素养是通过将在校的专题讲座和项目驱动等实践活动融入职业素养的方式来获取和实施。第一学年和第三学年分别开设职业素养训练课程及专题讲座。课程项目或阶段性项目实践按小组团队分配工作任务，通过软件工程项目实践活动导向实施职业素养能力培养，实现职业素养培养回归职业活动，项目按企业流程管理和组织实施，项目考核包括项目质量、团队合作、软件文档规范等要素。学生在企业实训的真实项目实战活动中职业素养能力显著提升。

1. 从专业引导中获取

专业引导包含多个方面，如新生入学时的专业介绍和专业恳谈会；导师对本专业学生所作的人才培养方案的解读和引导；学院邀请院内外专家作专业相关领域的学术报告等。广大学生应该充分利用以上机会加强对本专业的认识和了解，不断增强对专业的现状、发展以及未来就业情况等方面的认知。

2. 从项目实践中获取

本专业有一个很大的特点，那就是一定要加强项目训练。项目不仅仅是满足于课本中的小实验和程序，而且要结合社会生产实际中的实际运行项目。起初可以是在各专业俱乐部指导老师的带领下完成各类模拟商业项目，当具备一定的基础和掌握相关程序后，在老师的进一步带领下完成一部分商业小项目，以此来提高学生的专业技能和整体水平。

3. 从第二课堂中获取

职业素养不仅仅是与专业相关的素养，还包括前面谈到的包括一个人的格局与视野、思想与品德、演讲与口才、交流与沟通、写作与阅读、调研与策划、组织与管理、礼貌与礼节、批判与创新、反思与总结、信息与处理、身体与心智等能力在内的软能力以及包括个人情绪、时间、心态、效能、自信、包容、气场、逆商等潜能力在内的众多能力和素养。这些素养是一个人的基本素养，只能从科技、文化、艺术等大学第二课堂以及各级干部经历和社团活动中获取。

4. 从学科竞赛中获取

互联网＋、计算机设计大赛、ACM大赛、大数据＋以及大学生挑战杯等学科竞赛对于大学生运用所学知识解决生活、生产实际问题具有很强的训练性，对提高综合能力具有十分重要的推动作用。因此，高水平的职业素养可以通过学科竞赛获得。

5. 从社会实践中获取

《国家中长期教育改革和发展规划纲要》指出：提高质量是高等教育发展的核心任务，应用型大学就是培养具有社会责任感、创新精神和实践能力的高素质工程型、技术型人才，使之能够充分发挥个人才能和满足社会需求。实践教学与育人对于实现应用型人才的要求具有特殊和重要作用，融大学生思想政治教育、专业教育、创新创业教育和社会服务于一体。通过组织学生开展校内外教学实验、教学见习、教学实习、生产实习、顶岗锻炼，撰写毕业论文，搞科研，进行专业实践、社会实践等多种形式的实践活动，来达到育人育德之目的，从而实现人的全面发展。

第2章

演讲与口才——奠定发展的基础

一个人要表达和传递他的思想，通过写作和演讲这两种方式是最为恰当和快捷的，因为二者都是思维的系统表达。一个有能力的人不一定是会说话的人，但反过来一个会说话的人无疑会被认为是有能力的人。因此，说话的能力一直以来都被人们所重视，南北朝学者刘勰认为“一言之辩，重于九鼎之宝；三寸之舌，强于百万雄师”。启蒙读物《增广贤文》谈到：“良言一句三冬暖，恶语伤人六月寒。”文字是有力量的，可见语言同样是有魅力的，其重要性不言而喻。从古至今，历史上以口才出名的人物和故事非常多，例如春秋时期的毛遂自荐到楚国，用他那口若悬河的口才说服楚王歃血为盟；战国时期的苏秦游说各路诸侯，身佩六国帅印，终促成合纵连横的抗秦联盟；三国时诸葛亮出使东吴，舌战群儒，说服吴主孙权联合刘备共同抗击曹操，获得赤壁之战的胜利。戴尔·卡耐基曾说：“一个人的成功，约有15%取决于知识和技术，85%取决于沟通。这种能力就是发表自己意见的能力和激发他人热忱的能力。”要想获得良好的职业素养，必须要加强演讲与口才、交流与沟通的能力。说话的本领不是天生的，也有一定的艺术性和技巧性，通过后天的学习和训练是可以掌握的，不过掌握的程度和能达到的高度是因人而异的。

历史和现实早已证明：有时说比写更容易助人成才，更容易展示一个人的才能。例如，当你大学毕业后刚进入一个单位，或者荣幸调到一个新单位担任领导，单位里的每个人不可能在较短的时间里了解你。但从你到新单位的第一次见面、第一次登台讲话起，大家就认识了你，并从你的第一次讲话中产生了第一印象。如果你能说会道，口头表达能力强，那么大家就会说“新来的大学生(领导)有水平，有能力”，并对你充满了希望。这样很容易使你打开工作的新局面。

有良好的口才和具备很强的交流沟通能力的人，很容易受到别人的重视和尊敬。若不会说话或者交流不畅，在公众场合则容易被忽略和遗忘。因此，加强演讲与口才和交流与沟通的技能是每个大学生，特别是IT工程相关专业学生的一项核心职业技能。我们必须加以重视并加强训练。为什么呢？你或许会说：“我们只要编好程序做好软件就行了呀！”其实不然。大家都知道任何一项工作都不是一个人能完成的，若是大型的软件项目则更会是一个宏大的工程，需要若干的工作组和团队协作才能完成。在这个过程中就涉及共同制定方案、分配任务、会议协调事项、部门沟通解决问题、个人交流达成一致意见等众多与说话相关的技能和能力。软件工程相关专业的学生只懂软件就行了吗？显然不是。

第一节　演讲的基本知识

一、何谓演讲

演讲通俗地说就是：演讲者在特定的时空环境中，以有声语言和相应的体态语言为手段，公开向听众传递信息、表述见解、阐明事理、抒发感情，以期达到说明事理、感召听众之目的。它是一种直接的带有艺术性的社会实践活动。① 显然说话是主要的，体态语言是辅助的，两者缺一不可。

根据前面的定理和概念分析可知，演讲具有一定的现场性和艺术性，更是一场社会实践活动。因此，人们在各类社会实践活动中都要发表自己的见解或者是提出自己的主张，或者是释疑解惑，抒发自己的情感，从而达到说服人、感染人、教育人、激励人的目的。

二、演讲的分类

1. 表达形式划分

命题演讲，主要是根据组织者或主办方事先拟定的题目进行观点阐释和意见表述。即兴演讲，主要是指临时就某一观点、主题或事项进行演说，对演讲者的思维和语言组织以及反应能力要求较高。论辩演讲，演讲与口才的最高级阶段的形式，更加要求演讲者的反应能力、逻辑思维以及知识储备和语言表达能力。

2. 主要内容划分

政治演讲，主要是职务竞选和政策宣讲，常见的有总统竞选、干部竞选、国家领导人参加各种大型会议时发表的主旨演讲等。学术演讲，主要是指讲课、讲学以及举办各种沙龙论坛或讲座等发表的演讲。推介演讲，主要是公司新商品发布和产品说明会时进行的主旨演讲，如华为公司余承东曾多次在新产品发布时发表带有推介和宣传性的演说以及苹果公司创始人乔布斯在新产品发布会上的演讲等都是推介演讲。IT 相关工程专业的学生不管是在一线开发程序还是做市场和项目产品相关工作都涉及到演讲。

三、演讲的要素

一场演讲活动中，成功的演讲包括了主持人、演讲者、听众、主题、客体等要素。只有认真分析和研究每场演讲活动中的这些要素才能确保演讲的成功。

① 李元授．演讲学[M]，武汉：华中科技大学出版社，2003.

1. 主持人

主持人在整个演讲活动中起着氛围营造、内容播报、流程衔接、规范现场秩序等作用。因此主持人的能力和水平以及穿戴、气质直接代表了整场活动的水平和档次。那么演讲者一般都要事先跟主持人或者主办方进行沟通，把双方的情况摸清楚，尤其是要把自己的要求和简介与主持人沟通好，不然会直接影响演讲前期的氛围营造和准备工作。

2. 演讲者

演讲者是一场演讲活动的主体和关键性的要素，演讲者本人的水平、知识能力、语言表达能力、思维能力、观点内容以及风格等都影响着整场演讲活动的成败。

3. 主　题

主题是一场演讲活动的灵魂，只有确定了主题才能确定演讲的主体和内容，必须通过一个明确的主题才能有效地演讲。因此在演讲前必须搞清楚本场演讲的主题。

4. 客　体

一场成功的演讲活动不仅包含了主持人、演讲者和主题，还包含了听众、环境场地状态、音响设备、视频设备、辅助设备等客体因素。一是听众，没有听众的演讲是不成立的，演讲一定是有对象的，即使是没有演讲对象的演讲比赛也是有听众的，那就是评委。演讲者的风格和内容要与听众的需求相一致或尽量一致，如若不然就会失去互动和效果。二是环境，环境也是一场演讲者要了解的关键因素——环境是室内的还是露天的，是大型体育场还是室内会议室，等等。三是音响设备，一场高质量的演讲必须要有高质量的音响设备作为保障，同时要考虑在现场是用手持话筒还是用耳麦设备。四是LED投影等视频设备的清晰程度、分辨率、转换头、连接器、控制方式等等要事先作了解。五是其他辅助设备如激光笔、道具等。

四、演讲的结构

在一场正规的演讲活动或演讲比赛中，演讲的结构一般由开场引入语、主要内容和观点、结束语等三部分构成。开始和结束虽然不是主体内容，但仍然很重要，能够起到点缀的效果和画龙点睛的作用。

1. 开场引入语

好的开始就是成功的一半，别开生面和别出心裁的开场方式定会收到非同凡响的效果，定会为现场营造良好的氛围，能够迅速抓住观众，收到吸引注意力的效果。

例1:提问。“我想问一下在座的诸位，哪位知道今年学院招收了多少新生?”“我想知道，如果我告诉您，在明年毕业之时，不能顺利毕业的学生的名单中将会有你的名字，您有何感想?”

例2:陈述。“今天，我们市又有30个孩子的父亲因工去世——这类死亡本可得到预防!”

例3:提及。“今天，这里的每一位都记得，当我们听到唐山大地震时的震惊和悲痛。”

例 4:主题。“我今晚要给您讲述令人激动振奋的 xR5 多用程序,然后告诉您这种电脑将如何改变您的经商方式。”

例 5:引用。“一位伟人说:‘每个人的经历远远超过他的想象范围。’不过,正是经验而不是想象才影响人的行为。”

例 6:感染。“好心的人们,您只要掏五毛钱,就可以使这个孩子活下去,直到明年的收获季节,那时他就可以养活自己。”

2. 主要论点或内容预览

向观众或听众介绍本次演讲的主要内容,有利于建立大家对演讲的清晰思路和认识。当然这一步也可以省去,讲明主讲内容或者主要观点,也会减少演讲的神秘性。

3. 明确阐述主要论点

演讲时一定要思路清晰,观点鲜明,让听众明白你在讲什么内容。这就要注意到以下三点。一是要限制主要论点的个数,因为一次不可能讲清楚太多的问题,所以要限制主要论点的个数。二是使用清晰的承接,也就是过度要平滑。三是为了有助于理解你的内容,可以在适当的时候做阶段性小结。在明确阐述观点时,我常用的方法之一是用观点+事实说明法,即事例+数据说话。先抛出一个观点,这个观点的语言一定要精练,然后用一个具体的事例来说明和佐证,这个事例中有时候会带一点数字来强化听众对此事例的理解和印象。

4. 结束语

演讲中除了有好的开头和过程,还要有好的结尾,一个好的结尾也能收到给观众留下深刻印象和进一步强化你阐释的观点的效果。以下为使用有效的结束语的案例。

例 1:提问。“所以,女士们,先生们,我要提请诸位思考——如果有人告诉您,您正在受到这种疾病的困扰,您有何感想?”

例 2:提示。“今天,在我们的节目里,我要使您认识到,我们需要有更强更专业化的经销活动。而实际上,通过向您展示一个等待我们未开发的巨大市场,我想我已实现了目标。”

例 3:行动。“我的建议已告诉诸位。时间已刻不容缓。如果我们想避免灾难,那就必须立即行动。要想保证公司未来的繁荣,希望各位不要再迟疑,行动起来!”

例 4:选择。“在我看来,我们有三种选择:或者接受工会最后通牒;或者争取时间考虑我们的立场;或者采取最后行动。”

例 5:灌输忧患。“所以,女士们,先生们,如果我们不能在下一季度将销售额提高 10%,并保持这一增长水平一两年,那么我们公司将面临倒闭的危险。”

五、演讲前的准备

1. 内容准备

首先确定演讲的目的和主题；其次要充分准备素材，组织演讲内容及分析形式；最后撰写演讲稿。

2. 听众准备

演讲主要是讲给观众或听众的。因此要特别注意打听和了解听众的背景(兴趣、爱好、职业、文化程度)是什么，这里面有哪些关键人物，他们有什么样的期望，他们可能提出什么样的异议和问题，这些听众对于内容的了解程度如何，听众的态度，有无自己的支持者在其中等等，这些信息的了解对于自己顺利地完成一场成功的演讲是非常重要的。

3. 环境准备

环境对于演讲者而言是一个成功与否的关键因素。一般一场大型演讲活动或者演唱会，主讲者都会提前到场踩点彩排。摸清环境和熟悉环境的布置有利于演讲者掌控一切可能发生的事情，以便使自己的内心变得安定。其主要了解的内容有：空间大小是否舒适，座位排列是否易于交流，光线是否适宜，环境是否适宜，辅助设备、材料是否到位，有无应急要求，是否掌握了设备的用法等。

4. 演讲者准备

演讲者才是主角，是整个会场的焦点，演讲者在现场是否具有带动感和影响力，主要由主讲者的魅力和打造的形象决定。但这些魅力和形象也要由一些因素构成：一是演讲者自身的情况，如仪表、动作、着装等方面。仪表的重要性不言而喻，此处不再赘述，但每一个演讲者都应该根据主题、场合、情节等因素去考虑和精心准备，甚至是配合内容的表情和动作也要经过设计和演练。二是辅助设备如激光笔、优盘、笔记本电脑、材料等。这些设备和信息资料同样重要，笔者曾参加一次演讲比赛，对大赛的内容虽然了然于心，但准备的 PPT 由于没有提前试放，在正式比赛的时候却不能正常播放，导致画面感全失。

六、演讲时的语言技巧

1. 语言表达的三个要求

语言是逻辑表达的体现，是内心思想的呈现。口齿清晰这种功夫通过一定时间的训练完全是可以达到效果的。对于表达的一般要求如下：一是吐字清楚、准确精练(普通话)；二是上口入耳，声音适度(耳根按摩)；三是形象生动，富有情感(情绪牵引)。

2. 语言表达的几个注意点

在语言的具体环节上要注意到以下三点。一是五个语，即语音、语调、语速、语感、语气。说话为语，语音就是发音吐字的面貌和状况，也即是上述吐字清晰、发音准确、语言干净精练的要求。语调，同一句话或一个词语用不同的语调讲出来，就有不同的效果。因此讲话人一定要注意到语调要符合场合。语速即是讲话的速度，不能快也不能慢，速度要适中，尽量让每一位听众都能听清楚你的内容。语感，讲话的内容是有情感的，是随着内容的变化而变化的，没有语感的演讲是吸引不了人的。语气和语感互为一体，语气带有强烈的感情色彩，要符合规范和要求。二是在演讲的过程中每句话都要清晰流利地表达完整和清晰，同时也要有停顿与节奏。有的演讲者发言，不注意停顿，让人感觉不到重点和内容的深刻性。因此，一句话中要有停顿，也要有节奏，抑扬顿挫的语音语调就让人感觉舒服，既能听清楚，也能听出重次点。三是在演讲过程中，要注意内容的逻辑性与层次性，即思路要清晰，内容要明确。有的人演讲思路不清晰，东拉西扯，给人的感觉就是没有重点。

3. 肢体语言的使用

研究表明，在人与人的交往过程中，肢体语言的交流发挥着重要作用，甚至超过文字语言。肢体语言表达中最为关键的器官是眼睛。俗话说，眼睛是心灵的窗户，眼神是传情达意最重要的肢体行为。因此，我们在演讲的时候要善于利用表情和眼神传递情感，让眼睛会说话。除了眼睛以外，演讲者的手势也是一种重要的肢体语言表达形式。手势，即手的动作，动作也不能太多。每个动作做起来一定要自然、要符合内容的需要，要么是增强气势，要么是强调某个观点，要么是增强效果。同时演讲者在演讲的过程中应看着听众说话，与听众的目光要有实质性接触，这也是一种无声胜有声的交流。

七、语言和体态训练

（一）演讲基本功训练

1. 何为演讲者扎实的基本功

演讲者的基本功，我们可以归结为三个方面。一是语言表达能力，其最基本的要求就是做到表达清楚、说话有节奏、语句通顺无语病。二是演讲的内容主题突出，结构逻辑清晰、层次分明。三是演讲者的肢体语言和体态要做到大方、自然，传情达意准确。

2. 如何加强清楚的表达

在演讲和一般表达的过程中，如何衡量我们的表达是否有效呢？三句话，即吐字要清楚、语句要连贯、停顿要适当；语速要适中，比正常说话略快一点点；音量适当，整个过程要有高低起伏的变化，重点要突出，整体要有抑扬顿挫感——要以听众能够听清楚为原则。

3. 如何加强有节奏的表达

演讲中没有节奏和停顿是一件非常糟糕的事情。要想演讲有一定特色和完成得非常漂亮就要把握好节奏和停顿。如何完成和训练呢？一是要根据内容适当变换语速，该快的地方要快，该正常语速的要用正常语速。快不代表毛躁，快的同时一定要以让对方听清楚为原则。二是要根据内容适当变化音量。有时某个地方要高亢一点，声音要洪亮一点，以突出要表达的内容和意思；有时某个地方要温柔一点，或者声音要平和一点，以突出情感的表达。三是要根据内容作适当的语气变化。现场中要以听众感觉流畅为标准。

4. 如何在演讲中做到无语病

不管是讲话还是写作，都不应该出现语病，出现语病是最低级的错误。那怎样来衡量呢？一是没有念错字，发音准确。如果是自己写的稿子，应该问题不大；如果不是自己写的稿子，那一定要提前熟悉内容，将不认识的生字查字典，标注拼音。二是没有严重口音。口音有时候也叫乡音，意思是你一说话就知道你是哪里来的人，带有浓浓的地方特色和味道，其实有时候只要不伤大雅也无可厚非，但是如果影响听力效果了就最好要注意了。而且大学生是可以通过反复阅读和练习普通话来改正口音的。三是在演讲中没有大量口头禅，如“那么”“然后”。许多明星和老师在漫谈式交流的过程上，都会有很多的“然后”这个词，说多了感觉说话没有层次感。四是不恰当停顿，有的人说话像结巴一样，断词断句不正确，讲话不流畅，没有把一句话讲完，或者没有讲完一个词就开始停顿，这样就影响听众倾听的效果。

5. 语言基本功的其他要求

在演讲的过程中，神态要自然，心情要放松，内心要平静。对自己演讲的内容有感觉，就像一个讲故事的人，如果不能感动自己，又怎能感染别人呢？演讲的人不仅要做到眼睛看向观众，而且还要做到头脑中有画面感，这样讲出来的内容才会有绘声绘色的感觉。

（二）演讲者体态训练

在演讲过程中，演讲者的肢体动作或体态就是传递了演讲者释放出来的态度。因此，我们才说有的时候肢体语言比语言本身还要重要。优雅和儒雅的举止神态会给人一种良好的第一印象，反之可能会让人不太喜欢。体态要大方得体，以能迅速让观众接受为第一原则。

1. 眼睛眼神要求

眼睛是心灵的窗户，是与观众交流最直接的感觉器官。演讲过程中，用眼神与观众平和地交流是对一个演讲者最基本的要求。在演讲过程中，演讲者必须注视观众，经常和观众互动，即用眼神适当扫视。在演讲过程中，切勿一直盯着 PPT。我们个别同学在参加社会实践汇报大赛时，不是在那里演讲，而是在那里读 PPT。

2. 面部表情要求

演讲者的神态，除了眼神是第一重要因素外，还包括面部的表情。在演讲的过程中要做到自然，常保持微笑，表情要走亲和路线，要随内容而变化，不能一直都是一个动作一个表情，这样容易陷入麻木和僵硬。

3. 手部动作要求

一是动作要自然；二是静动要结合，既不能一直不动，也不能一直都在动。手部有五种运动方式,供参考:方式 1:双手自然下垂(不建议);方式 2:一手拿着东西(如话筒),一手下垂;方式 3:一手拿着东西(如话筒),一手活动;方式 4:双手均自由活动(高级方式);方式 5:抱住双臂(不建议)。)

四种手势比较常见。方式 1:大拇指一指式(大拇指伸出,其他内收);方式 2:食指一指式(食指伸出,其他内收);方式 3:全掌式(五指伸出);方式 4:握拳式(五指握拳)。

4. 体态基本功

体态包含了整个人的形体和态度,如走姿、坐姿、站姿、仪表仪容、表情、气质、眼神和手势等方面。

(1) 对镜练习。每次练习时站在一个可以把整个人的身体和形象都照下来的镜子面前,对着镜子大声朗读并做各种动作,直到自己感到称心如意或合适。练习时多注意自己在镜中的眼神,同时身体要站稳、不驼背,可采用任何手势。

(2) 现场练习。演讲者走到舞台或者演讲台的中央将自己置身于现场中,同时邀请三五好友或者相关领域擅长的同学帮忙点评和查看。经过一段时间的训练,演讲者的体态一定可以达到理想的状态。

(四) 基本功日常训练

1. 内容日常练习

其实训练最有效的办法就是跟着电视里面的播音员和节目主持人朗读和朗诵。早晚各半小时,对着镜子读,对着湖面读,对着自己的朋友读,对着家人读,练习时要做到心无旁骛,慢慢地做到在大庭广众间去演讲,就可以达到训练的效果了。

2. 心态与信心练习

坚持 30 天,每天 3 分钟左右,连续念 3 遍,要求念出声,声音逐步加大:“我一定要最大胆地发言,我一定要最大声地说话,我一定要最流畅地演讲! 我一定能成功演讲!”

3. 朗读练习

坚持半年,每天 20 分钟。选择报纸、书上任意一篇短文或故事来朗读。要求大声(比正常音量要大)诵读;开始训练时建议进行录音,反复试听效果,直到自己也觉得比较满意为止。

第二节　交流与沟通的技巧

人际关系是现代职场必不可少的一部分,良好的人际关系有助于事业的发展,人际关系也要靠自己诚心诚意的经营和有效的沟通。掌握一定的沟通与交流技巧,有助于工作中各种问题的解决和增进情感。沟通能力同时也是 IT 工程素养中的一个核心软能力。现代管理学之父德鲁克曾说过:“一个人必须知道该说什么,一个人也必须知道什么时候说,一个人必须知道对谁说,一个人必须知道怎么说。”通过研究和分析发现，世界上的大多数成功人士都是交际沟通的能人和高手，他们知道在交流中如何发挥作用、体现效率、应用策略，如何通过交流达到建立牢固的人际关系，最终获得成功。

沟通无处不在，每个人在生活、学习、工作中都扮演着重要的角色和不同身份的角色。在单位要与领导、同事和下属沟通；在家里要与父母、配偶和孩子沟通；在学校要与老师、同学以及其他校友沟通。不同的身份和环境决定了不同的语言策略。只要有人的地方就会有矛盾，而人与人之间之所以会出现疏远、隔阂和误解，就是由于沟通不当所致。而沟通不仅仅是听别人说，也不是只顾自己讲，而是双方甚至多方的交流。在交流和沟通中的一些技巧和策略作为现代大学生而言就不得不掌握，以便让自己在职场中获得成功。

俗话说："好胳膊好腿，不如长个好嘴。"会说话成了沟通中的一个重要因素。但要说好话不是那么容易的，不仅要会说话，还要掌握一定的知识和技巧，才能真正成为沟通高手。

一、掌握一定的沟通知识

（一）礼貌且恰当的称呼是正确的沟通的开始

1. 礼貌用语

生活、工作中难免会发生不愉快和隔阂，甚至误会，要消除这些隔阂和不愉快就要进行交流和沟通。要与对方展开对话，亦或是初次见面时都要称呼对方的名号或头衔，而恰当的称呼往往能让沟通顺利进行，减少不必要的障碍。心理学家研究表明，恰当且得体的称呼能让精神愉悦、增强交流的欲望。相反，不恰当的称呼则让人心情糟糕，甚至不想交流，从而导致沟通失败。在交流和沟通的具体过程中，则要注意到称呼要符合身份、职称、职业特点，同时要让人感到亲切、自然。

2. 主动招呼人

校园内有的同学很有礼貌，见到老师或领导老远就叫一声"老师好！"一句"老师好"足可拉近彼此的距离，增加交谈的可能性。而有的同学则是羞于或者是不愿意与老师打招呼，看到老师来了，则是从另外一边绕行。这方面体育学院的学生做得最好，他们通常是面带微笑、主动交谈，让老师觉得有这样的学生真好。

实际上归结起来就两点：一是要积极主动地打招呼，也就是通常所说的要喊人；二是要有正确的称谓、恰当的语气。

（二）积极主动与正确对待是成功沟通的基础

所谓积极主动就是首先要有解决问题和达成谅解的意愿，没有解决的诚意和愿望，不利于交流和沟通，更不利于问题本身的解决。

案例：甲、乙两个同学从大一至大三一直住在同一个寝室，相处融洽，一直以来关系都不错，没有发生不愉快的事情。大三的一天，甲同学跑到学院办公室告状，先是拿出检举书，再是交上收集的现场证据，最后再拿出视频资料。看来是铁了心要把乙同学告倒的架势。在充分了解事情的来龙去脉之后，学院本着以同学友谊和情感为重的原则，准备化解两人之间的矛盾。学院委托老师与甲、乙二人单独谈话，指出他们的错误并试图化解他们的矛盾。可是甲、乙二人就是听不进去。没有办法，只好找来两个同学现场对质和作进一步的交流和沟通，可能是由于矛盾太深，不是一天两天引起的问题，两人互不相让，一味只说对方的不对，丝毫没有认识到自己有不妥之处。如此一来，不管是老师还是同学，反复劝导都不能顺利地将两人的矛盾化解。直到最后，实在没有办法了，就对两人讲，根据情况和情节，两人同时都应受到处理，一人重一人轻。最后，经同学和老师反复做工作和引导，两人终于开始认识到自己的错误，愿意通过交流沟通来化解矛盾。

通过上面的案例，我们就可以知道，交流和沟通一定要对事情本身有正确的认识和判断。且整个过程中，一定要积极主动，要拿出诚意来。只要有一个端正的态度，诚心诚意来解决问题和事情，就一定可以通过沟通把事情解决好。

（三）尊重与发自内心的赞美是成功沟通的前提

1. *心存敬畏*

每个人都希望得到别人的尊重，但人与人之间很奇怪，要想得到别人的尊重，首先要尊重别人才行。所谓：尊人者，人尊之。

不管你身处什么地位和级别，不尊重人，就不会得到别人真心的认可。大学生要将尊重人作为修身养性和为人处世的基本素养，持之以恒地坚持和做下去，把这种素养在自己的实际行动中履行。所谓：人不如己，尊重别人；己不如人，尊重自己。

尊重领导和下属，是你的职责；尊重同事，是做人的原则；尊重父母、配偶和孩子，是做人的根本；尊重对手，是你的风度。做人都要心存敬畏，只有心存敬畏的人，才会感怀于天地，才不会犯错误。

一般在沟通和交流的过程中的顺序是先处理心情，再处理事情。不要心情没有收拾好，就去处理事情，这样势必会带着情绪和偏见，不利于问题的解决。

案例：一个老实巴交的单身聋哑人在工厂里辛苦工作了近 30 年。这个聋哑人一辈子没有结婚，当然也没有子女，平时都是一个人生活。但凡有大事，主要依靠哥哥及亲属帮忙解决。平时从不主动找哥哥嫂嫂及亲属说事情的他，跑到哥哥家用手比画着告诉嫂子，身体不舒服且被别人打了。对于从来都很老实和勤劳的小叔被别人打了，嫂子心中有些难过和生气。由于哥哥不在家，嫂子看到伤势明显且是头部和脸部，就立即带着聋哑小叔去工厂里找领导了解情况并讨个说法。到了工厂，生产厂长倒是热情地接待了他们，向他们说明情况并表示愿意承担一切责任和后续医疗费用。由于伤势严重，事情突然，来不及等公共汽车，嫂子就拦下出租车要送小叔去医院检查和治疗。这时不知从哪里跑出一个人来说：不准打车，只能坐公共汽车，言语中带着极度的不尊重和恶言重语。肇事者不但不出面赔礼道歉，反而认为对方是一个聋哑人，好欺负，再次恶言重语地对待聋哑人。聪明机灵的嫂子立即拨打 110 报警。警察出面很快将事情解决，要求工厂赔付一切医疗费用并要求肇事者当着聋哑人及家属的面赔礼道歉。

2. 真心赞美

俗话说：女为悦己者容，士为知己者死。每个人都希望得到别人的认可和赞同。智慧的妻子一定是经常，甚至当着众人的面表扬自己的先生，而不是当着别人的面贬损。一句赞美的话，总能让人心情愉快，甚至让人一天都充满能量。赞美是人际交往和日常生活中最常用的技巧。但是，有的人却不愿意把赞美之词说出口，即使知道别人比自己优秀并且看到了别人的长处，也不愿意表扬别人。其实，赞美他人的长处，更是在赞美自己。因为，你发现了自己的优点在他人身上有相同之处，于是赞美之词自然而出，这何尝不是对自己的肯定和表扬呢。因此，善于赞美的人，总能获得较好的交流基础和良好的人际关系。因此，人人都需要赞美，人人都需要赞美他人。世界不缺少美，但缺少发现美的眼睛。人人都有可赞美之处，处处都有可赞美之点。如果一个孩子从小能够得到父母赞美式的教育，那么这个孩子长大了一定是自信和阳光型的；相反，如果一个孩子从小都在父母的责怪和指责中长大，那这个孩子一定是胆小和自卑的。父母需要肯定和得到赞美、配偶也需要赞美，同事同学、领导、下属等等都需要得到赞美。有一本书叫《不要吝啬你的赞美》就是专门讲授怎样去赞美一个人。赞美的时候一定要把握好度，一定要做到真诚和用心观察。一般而言，发自肺腑的话语，又有一定的语言技巧的话总能让人舒服和愉悦。现在都在讲，让人愉悦是一种能力和本事。

二、掌握一定的沟通原则

（一）自信与诚信原则

1. 自　信

一个人在为人处世和待人接物中，一定要做到自信。因为，一个人只有自信了以后，说话才有感染力，才有影响力，才能让别人信服。自信的气质才能洋溢在脸上，从而让别人受到影响。当然，内心的自信还不够，要取得长久的自信，还需要在各种学习和社会实践中去历练，只有掌握了精准的知识和技能，具备了一定的竞争力之后才会拥有长久的自信。

2. 诚　信

诚信是一个人最起码的为人处世原则。离开了诚信，基本上就很难立足和得到别人的信任。因为诚信能让人心情平和，能让人心情轻松，从而达到推心置腹的状态，为顺畅的交流和沟通奠定基础。孔子说："自古皆有死，民无信不立。"古有商鞅立木建信，今有信义兄弟孙水林、孙东林。

信义兄弟——孙水林、孙东林，被评为感动中国人物。是因为兄弟二人的诚信义举。2010 年 2 月 9 日（农历腊月二十六），在北京、天津做建筑工程的孙水林，驾车带着妻子、三个儿女和 26 万元现金从天津出发，准备赶回老家过年，同时给先期回武汉的农民工们发放工钱。次日凌晨行至南兰高速开封县陇海铁路桥路段时，由于路面结冰，发生重大车祸，20 多辆车连环追尾，孙水林一家五口遇难。

孙东林为了完成哥哥的遗愿，顾不上安慰年迈的父母，在腊月二十九将工钱送到 60 多名农民工手中。由于哥哥的账单大多已找不到，孙东林让农民工们凭着良心报领工钱，还贴上了自己的 6.6 万元和母亲的 1 万元。“新年不欠旧年账，今生不欠来生债”。20 年来，他们不曾欠过工人一分钱，不论家里出了多大的事，他们都不曾违背过诺言。孙水林、孙东林兄弟 20 年信守承诺，被人们誉为“信义兄弟”。

（二）宽容与平等原则

1. 宽　容

人无完人，金无足赤。人人都会犯错误，人人都会有困难和出现意外的时候。我们不是神，而是普通人，在工作、生活、学习过程中难免会出现这样那样的小错误。当我们不小心犯了错误时，最大的愿望就是立即改正错误，减少损失，并得到宽恕。我们将心比心，当别人犯错误时，我们也要理解和体贴别人的难处和不得已，切不可揪着别人的问题不放手，这不利于团结和问题的解决。相反，如果我们有一颗包容的心去面对和处理人与人之间的问题时，会收到非常好的效果，会得到别人的认可和支持。

2. 平　等

人人生而平等。每个人都要克服特权思想和优越感，要从思想的根本上解决认识问题。公民在法律和制度面前人人平等，不能因为自己比别人在某方面成绩突出或者物质优越，就表现出不尊重和有不平等的思想和行为发生。

（三）分寸与尺度原则

在交流和沟通的过程中一定要把握好分寸和尺度，什么样的话该说，什么样的话不该说，以及话该如何说都要深思熟虑。切不可乱开黄腔，说出去的话，就如泼出去的水，覆水难收。所以一定要把握好尺度。注意说话的原则。一是要讲事实，不讲情绪；二是不伤人，好的话让人心情愉快，不好的话如六月飞大雪，让人心情糟糕，甚至产生仇恨。

有这样一个故事。有一个人从深山里捡回了一只小狗熊，并一直养着这只狗熊。有一天这只狗熊把邻居家的一片玉米地糟蹋了，邻居找上门来。他很生气，拿起棍子对着狗熊一顿乱打，而且边打边骂：“畜牲始终就是畜牲，我白养你了。”打完后，他把狗熊赶出了家门。第二天，他后悔了，可是狗熊已经走进了深山。他很后悔，可是再也找不到狗熊了。一次上山打猎的时候，他碰到了一只老虎，手无寸铁的他想：“糟了，这次死定了。”他绝望地闭上了眼睛，等待着命运的审判。突然，他听到了搏斗的声音，于是睁开眼睛一看，原来是那只狗熊回来了。狗熊把老虎赶跑了，他高兴地上去爱抚着狗熊说道：“太好了，上次我打了你，还疼吗？你跟我回去吧！”

狗熊说：“早就不疼了，可是你说过的那些话却还在让我疼，而且很疼很疼。”狗熊说完头也不回地又回到了后山中。

通过这个故事,我想说,对别人有所伤害的话,就像钉子一样,尽管你能取出来,可是你留给别人的伤害就像钉子留在树上的疤痕一样,是永远消除不了的。

因此,说话很重要,伤人的话一定不能说,特别是交流和沟通时更不能出言不逊和恶语伤人。

(四) 交流与互动原则

沟通一定是两个人的事,而不是某一方的事。要想解决问题,达成共识,一定要照顾双方甚至多方的利益诉求,考虑一定要周全,一定要四平八稳。也就是在交流和沟通过程中,要有互动性,不能一个人在那里滔滔不绝,也不能是对方一直讲,自己一言不发,这样都会造成不好的效果。一方面可以让对方先讲,表示出低调和尊重,听清对方的诉求,再寻求解决问题的思路和思考语言的组织。另一方面,表达自己的观点时要照顾对方的立场、态度和诉求。切记不可在争吵和被对方激怒之后乱了方寸,从而影响后续的交流和沟通。

(五) 针对性与智慧原则

交谈要有针对性,就是要看对象,不能用一种方式、一种语言和一个腔调讲到底。要学会到什么山唱什么歌。主要是看交流对象的身份、职业、年龄、文化程度、性别、文化习惯等。这就要求交流者要有渊博的知识、敏捷的思维、生动的语言、丰富的阅历和积极的态度。

曾经有一个年轻的农学教授到农村去推广新种子和帮助农民栽植新品种。结果这些农民却不怎么买这个教授的账。原来这个教授自以为知识渊博,言语中带着傲慢,不愿意跟农民朋友有过多的接触。后来,科研所的另一位老教授来到这里像农民一样盘坐在地上、抽着和他们一样的烟,讲着和他们一样的话,很快就与农民们打成一片,相处融洽,工作任务也很快完成。

(六) 委婉与幽默原则

俗话说,多说话不如少说话,少说话不如好说话。好心有时候却比不过一张好嘴。心好本是最大的好,但是仅仅是心好却不够,还要做到语言好、行动好。若语言不当,或者不讲技巧和方法,好心也不能办成好事,甚至是费力不讨好。所以说话时要注意语言表达的技巧和方法,说话不能太直,说话时要照顾当事人的心情、面子等,一定要委婉或者拐一个弯。言为心生,语言是心的表达,心里怎么想的,一般都会直观地呈现。但是,在讲话的时候要考虑到当时的情形、环境和状况,注意说话的态度、方式方法和技巧,委婉地表达出来,一定会收到很好的效果。

幽默是语言和交流沟通的最高境界。懂得幽默的人一定是交流和沟通的高手,可以将生硬瞬间化解为轻松和愉快。

(七) 知识与换位原则

交流和沟通说到底考验的是一个人的口才,也就是说话的能力。说话是输出,要想输出就得先有输入，只有输入得多，存储得多，经过大脑这个运算器加工处理之后才能正常输出。这里的输入指的是知识的积累，主要是通过看书、实践和听别人指导等形式获得，而口才更是一个人的综合能力和多方面的素质的展现。要具备渊博的知识，有足够的信息量；要具备敏锐的观察能力，能够深刻地认识事物、准确地理解事物；要具备辩证唯物的科学思维，同时还要具备良好的应变能力。因为，讲话不仅仅是一个人语言表达技巧的问题，更是一个人的记忆能力、观察能力、思维想象和创新能力以及应变能力的综合反应。因此，要从学习和实践中培养自己的品德和才识。

百善孝为先，万事德为首。品德始终是一个人立身处世和做事为人的出发点，决定认识的高度和立脚点，决定一个人的价值观；而光有品德还不够，还要有才识才行，才识就是知识和才能的综合，才能也是由知识转换和消化吸收而来。知识丰富的人必然会见多识广，处理事情的角度必然会更加不一样。因此，我们要努力拓宽自己的知识面和视野。

第三节　演讲案例赏析

演讲说到底就是演和讲，讲的内容十分关键，很多同学上台开口说话和发言不知如何入手和开口。为了帮助大家理解和着手准备，笔者准备了一些生活中的实际案例，虽然水平不是很高，但借鉴和参考意义是有的。

竞聘演讲案例赏析

在某高校二级学院团总支书记学工办主任竞聘大会上的竞选演讲

尊敬的×校长、各位领导、老师们，大家好！我叫×××，今年34岁，2005年至今先后担任物信系辅导员、计算机学院团总支副书记、软件工程学院团总支书记。在学校“逐梦、求真、游艺、向善”的基本定位和“引导、训练、治理、帮扶”工作思路的引领下，本着以落实应用型人才培养为中心，促进青年团员成长和发展为宗旨，扎实有效地开展学生团学工作，现汇报如下：

一、当好“贤内助”——常规管理，规范有序

按照常规工作流程化、规范化的要求，建立健全学院学生工作管理机制和运行体系，为学院在教育管理、学生素质培养、就业创业、校友会、关工委、党务与党员发展等方面出谋划策、积极作为，有效地当好“贤内助”。

二、当好“引路人”——平台搭建，助推学子成长

（一）以核心价值观为引领，加强大学生思想政治教育工作

一是结合重大节庆日，邀请抗美援朝老兵作现场报告、观看励志电影、到永川烈

士纪念碑、重庆白公馆(渣滓洞)开展爱国主义教育实践活动等20余次。二是依靠团组织生活,扎实开展“四进四信”“讲文明展文理学子风范,树新风立当代青春榜样”等团员主题教育实践活动36场。三是依托校友资源,邀请优秀校友,举办以“人生·梦想·创业”为主题的梦想沙龙、讲座等10余次。

(二)加强干部培养,构建学生干部精神家园

一是开设应用文写作、图片拍摄、大学生礼仪与干部形象等课程,加强学生干部基本技能。二是进行《榜样的力量》《追求一点科学精神》等主题报告,提升学生干部素养。三是邀请企业主管、行业专家、政府官员开设沙龙与讲座,提升视野和理念,促进学生干部快速成长。

(三)开展特色活动,培养学生综合素质和专业技能

一是开展“讲父母的故事”征文演讲比赛、“让歌声走进教室”歌咏比赛、“模拟职场大赛”、“主持人大赛”、“书香软件”读书活动等,培养团队凝聚力,提升学生综合素质。二是实施“导师制+俱乐部”“团总支+教研室”“辅导员+专业教师”三大互动模式,开展以IT文化艺术节为主题的打字比赛、计算机组装大赛、程序设计大赛、计算机知识竞赛、网页设计大赛、PPT制作大赛、互联网+等专业活动,以赛促学,提高学生的专业技能,四年来获得市级以上奖励167项、学生科研41项、专利(软件著作权)10余项,发表论文50余篇,创办大学生(校内外)微型企业20余家。三是积极与老协联合开展社区市民学校暨电脑一帮一互助活动10期,招募志愿者200余人,帮助离退休老教师100余人,受到离退休教师的肯定和表扬。

几年来,学院先后被评为重庆市社会实践先进集体,重庆市五四红旗团总支和校级五四红旗团总支。

三、当好“有心人”,努力搞好教学科研工作

2013年,获首届周末思想政治教育课讲课比赛一等奖、重庆市创业就业讲课比赛优秀奖,2014年指导作品《重庆永爱科技有限公司》获“创青春”全国大学生创业大赛重庆赛区金奖和全国铜奖。几年来,发表科研论文15篇,结题校级和区级科研项目2个,获博文大赛优秀奖1次。

四、当好“谋划者”,积极思考下一步的工作

时代以奉献为荣,进步以参与为时尚,生活在于主动,工作在于投入。带着为学校的发展服好务、为学生的成长尽点力的想法,再次竞聘软件工程学院团总支书记,若能当选,我将在学校及学院领导下,围绕大学生生命教育主题,开展“学校、家庭、社会、教师、家长、学生”等六位一体的实践活动;围绕职业生涯规划,开展“专业、学业、就业、企业、行业”等五位一体的互动实践活动;以互联网+为主题的大学生创新创业教育实践活动;以“学会做人、学会做事、学会健体、学会求知、学会创造”等五学活动

提高大学生综合素质能力。

古人云:“不可以一时之得意,而自夸其能;也不可以一时之失意而自坠其身。”不管结果如何,我都将以这句话自勉,一如既往地勤奋学习,努力工作。

谢谢大家。

演讲比赛案例赏析

案例一

演讲者,胡远莉,中共永川区委宣传部宣传科长,2016 年参加“中华魂”理想点亮人生主题教育活动,荣获重庆市演讲比赛二等奖和全国演讲比赛三等奖。

你若盛开,清风自来

说到理想,许多人都会回忆起小学时光,那个沸腾的教室,那张陈旧的课桌,那本稚嫩的日记,那些我们似懂非懂的豪言壮志……

我也不例外,想起了那篇永生难忘的理想日记:一棵树的理想,是在风雨中坚强挺拔;一朵花的理想,是在阳光下美丽绽放;而我的理想,是能以歌手的名义幸福歌唱!

当语文老师用她甜美的声音读出这段文字时,当全班同学用羡慕的眼光看向我时,从不敢大声说话的我终于鼓足了勇气,带着笑容在掌声中走上了讲台。

可当我一张口,一发声,掌声停止了:“天哪,她的声音好难听!”“简直就是破锣嗓子!”“这样还想唱歌,别把鬼吓哭了!”

一句句刺耳的话冲进耳膜,一道道鄙视的目光映入眼帘,我刚刚为理想而搭建的灯塔瞬间坍塌了!

由于家境贫寒,小时候一场未能及时就诊的疾病损坏了声带,使我只能小声说话。我爱唱歌,却从来不敢放声歌唱,我只能在我的作文里书写理想。可小小的我不明白,明明前一刻还掌声笑语,为何下一秒却跌入谷底!

泪水瞬间决堤,从此,再也不开口唱一句歌,再也不大声说一句话。

直到那个阳光午后。

城市一个地下通道里,周末都有悦耳的歌声悠扬响起。那是一个瘸腿的高中生,我的同校同学,手持破旧木吉他在自由歌唱。每当经过他的身旁,我总会不由自主地加快脚步,似乎那个小小的角落里藏着野兽猛虎。

但那个午后,我站住了。他一如既往地深情演唱。“哇,唱得真好!可惜是个瘸子。”女孩儿拿出 10 块钱放在他面前;“谢谢,我不是为这个,我只想让更多的人听到我的歌声,唱歌是我的理想!”

那一刻,童年的理想冲破紧闭的心门,开始拼命汲取人生的阳光雨露。从此,不管多少载严寒酷暑,无论多少次痛苦练声,我再也不曾退缩。可以每天 5 点起床,转 6 次客车,只为上一堂声乐课;可以一周泡在图书馆啃完整部《红楼梦》,只为唱好一首《红豆词》;可以每个周末勤工俭学,为了挣到上课的学费……

忘情逐梦,八年苦修。终于,我成功了!2005年,在第五届全国乡村青年歌手电视大赛上,我以一首土家族歌曲《阿妹出嫁》获得第一名!

歌德说:"人人心中有盏灯,强者经风不熄,弱者遇风即灭。这盏灯,就是理想。"而我要说,理想的灯不怕熄灭,只要星星之火燃成燎原,就能点亮整个人生;理想的花不怕凋零,只要青春的光照耀着它,就能盛开整个春天!

你若盛开,清风自来。亲爱的朋友们,请坚持吧,奋斗吧,为成功的飞翔插上理想的翅膀,让理想的光芒在青春里幸福歌唱!

案例二

演讲者,余继军;性别,男;年龄,36岁;时间,2017年11月;地点,重庆文理学院;时限,5分钟内。

不忘初心,勇担使命

最近,我们在网络上、报纸上、大街小巷的公益广告上都会看到几个醒目的大字:不忘初心!

然而,什么是"初心"?当别人问起的时候,似乎总感觉说不清、道不明。直到看了中央电视台推出的公益广告《我是谁》才豁然开朗:"我是离开最晚的那一个,我是开工最早的那一个,我是想到自己最少的那一个,我是坚守到最后的那一个……",一个个基层党员温暖朴实的话语,传递了"不忘初心、继续前进"的正能量。

我校涂铭旌院士求学之初,亲身经历了"重庆大轰炸",抗战的经历让他意识到个人命运与国家命运息息相关。"做工程师、做科学家,让落后的中国强大起来,让濒临破碎的中国重新站起来!"这个梦想让少年涂铭旌立下宏愿——一定要做一名科技报国的"科学家"。从此,开启了他与共和国同行60余载的"材料人生",用一个个奇迹践行着"科技报国"的初心和坚守。

一次偶然的机会,我认识了今年75岁的"感动永川"人物邓贤英老师,并不富裕的她从2003年开始,每年拿出1/3的退休金资助贫困学生和需要帮助的人。老人说:"我刚退休时工资只有100多块,现在3000多块,谁给的?党给的!我要那么多钱干嘛呢?要给就给比我更需要的人吧!"老人说得最多的一句话就是"我是一名共产党员,这是我应该做的"。是啊,古稀之年,人生好多事可以放缓,她却用自己不间断为人民服务的实际行动践行着一名共产党员的初心和使命。

我的小学和中学是在万州一个小镇上度过的,那时的理想就是要好好学习,走出大山,报效国家。现在的我,有不错的工作、温暖的家庭,更扮演着一个重要的角色:大学生成长的引路人。虽然看似"报效国家"有点夸大,但在新时代的今天,不忘初心,依靠的不仅仅是隆重的大声宣告,而是对工作岗位始终如一的坚守。无论是涂院士"大爱无疆,科教报国"的材料人生,还是邓贤英老人慷慨解囊、乐善好施的奉献精神都让我“高山仰止，难以企及”“虽不能至，心向往之”。党的十九大报告中明确指出中国共产党人的初心就是为中国人民谋幸福，为中华民族谋复兴。让初心有了民族的高度，有了梦想的光芒。作为一名普通的共产党员，我的“初心”就是做好自己的本职工作，时刻不忘“我是谁”；作为一名高校教师，我的“初心”就是：不断锤炼道德品质和提升教学技能，当好社会主义核心价值观的传播者，做好大学生成长成才的领航员，帮助每一名学生奠定美好幸福的人生基础。

朋友们，同学们，让我们“不忘初心，勇担使命”，努力为文理学院高水平应用型大学的建设目标贡献智慧和力量！

点评：一篇在 5 分钟以内的演讲稿，一般字数不得超过 1300 字。讲述结束，如果能让别人对你的内容记住大概，就算基本成功。本篇演讲稿结束后，我咨询了相关评委及听众，对演讲者讲的三件事情都十分清楚，无疑这样的演讲稿是成功的。

发言案例赏析

团校育英才，青春建新功

——在校团委 2017 年工作总结大会上的交流发言

软件工程学院 余继军

尊敬的××书记，各位老师、同事们：

大家上午好！非常感谢校团委给我机会在这里和大家分享汇报软件工程学院 2017 团校的开办情况。我汇报的题目是《团校育英才，青春建新功》。下面我将从基本情况、具体做法、问题与不足等三个方面进行汇报，敬请批评指正。

一、基本情况

在校团委两位书记亲切关怀和××老师多次亲临现场指导下，2017 年我院共开展团校培训班 2 期，培训学员 120 余名，每期课时 20 余节次，其中理论学习 8 节次，社会实践 6 节次，红色教育 3 节次、能力训练 6 节次、集中交流研讨 2 次，共邀请了 12 名校内外教师为团校学员授课，发放书籍和学习资料 300 余册；学员撰写心得体会 120 余篇，成功竞选各类干部 50 余名，参与科研立项 3 项、省级获奖 4 人次，五四评优 26 人次。

二、具体做法

（一）领导重视，精心策划

团校工作事关学生干部的成长和发展，学院党政领导高度重视，在党政联席会上专题研究和部署教学内容、培训师资、学员招募、教学管理、结果运用等相关工作。学院成立团校工作领导小组，明确职责、责任到人，保证团校顺利开班，有效推进。学院十分重视仪式对学生的教育和影响，每期开班典礼隆重而规范，党总支书记主动参加开班典礼并亲自为学员讲授党团理论课。

（二）发挥作用，引领发展

一是充分发挥党员的示范带动作用，让党员参与团校事务管理，引领青年团员成长发展。二是充分利用党员活动室，让部分党员结对帮助团校学员，定期到党员学习室自学和交流讨论，形成党建带团建，团建促党建的格局。三是邀请部分优秀学员参与学生支部活动，如赴重庆革命圣地红岩陈列馆参观等。

（三）内容丰富，形式多样

严格按照校团委的要求和规定设置了团校教学模块，同时还有以下特色活动：一是邀请聂荣臻元帅精神报告团为团校学员作精彩报告；二是组织团校学员观看《建国大业》《第一书记》等爱国励志电影；三是为团校学员开设公文写作、新闻撰写、演讲与口才、礼仪与交流等能力素养课程；四是强化实践应用，与电脑俱乐部、爱心中转站、永川尚善义工合作到文理学院老协文化艺术学校、永川敬老院、仙龙镇敬老院等开展社区志愿服务活动。

（四）加强管理，保证教学

一是出台团校管理规定，让学员签订学习承诺书，做到每节课有考勤、每次教学周有通报，每期有考评和简报，并将考评结果向辅导员反馈，共同加强教育和管理，以确保团课出勤率。二是精心设置教学内容，做到既完成学校规定，又结合学员需求，还考虑课程实效性，以确保课堂抬头率。三是划分小组，选拔小组长，让学生自主管理，共同研讨问题，激发学员的学习积极性。

（五）强化考评，运用结果

一是团校合格毕业，进入党校学习的氛围在学院已经形成共识。二是严格按照管理规定评选优秀学员，同时结合学习过程和考评结果。三是推荐优秀学员参与学院干部选拔、各类比赛、评奖评优竞争。

三、问题与不足

一是与学员的交流和沟通不够，倾听学员呼声太少。二是学员回答问题的积极性和与老师的互动性有待进一步提高。三是社会实践活动的形式和内容还有待进一步创新和加强。四是学员对课程内容和知识不能及时消化和吸收。

习近平总书记说，时代是出卷人，我们是答卷人，人民是阅卷人。在校内举办团校，是校团委根据时代要求为二级团总支出的一张试卷，作为团总支书记，应带领广大青年团员答好这张试卷，让学生在成长中得到实惠，让人民在阅卷中满意。

谢谢大家！

第3章

流畅文笔——练就基础沟通力

文笔流畅主要指的是写作。写作和口才一样都是思维的逻辑表达。会说话的人被认为有口才，但有口才的人不一定会写，而会写作的人更会被认为有思想和有水平。因此，作为现代大学生，特别是IT工程相关专业的学生一定要学会写作。因为，写作是大学生职业素养的一个核心技能和必须掌握的能力。同时，要用到写作的地方太多，如工作计划、总结、活动方案、工作报告、项目计划、调研报告、论文以及新闻通讯，等等。有的需要我们深入掌握，有的则只需要我们了解便可。

第一节　写作基础

一、为什么要强化写作技能

1. 信息化时代写作是一项最基本的沟通技能

当今社会是新媒体蓬勃发展的时代，微博、微信、QQ空间、知乎等社交和信息平台越来越受到广大青年的喜爱，这些新媒体主要是以文字、图片、视频、VR技术等多媒体手段为媒介。新媒体应用非常广泛，如单位微信公众号、个人微信平台。那么，如何宣传个人和单位的品牌呢？那就是持续地宣传和发布属于自己的特色，而在这个过程中，文字的表达具有不可替代性，具有点亮之笔的重要作用。社会不管如何发展，文字的表达始终不会过时，而且越来越重要。我也始终相信文字是有力量的。因此，每一个大学生都应该把写作当作是综合素养中的一个重要技能，当作是交流沟通和表达自己观点、思想的重要手段，更是自己著书立说形成一定研究成果的基础。

2. 科学时代写作是生产和科学实验必不可少的重要工具

这里的写作主要指的是应用文书的写作和科研论文的写作。应用文书太多了，大到工作计划，小到收条、借条、证明等。大学生虽说不一定从事文秘或办公室工作，但一定要清楚和知晓基本应用文的撰写方法和技巧，以备不时之需。科研论文，主要有毕业论文、课程论文、发表的期刊论文等。要想自己的专业水平和学术素养能够不断提高，就要撰写大量的科研论文，在经常性地写作中增长自己的书面表达能力、逻辑思维能力以及分析问题和解决问题的能力。

3. 日常生活中写作是表达、交流思想和抒发情感的载体

马克思主义关于人的本质的思想告诉我们：人是社会关系的总和，人是不可能离群索居的。人总是要与别人交流情感和交换意见的。交换和交流的方法可以很多，如电话、视频、面对面等方式。但有时候总要用书信、文章、散文、诗歌，甚至公开发表文章等形式来表达，这也离不开写作。工作中，还要用到工作总结、工作报告、请示、通知、证明、函复、活动方案、调研报告等。因此，加强生活和工作中的写作水平和能力是大学生的一个基本能力，应该加以重视和训练。

二、写作的本质和提高途径

计算机相关专业的学生都学过冯·诺依曼的计算机组成结构和程序、存储原理。大家知道计算机是由输入、输出、存储器、控制器和运算器等五部分组成。其实写文章跟计算机有些类似，都要依靠大量的输入（阅读）和头脑的运算（思维）才能得出输出（写作），如图 3.1 所示。输入得越多、资料越丰富和翔实，经过大脑处理之后形成的观点也越丰富和充分，输出（写作）时才会有"读书破万卷，下笔如有神"的感觉。再说得具体一些，写作就是资料的占有和观点的论证。资料的占有是基础工作，是低级的劳动；观点的论证是思维层面的工作，是高级劳动。人不可能一下子就到高级劳动层面，而总是从低级劳动中不断总结提高才能走向高级劳动。

图 3.1

1. 提升输入的数量

刚才谈到输入的形式有很多，如用眼睛看的有书籍、报纸、微信公众号文章、杂志、论文、文献资料；用耳朵听的有交流、广播、电视、网络广播等，同时还有实地调研、走访、考察等多种形式。因此学习的方式是很多的，只有量的累积和大量资料的占有，才有可能获得全面的信息，才有可能对该领域进行深入的挖掘。也只有"深挖井"，才有可能在本领域有深入的见解和独到的观点，写出与众不同的文章来，也就是深入的研究。马克思在撰写《资本论》前，阅读了大量的文献并深入到生产实际中做了大量的调研。他阅读过的书籍有记载的记录就达到 1500 多本，撰写的读书笔记有 150 多本，达 400 多万字。可见，要想写出好文章，一定要做到详细地搜集和占有相关领域的资料，并加以批判地阅读和分析。曹雪芹在《红楼梦》里面也强调"世事洞明皆学问，人情练达即文章"，也就是要做到熟悉生活和生产实际，同时要不断积累知识材料。

2. 提升输入的质量

毛主席和鲁迅先生都提倡去粗取精、去伪存真的学习技巧，也就是要提高我们阅读的质量。无疑，要想提高阅读的质量，只有从源头开始，那就是要学习经典的书籍。

经典书籍经过了时间的检验，得到了历史的认同和人们的认可，具有鲜明的观点。首先，要从挑选书籍上下功夫，可能这里也要遵循一定的原则，比如，可以通过评论和阅读量以及推荐度等相关指标来辨别。其次，不要花时间阅读不重要的书籍或者垃圾信息，因为它会占用大量的精力和时间，但又没有什么效果。现代人习惯碎片式的学习方式，这本身没有问题，但是不要被不重要或者五花八门的娱乐信息占据时间，这些信息很容易使人分神并形成负面的影响。为什么有的人一定要师从名师和大师呢？其中就是这个道理——从一开始就要学习经典和权威。

3. 提升输入的效果

三毛曾经说过："书读多了，容颜自然会改变。"沈从文也说过："读书是让我们变得高贵的最好途径。"因此，读书对于我们来说是一件非常重要的事情，要把它变成生活甚至生命的一部分。全世界年平均读书最多的国家是以色列，平均每人 60 多本，而我们中国人的阅读量不到 5 本。所以，以色列是一个创新型的发达国家。但阅读量的多少不是目的，吸收和消化才是最重要的，同时还能应用知识和信息才是我们的终极目标。因此，读书一定要有方法和技巧。要不然有的人为什么经常读，却经常忘记呢？怎样做呢？其实也简单：一是要精读和细读，读的过程中要做读书笔记，摘抄关键词句，以帮助记忆，隔一段时间还要返回去阅读，以加深印象。二是要带着问题阅读，同时在阅读的过程中要多思、多想，多问几个为什么。习近平总书记在七年知青岁月里阅读了大量的书籍，可以说涵盖文、史、哲、军事等各个领域的经典名著。他最擅长用比较读书法，即同一个类别的书可能有好几本，并排着比较阅读，找出问题的共性和个性，从而使理解更加精确、深入。读书的方法和技巧还有许多，每个人适用的方法和时间也不一定相同。这个需要根据自己的时间和习惯而确定，但有一点，只要确定了要读的书，就一定要设法在规定的时间内完成并消化吸收成自己的东西，最有效的办法就是你看完一本书或一个章节后能用自己的话将它讲出来或复述出核心要意。

三、组成文章的四大要素

（一）主　题

所谓文章的主题，就是作者在说明问题、发表主张或反映生活现象时，通过全文内容表达出来的某一基本意见或中心思想。写文章都是有目的的，都是为了宣传或者表达某一个观点甚至是思想，都是为了去影响他人的思想或者行动。在举办的各类学生活动中，往往都需要一个主题，有了主题活动才有灵魂，才会有鲜明的特征。写文章也是一样，也要有一个主题。因为，主题就是中心思想，或者叫中心论点，有了主题才能表现自己赞扬什么、支持什么、不赞成什么或者是反对什么。

1. 主题的意义

看一篇文章质量的高低除了要看它是否有清楚的表达和准确的遣词造句以外，还要看它是否符合正确的主题和价值取向。前面我们谈过要有大量材料才能取得翔实的素材，才能为写好文章奠定基础。但是如果文章缺少鲜明的主题，拥有再多的材料和素材也是枉然，毫无意义可言。主题不突出，中心思想就不明确，那文章就显得暗淡无光。因此，主题的第一个作用就是作为灵魂和核心。

主题、结构、材料、语言等因素决定了文章质量的高低，但最关键的因素却是主题。主题也相当于文章的立意，立意就是中心思想，有了立意就相当于公司有了总经理、军队有了总司令、学校有了校长。古人有“意在笔先”的主张和提法，也就是说在下笔写文章之前，一定要先确定文章的立意和中心思想。这即是主题的第二个作用——总负责人的作用。

2. 主题的提炼

一篇文章若只是文字的堆砌，就会显得不够精练，毫无可读性，没有文风之美。这就好比原野中的各种矿石，若不经挑选，就不能加工成有用的零件，更谈不上精美的工艺品。因此，提炼文章的主题是一个去粗取精的过程，也是一个思维的过程，属于高级劳动的范畴。

提炼主题就是要抓住事物的本质和特征。本质的东西属于内因，也即是内部规律。毛泽东在《实践论》中指出：“要完全地反映整个的事物，反映事物的本质，反映事物的内部规律，就必须经过思考，将丰富的感觉材料加以去粗取精、去伪存真、由此及彼、由表及里的改造制作，造成概念和理论的系统，就必须从感性认识飞跃到理性认识。”本质是客观事物的反映，特征是个性的体现，只有经过深入的观察和仔细的研究才能抓住事物的本质，发现事物的个性。因此，在写作过程中对主题的提炼也是一个思维运动变化的过程。怎样操作呢？很简单，三句话：一是语句要精练；二是用词要准确；三是词性要符合上下文和文章的主题。

（二）材　料

有了明确的主题和写作方向后，接下来就应该收集大量的素材。要根据主题和内容收集大量的资料，在庞大的资料信息中进行甄别和筛选，整理出有用且符合主题的素材，最后对这些素材进行加工处理，并用于各章节中，或作案例，或作数据支撑。因此，资料的收集是第一位的，是基础，越多越好。为什么撰写论文前要求作者阅读本领域里大量的文献综述呢？因为，只有阅读了本研究领域里的权威观点和有一定深度的论文后，你才有一定的理论基础和积淀，才能在此基础上发现存在的不足，找到突破的切入点。如若不然，研究和提出的观点就有一定的局限性，站位就显得不高，对该领域的研究就不够深入和专业。

1. 收集材料的重要意义

（1）材料是形成观点的基础。写文章都要反映一定的思想或观点，文章都是来源于现实生活的，是现实生活的真实写照和升华。因此，文章不能脱离现实生活。但仅仅是现实生活的文章又不会那么生动和有思想性。因此，总要通过收集一定的反映现实生活的材料之后，经过人们的提炼和按照一定的逻辑顺序安排，加工成具有一定思想和理论的东西，通过一定的语言表述出来。

(2) 材料是形成主题的支柱。说话办事或者讲理评估下结论的时候,我们总喜欢用讲事实、说道理的形式。这里的事实就是材料的占有,也就是要举例,道理就是观点。观点靠事实来支撑,不然就是空架子,空对空是没有说服力的。事实靠道理来表述,没有一定的道理就会显得理论不足。因此,材料的占有,也即是事实的占有显得十分重要,是整个文章的支柱。

2. 获取材料的主要途径

现代社会是信息社会,互联网的普及和广泛使用让每一个人都能在极短时间内获取以往数倍的信息。“一机在手,什么都会有”的时代来临,实现了古代“秀才不出门,尽知天下事”的梦想。获取信息的方式数不胜数、应有尽有,现介绍几种常用的:

(1) 调查研究。在研究和写作过程中,有一个重要环节就是调查,调查有很多种方式,有实地走访调查,有座谈调查,还有问卷调查等多种形式。调查法是获得第一手资料的重要手段,在材料的收集中,有着重要作用。

(2) 信息检索。当前信息检索的方式比较多,如科技论文检索方面有世界三大检索收录数据库。三大检索指的是:SCI(科学引文索引)、EI(工程索引)、ISTP(科技会议录索引)即 Science Citation Index、Engineering Index、Conference Proceedings Citation Index - Science(原名 ISTP—Index to Scientific & Technical Proceedings),它们是世界著名的三大科技文献检索系统,是国际公认的进行科学统计与科学评价的主要检索工具,其中以 SCI 最为重要。国内几大检索收录数据库分别是维普、万方、中国期刊网(或称:中国知网(CNKI))、百度学术以及各种硕博论文库。检索的方式有关键词、作者、书名、单位等。

(3) 观察体验。鲁迅先生曾说过:“留心各种各样的事情,多看看,对于任何事物,都要观察准确、透彻,才好下笔。”这充分说明观察对于写作的重要性。观察事物时精力一定要集中,因为只有精力集中才能发挥五官的效果和作用。所谓“心不在焉,难成一事”。因此一定要耐心、细致、精确,同时在观察事物时要做到辩证思维,将事物的外观和内观、现象和本质、状态和原因以及过去和将来等进行深入思考和细致分析。观察得多了,也就有了一定的经验和积累。所谓“读书破万卷,下笔如有神”,只有积累多了才会写作。只有多读书、多观察、多学习才能积累一定的知识量,才会出口成章、文笔流畅、信手拈来。

3. 遴选材料的三个步骤

(1) 收集。写作是一个系统的思维过程,在于对基础材料的加工和整理,按照一定的逻辑顺序和思想观点进行表述。那么,当确定了中心思想或写作主题之后,就要收集大量的素材。收集的材料越多越好,只有收集得多,才有可能更加全面地了解事物的本质。毛主席曾说:“任何质量都表现为一定的数量,没有一定的数量也就没有一定的质量。”因此,不管写作什么主题的文章,都要尽力收集资料和素材。既要收集背景资料,也要收集现实资料;既要收集宏观综述材料,也要收集微观具体材料;既要收集直接材料,也要收集间接材料,同时还要收集正反两方面的材料。

(2) 甄别。收集的材料再多,但如果不加以鉴别和筛选,也没有价值和意义。因此,当我们收集了一定数量的材料之后就要进行甄别和遴选。甄别和遴选材料的原则就是看素材是否与我们的主题相关,涉及到的数据和事实是否有用,是否具有代表性。只要做到了以上三点就做好了甄别工作。

(3) 使用。前面所做的一切工作都是为了使用材料,使用才是目的。材料的使用关键在于灵活运用和恰如其分的表达。当然在使用之前,也即是写作之前把材料作适当整理和编排是很有必要的,如以时间为序进行材料安排,以表现主题的重要性和紧密性进行梳理等等。总之,要恰如其分地进行安排和撰写,使其详略得当、浓淡相宜。使用的另外一个技能,即作者的文字驾驭能力,主要体现为遣词造句、描写叙述、润色理顺等,这既是基本功,也是技术活。

(三) 结 构

建筑物能够屹立千年不倒,除了坚固的地基以外,就是房屋的结构在起主要作用了。一篇文章也是如此,要有好的结构才能展现文章的主体思想和表达主题,也即是谋篇布局要到位。因为任何一件事情都有它的前因后果和来龙去脉,都有相关事物的联系性和特殊性。说不清楚,往往是因为思路不清楚。思路不清楚,往往也写不流畅。所以,只有思路清晰,才能清楚地表达;只有思想周密,文章结构才能严谨。可见,文章的结构取决于作者的思路。一般写作时采用拟定提纲的方式来搭建结构,同时还要注意到以下几点。

1. 文章的结构要与文章的主题和中心思想相匹配

写文章总要达到一个目的,阐述一个观点,突出一个中心思想。为更好地表现主题,文章在开头、过渡、高潮、结尾等方面的安排和设计都要根据主题而定。怎样处理呢? 就是要做到层次清楚、段落分明、详略得当。毕竟主题才是一篇文章的灵魂。

2. 文章的结构要突出事物的内在联系和客观规律

要说清楚事物的内在联系和客观规律,就要讲清楚事物的本质,就要从是什么、为什么、怎么样三方面来进行表述,同时要按照一定的逻辑顺序即提出问题—分析问题—解决问题来说清楚事物之间的相互联系并找出事物最本质的特征。

3. 文章的结构要适应和满足不同的体裁

不同的体裁有不同的结构,文章并不是千篇一律的。如诗歌是分行分节的,结构层次讲究开启承合。小说以讲故事为主,讲究情节冲突和人物塑造,结构安排具有多样性。议论文不一样,讲求问题导向,存在什么问题、如何解决问题等结构思路;在充分掌握材料的基础上,以论证为主。在论证中通常是先引入一个观点 A,再通过观点 A 引出 A′,接着说明 A 和 A′的关系及联系,最后得出结论 A″。因此,体裁决定了文章的结构。

(四) 语 言

高尔基在《和青年作家谈话》一文中写道:“语言是文学的主要工具。”准确而熟练地掌握这个表情达意的工具，不仅对于作家有重要意义，而且对于每一个学习写文章的人来说，也都是提高文章思想质量和艺术质量的突破口。

1. 语言表达的原理

一个人要表达自己的思想，有两种非常重要的方式和途径，一是通过说话或者演讲，二是通过写作。语言文字是思维的载体，通过话语或者文字表达的过程，也即是梳理自己的思路、提升逻辑思维能力的过程。所以，不论是口头表达还是书面写作，都是受到思想的领导和制约的。

(1) 清晰。清晰和明确的语句总让人感到坚定和果断。但有的语句读起来却不是那么明晰，甚至还不通顺，其主要原因是文章的思路没有理顺和思想性不够。再具体而言是作者对叙述或描述的事情没有进行充分的了解，没有将事物理解透彻，没有将所阐述的道理吃透。因此，一定要将事物理解透彻、思路理顺，做到清晰和思想明确，自然就能写清楚。

(2) 深度。没有将事物理解到一定的程度，其实也不能写出有深度的文章。所谓"广积粮、深挖洞"就是说要做到广泛地积累，同时要练好内功，也即是要深入的研究，其主要还是在思想和认识层面，所谓思想的深度决定语言的丰富程度。思想开阔的人，自然其语言所蕴含的信息和内容就多。因此，要加强对事物的认识和理解，只有深入的研究才会有深入的理解和透彻的认识。

(3) 新意。文章不能千篇一律，不能总是一个模样，否则读者就没有兴趣。如有人描写春天总会用到春暖花开、万物复苏和春意盎然等词汇。要想文章有新意就一定要做到有真实的感受，要有真切的体会和见解，找到不同的视角和切入点，然后再写出文字，才能给人以新的感受。说到底，真情实感是基础，思想性是核心。因此，高深的思想、精辟的语言和新颖的视角加在一起，就是一篇非常好的文章，一篇受读者喜爱的文章。

2. 语言表达要准确

准确才能传递正面的信息和有价值的信息。因此，准确的表达是写好文章的基础。那么，怎样才能准确用词呢？首先，要对事物有深入的了解和真实的情感。其次要做到精确用词、合乎语法。只要做到这两个方面就基本上可以达到准确语言的要求。同时还要注意到以下几个方面。

(1) 反复推敲。反复推敲体现的是用词的精确性。因为只有描述事物最本质和最有语意的词语才能让读者有身临其境的效果，才能起到文章是客观事物的反映的作用。法国著名作家福楼拜说："世界上没有两粒完全相同的砂子，没有两只完全相同的苍蝇，没有完全相同的两双手掌，没有完全相同的两个鼻子。因此，我们不能无论描写什么事物：要表现它，唯有一个名词；要描写动作，唯有一个动词；要描写性质，唯有一个形容词。"

(2) 辨析词义。要想用词准确，还得注意词的含义。一字之差，往往是千里之别。如反应和反映，察觉和查觉，搜集和收集等都是不一样的，用在不同的语句里效果却不一样。

(3) 区别色彩。用词的准确性还体现在词语的感情色彩上，如看这个成语或词是贬义的还是褒义的，是轻还是重，不同的词语所体现的分量是不一样的，描述的程度也是不一样的。

(4) 符合语法。语法即词和句的构成方法，通俗地说就是大家的说话习惯，也即是规则。掌握了说话的习惯，加上一定的逻辑顺序，就可以很好地表达思想，变成可以理解的东西。一是写作时句子成分要完整，句子完整就要有主谓宾等主干，同时还要考虑枝叶即定状补。二是搭配要合理，即词语与词语之间、句子与句子之间的搭配要符合逻辑和顺序。

3. 语言表达要精练

精练是对写作最基本的要求，就是要做到精准且文字要少。能用一句话说清楚的，决不用两句话来描述，不要累赘和啰嗦。表达清楚，表达到位，表达透彻即可。

4. 语言表达要生动

生动即是要求文章的形象性，让人有一种身临其境的感觉，好像自己感知到、体会到、察觉到，也就是文字要有美感和意境。

(五) 标　题

现代人看新闻或者浏览网页往往是先看标题，也就是题目。其主要目的是确认是不是自己喜欢的内容，如果是自己喜欢的，或者关注的才会有看下去的想法，否则就不会再往下看。因此，每篇文章的标题或者题目就显得十分关键。如在论文发表和课题申报时，往往评审编辑也只看标题和摘要，如果标题够新颖且符合期刊的需要，那么就会审核摘要。摘要内容符合要求后，才会去看文章的结构，也就是每部分的一二级标题，继而看全文。可见，文章是分层阅读和审阅的，在分层阅读的过程中标题起到了核心作用。那如何拟定一个高质量又吸引眼球的标题呢？

1. 题目是内容的高度概括和凝练

前面谈过，一篇文章中最重要的是主题，也即是中心思想，但主题往往要读者阅读之后才会知晓。而文章的题目只需要读者扫一眼便知。因此，题目(标题)是文章的第一印象，第一印象往往决定命运。若第一印象不好，再好的文章都很难吸引到读者和观众。因此，每一个作者都必须把题目起好。

2. 题目决定浏览量、转载率和下载率

互联网时代，到处都是微信公众号，根本不缺内容，即不缺少文章。但要想让微信公众号有一定的影响力，就必须要让文章活跃起来，就要有人去阅读、去点击和转载。知网下载率比较高的文章往往首先是因为文章的标题吸引人，直接点题或者是能够让人一眼就知道这篇文章是研究什么、解决什么问题的。那么要达到以上效果，就必须要有一个好的题目或者好的标题。因此，题目决定生死和命运。

3. 取好标题或题目的技巧

起标题是有一定的技巧和原则的，主要是以调动读者的好奇心和心理情绪最为关键(这个好奇心不是歪门邪道的东西,而是有价值和吸引力)。在这个原理的基础之上也要看是写什么文章,如新闻、论文或者是汇报、交流发言稿等各有侧重点和倾向性不同。如果是应用文,则基本上属于固定格式,几乎没有发挥的空间。但如果是网文,自由而灵活,发挥的空间都很大。下面主要以网文为例说明起好题目的技巧。一是共鸣性:共鸣有多方面的,如理念和价值方面的共鸣,作者替你说出你心里想说而没有说出的话,引起强烈的共鸣,读者都愿意接受自己认同和喜好的内容,这本身也是对自己理念和价值的一种认同,这样的标题往往能够收获很好的点击量。二是好奇心:标题带有强烈的可读欲望。三是突出危害和负面:人天生有追求美好事物的心理,但在一般状态下人们更愿意或情不自禁地去看负面的危害性大的信息。四是突出需求性:这类题目主要是针对一些现象和人们的需求及时做出的回应,如《大学生如何在毕业即获得工作经验》《年薪十万,如何在大学毕业时就做到》《大学生求职技巧与经验 50 谈》等。

四、文章的修改

俗话说,好文笔是练出来的,好文章是修改出来的。这话是一点也不假,一般来说文章写好了要经过多次修改,甚至要放一段时间之后才能把文章写好。杜甫曾经说过:“语不惊人死不休。”在反复打磨和细致推敲的过程中,不断凝练使之成为精品。在修改的过程中主要涉及到增加、删除、改动、调整等方面,但不仅仅是这些方面,还有主题的变动、观点的修改、内容的增删、结构的调整以及语言的润色等方面。由于我们不教授具体的写作课,这些内容就不在此处阐述;但要提出来,让读者明白和知晓文章需要不断地修改和打磨,而并非一蹴而就。

第二节　新闻稿的写作技巧

为什么在本书里还要介绍新闻写作呢?这是因为,在自媒体时代,每个人都是传播主体,都有发布消息和接收消息的需求。为了加强宣传和推广,各种公众号更是层出不穷。因此,基本的新闻写作知识和技能既是现代大学生的一个基本工作技能,也是 IT 工程类专业学生职业素养的体现。

一、新闻写作概述

(一) 新闻到底是什么

什么是新闻?新闻是用来干什么的呢?简而言之,新闻就是用来传播信息的。梁衡说:“新闻是受众所关心的新近发生的事实的信息传播。”通俗地说,新闻就是新近发生或者发现的重要事实的报道。狭义的新闻一般也特指消息,本章也介绍消息写作。

（二）新闻写作的要素

新闻写作包含六要素，即时间、地点、人物以及事件的起因、经过和结果六个方面。如果把新闻的六要素概括成一句话就是：什么人在什么时间在什么地方做了一件什么事情，这件事情出现了什么样的影响和结果。这几乎是一切新闻报道最核心的要素内容，一切新闻报道都是以此六要素为核心进行宣传和报道的，只是报道宣传中使用的方法、角度、技巧、深度等不一样而已。

（三）新闻写作的原则

不同于一般的文学创作，新闻不允许有自己发挥的想象空间，新闻只能是真实、客观、准确地进行事实报道。因此，新闻写作的三个基本原则就是真实、客观和准确。真实就是对新闻的演进事实作全面真相的报道，其内不能有主观思想。客观就是在报道中要使用中性词和客观实际词，不能用修饰和渲染的词汇，记者在报道中不能有自己的观点和思想，应该对新闻的背景、事件的来龙去脉作清晰的交待，使用采访对象的话要原文使用，不能修改和润色。

（四）新闻写作提要

掌握新闻写作的结构、主题、角度、来源、语言、引语等提要有利于加强写作水平。在新闻写作中一般采用倒金字塔结构。新闻消息的主题一般比较单一，即是一事一报或一人一报，切忌一文报道多条新闻。角度就是记者站在什么位置和视角来宣传报道事情和人物。来源主要指的是新闻出处。新闻语言一般要求准确、通俗、简洁、形象等。引语一般是记录新闻对象说的话，加深新闻的印象和出彩性。

（五）新闻写作结构

任何文体都有它的结构，新闻的结构主要由标题、消息头、导语、背景、躯干、结尾等六个部分组成。

1. 标　题

俗话说："看书看皮，看报看题。"新闻写作最重要的就是标题。因为标题是新闻内容最准确、具体、凝练的文字，是最重要、最精彩的信息呈现。新媒体时代，新闻的标题更是关系到阅读量和点击率。标题一般有单行、双行、三行等三种。消息一般采用单行标题，简洁准确概括最重要的事实。标题需要构思和凝练，不要为了吸引眼球，而打擦边球，借题发挥，不要当"标题党"。

2. 消息头

消息头也叫电头，是新闻特有的标志，说明新闻版权的归属问题。完整的消息头是：通讯社＋发稿地点＋发稿时间＋电讯，如"新华网重庆 4 月 20 日电"。电和讯是有区别的，电主要指是外地发来的稿件，讯一般是本地采写的新闻。

3. 导　语

导就是前面，也即是新闻的开头。万事开头难，可见导语不太好写。但还有一句话：好的开始就是成功的一半。只要写好了导语，新闻就成功了一半。因为后面的内容都是围绕导语进行阐述的。导语一般而言就是新闻的第一段，字数一般在35～50个字，最多不超过100个字。导语要求做到简洁明了，把最精彩和最重要的事实简明扼要地告诉受众，一定要有吸引力，否则很难吸引读者看下去。

4. 主　体

写好导语之后就要去撰写新闻的主体内容了。主体是对导语进行进一步解释、深化和具体化。对导语中涉及的内容，进一步提供有关细节和背景材料，使其更清楚、明确、具体。同时补充导语中未提及而又能表现新闻主题的事实和其他要素。一句话或者一段话的导语只适合发说说或者微博，刚好容纳140个字，而要全面、清晰地介绍故事的发展和新闻的展开，就要通过新闻的主体进行叙述。主体可以按照新闻发展的时间为序，也可以按照轻重缓急的逻辑顺序来描述。千万不要记流水账，一般是从一个切入点来概括和描写故事情节，可以是一个段落，也可以是多个段落。

5. 结　尾

一般新闻采用的是自然结尾，即新闻叙述结束即结束，这种新闻不需要单独结尾。另外，还有用新闻背景交代的方式来结尾的。

二、校园常见新闻的写作技巧

本书主要受众对象是大三、大四学生，因此，本节内容主要是通过校园常见新闻类别的写作方式来说明新闻的写作技巧。虽然各媒体新闻与校园新闻有一定的区别，但掌握校园新闻的写作技巧能为以后进入社会从事和写作新闻奠定一定的基础。本节内容主要从会议类新闻、表彰类新闻、活动类新闻、竞赛类新闻等几个方面进行讲述。

（一）会议类新闻写作

会议在各单位中占有相当大的比例和分量，特别是涉及单位的重大事件和事关国家政策落实等有社会价值的会议更应加强宣传报道。写好这类新闻的重要性不言而喻。

1. 四段式结构

会议类校园新闻稿件在学校各类新闻稿中结构最严谨，语言逻辑要求最高。要求作者要将会议精神融入到稿件中，抓住会议新闻点。校园新闻的写法有很多种，为了在校大学生能够快速上手，本文提供了一个“模板”，供大家参考和依葫芦画瓢。会议类校园新闻稿件常为四段式结构。第一段：写好导语，点明与会人员、主持人，同时要注意出现的人名需依据一定的规则排序。第二段：理清会议的程序及内容（同时注意分清主次和主题），提炼领导讲话、嘉宾发言的主要内容。第三段：提炼相关领导讲话的主要内容，同时注意讲话的措辞和层次。第四段：介绍会议举办的背景或者举办该会议的意义/与会人员反响等（也可以省掉）。会议新闻的结构要严谨，语言要符合逻辑，会议精神要融入到稿件中。

2. 注意事项

一是标题要恰当，符合会议的规格和层次。二是导语中要体现会议名称的全称、举办的地点等要素。三是要写清出席的领导姓名、职务，注意领导的排序要正确。例如，关于人物称谓，一般只在新闻前面首次出现时介绍职务（或职称）、姓名，后面再出现时只写姓名。一般应采取“职务称谓 ＋ 姓名”的方式，如“校党委书记××、校长××、副校长××”等，尽量避免“姓名 ＋ 职务称谓”和“姓 ＋ 职务称谓”的方式；特定事件需涉及某人物两个职务称谓时，一般可酌情使用“主职务称谓＋兼职务称谓＋姓名”的方式；社会知名人士、文教界人士等，在文稿中出现时可适当在姓名后加“先生”“院士”“教授”等；军界人士姓名后可加“将军”“少将”“大校”等；如无必要，新闻稿中一般不在姓名后加“同志”称呼。多个领导参与的活动，除主要领导外，可采用“校领导×××、×××等”的简略形式。四是要提炼和概括领导讲话的内容。五是介绍会议的程序要有主次，要对会场气氛作客观准确的描绘。六是要简要概括举办会议的目的和意义。

3. 案例赏析

会议新闻案例——重庆文理学院召开党建与思想政治工作会议（来源于重庆文理学院校园网）

学校召开宣传思想政治工作联席会。4 月 8 日下午，学校宣传思想政治工作联席会在恪勤楼 422 会议室召开。党委书记孙泽平，党委副书记、纪委书记李德全出席会议，学校宣传思想政治工作领导小组成员、教学单位党总支书记、非教学单位主要负责人参加了会议。会议由党群部部长周文东主持。周文东通报了学校 2017 年宣传思想政治工作专项检查情况，就坚决肃清×××的恶劣影响和×××、×××的流毒专项排查工作进行了安排部署，同时就教学单位网页存在的问题及规范整改提出了要求。

李德全传达了重庆市委教育工委关于高校党建和宣传思想政治工作专题会议精神。他强调，各级党员干部要旗帜鲜明讲政治，强化理论武装和思想引领，加强高素质专业化干部队伍建设，全面提升基层党组织的组织力，发挥统一战线的重要作用，全面实施高校思想政治工作质量提升工程，牢牢掌握意识形态工作领导权，强化工作保障。他要求，各单位要按照排查内容逐条梳理、建账交单、按时完成、逐个销号。网页改版工作要把握“简洁、便捷、合体、亮眼”的基调，坚持要素完整，但不千篇一律；显文理特色，亮学科专业特点；聚焦工作成效，按时保质完成。

孙泽平作总结讲话。他强调，各级干部要高度重视，认真学习领会会议精神，切实履行意识形态工作职责，落实好意识形态领域问题排查和网页改版工作，在规定时间保质保量完成任务。

（二）表彰类新闻写作

举行表彰会在高校是很普遍的教学教育活动。写好表彰会新闻具有意义和影响力。主要采用三段式的结构来撰写表彰类新闻稿。第一段：写好导语，写某单位发文表彰了哪些人、哪些单位。第二段:介绍下受表彰对象的事迹。第三段:介绍受表彰对象的感言、决心或者是颁奖单位对受表彰对象、对学生的希望。同时注意三点:一是表彰发文、表彰的奖项内容、受表彰单位都要写全称。二是受表彰单位、个人的事迹介绍要突出优秀之处,要体现事迹的教育性。三是受表彰对象的感言要有针对性,颁奖单位对受表彰对象、学生的希望要有实际意义。

案例赏析

表彰类新闻(来源于重庆文理学院校园新闻)

学校召开2019年科研表彰大会。1月2日下午,2019年科研表彰大会在恪勤楼304会议室举行,校领导孙泽平、兰刚、谭宏、王明华、金盛、罗茂、李天福出席大会。各二级学院主要负责人、科研院长,各职能部门主要负责人,优势学科、重点学科及重点建设学科带头人、学科负责人、学科方向带头人、各硕士学位建设点骨干教师,受表彰教职工共计250余人参加了大会。会议由副校长王明华主持。会上,党委副书记兰刚宣读了《关于表彰2019年重特大科研项目立项奖等奖项获得者的决定》。参会校领导先后为2019年获得国家自然科学基金项目、国家社会科学基金项目、全国社科规划办项目、教育部人文社科项目、重庆市科技奖励、国家级科研平台的单位或个人颁奖授牌。党委书记孙泽平对全校科研工作提出三点要求:一是高度重视科学研究,夯实内涵建设,做特做优,产出标志性创新成果,加快高水平应用型大学建设步伐;二是深化教师分类评价制度改革,分类施策、定向发力,引导教师做好科研教学"加减法",深层次激发创新活力;三是坚持管理为科研服务,敢于担当、勇于作为,从政策制度和科研资源上下功夫,营造潜心育人、笃志科研的环境氛围。

王明华在主持会议时强调,各单位要认真做好会议精神的宣传落实,以"申硕"为契机,充分利用寒假抓好科研项目申报、横向科研拓展、科研成果培育等工作,推动学校2020年科研工作迈上新台阶。

(三)活动类新闻写作

举办活动是从事党团学工作、开展大学生思想政治教育和促进大学生综合素质提升的主要载体和形式,具有重要意义和作用。一般采用三段式结构,第一段:写好导语、主承办单位、参与人员。第二段:主要写活动的过程、活动现场以及现场观众、学生的反应。第三段:评论开展本次活动的意义。同时要注意到四点:一是活动叙述要紧扣活动主题,活动程序要分清主次,参与人员的介绍要有层次感。二是要根据新闻稿投放的媒体,确定新闻事件的主角。三是描写活动现场,一般采用总分的形式,重点突出活动的特色。四是活动意义要围绕学校的发展和校园文化的需要。

案例赏析

校园活动类新闻稿(来源于重庆文理学院校园网)

庆新中国盛世华诞,谱新时代教育华章。为庆祝中华人民共和国成立70周年,表达全校师生对伟大祖国的深深祝福,在全校深入开展"不忘初心、牢记使命"主题教育之际，9 月 29 日晚，我校在学海广场隆重举行“壮丽 70 年 · 奋斗新时代”庆祝中华人民共和国成立 70 周年文艺晚会暨 2019 年迎新晚会。

学校党委书记孙泽平，党委副书记、校长黄伟九，共青团重庆市委党组成员、副书记江光伟，涂铭旌院士爱人唐昭莼女士，重庆市科技局科技合作处处长周艳，共青团重庆市委高校部部长潘毅，学校老领导，校内各单位负责人，各学院分管学生工作负责人、团总支书记，2019 级全体辅导员和新生，兄弟院校师生代表，以及其他部分师生员工，共计 1 万余名观众欣赏了这场晚会。晚会由音乐学院教师吕军成、教育学院教师叶静、文化与传媒学院学生姜大富、教育学院学生文镜媛主持。晚会在新中国壮丽 70 年的建设者、奉献者和见证人——重庆文理学院老协合唱团成员带来的合唱《我爱你，中国》中拉开帷幕，他们用动人的歌声表达了他们这一辈人与祖国同呼吸共命运的拳拳报国之心。“历史证明，只有中国共产党才能救中国，只有中国共产党才能发展中国，只有中国共产党才能强盛中国。中国共产党人，励精图治团结一心，引领新中国从站起来、富起来，走进了强起来的新时代。文理人团结务实，三次创业取得了前所未有的成就。全校师生上下一心，紧密团结，向申硕工作发起强有力的总攻，为建设高水平应用型大学的文理梦而努力奋斗！”学校党委书记孙泽平、校长黄伟九带领全体校领导、党委委员、纪委委员带来了合唱《没有共产党就没有新中国》《团结就是力量》。在党委副书记兰刚的指挥下，台上台下全体领导、嘉宾、师生员工起身挥舞着鲜艳的五星红旗齐声歌唱，把晚会引向高潮。灯光绚烂的舞台演绎着青春的活力与激情。重庆文理武术代表队带来的武术表演《精忠报国》，在重庆市校园之春大学生校园原创歌曲大赛获得校园创意原创歌曲奖的参赛作品《爬坡上坎》，混声合唱《年轻的朋友来相会》《我们的生活充满阳光》《在希望的田野上》，朗诵《青春报告》，健美操《Champion》，群舞《扭啊扭》，儿童情景剧《从现在开始》，来自俄罗斯、印度尼西亚、马来西亚、哈萨克斯坦、土库曼斯坦、泰国、老挝、蒙古的留学生带来的戏曲情景舞蹈《公开课》，民建重庆文理学院支部会员朗诵的原创散文诗《诺言》，反映土家族生活习俗的舞蹈《卡布 · 擂茶》等形式多样、内涵深刻的节目，同时也注入了丰富多彩的文理特色。“70 年的引吭高歌，我们坚持党的领导；70 年的筚路蓝缕，我们期盼祖国富强。”“70 年的风雨兼程，荣耀共享，今天，中国前所未有地走上了世界舞台的中央；40 年砥砺前行，辉煌共创，今天，我们比任何时候都接近文理顶天立地的梦想。”“歌唱我最亲爱的祖国，将这最动听的赞歌从文理传向祖国的大江南北。”晚会在全体合唱《歌唱祖国》中落下帷幕。

（四）竞赛类新闻写作

竞赛活动是学校常见的教育教学活动之一，对提升大学生综合素养和专业水平有重要作用。写此类新闻时除以上介绍的基本要求外，还要注意几点：一是介绍比赛活动的目的和意义。二是介绍评委要有所侧重和选择。三是比赛中，同学们的参与情况有必要体现。四是比赛现场描写侧重于简练地概括选手的表现。五是比赛结果要举行公布。

案例赏析

校园竞赛类新闻稿(来源于重庆文理学院校园网)

我校教师在“I学I行(爱学爱行)”风采展示活动高校组决赛中荣获一等奖。10月10日下午，由中共重庆市委教育工作委员会、重庆市教育委员会主办，西南大学、重庆市高校网络思想政治工作中心承办的“学习强国”重庆学习平台“I学I行(爱学爱行)”风采展示活动高校组决赛在西南大学音乐学院大演奏厅举办。经过前期的各高校校内选拔，共有来自重庆大学、西南大学、西南政法大学等20所高校的20位参赛选手进入决赛。

我校领导高度重视，由学校党委宣传部牵头，及时组织各二级单位开展选拔，经过校内的层层选拔，最终电子信息与电气工程学院辅导员张立芳老师脱颖而出，代表学校参加了本次决赛。

本次比赛分为主题演讲和知识竞答两个环节。经过激烈比拼，我校教师张立芳通过题为《不忘初心跟党走，撸起袖子加油干》的精彩演讲，与来自西南大学的晏勇、重庆工商大学的邹奇获得比赛一等奖，将有望代表高校组参加全市风采展示活动片区赛。本次比赛以深入学习贯彻习近平新时代中国特色社会主义思想为目的，进一步激发了师生的学习热情，以学习成绩献礼新中国成立70周年！

第三节　应用文写作

笔者曾亲自经历，个别大学生连基本的证明、借条、通知，甚至财务中涉及的壹、贰、叁、肆、伍、陆、柒、捌、玖、拾等数字都不会书写。作为新时代的大学生应该掌握基本的应用文写作知识和常用公文写作技巧，以便于接受企事业单位的挑选，满足社会对复合型、应用型人才的需求。

一、应用文的含义

应用文，就是要以用为主，又叫实用文。它是国家机关、企事业单位、社会团体、人民群众在日常工作、学习、生活中使用的具有直接效用和一定体式的文书，是处理公务和私务、传递信息、表达思想、指导实践的工具，具有实用性、模式性、真实性、时效性等特点。

二、公文写作

中共中央办公厅、国务院办公厅为适应中国共产党机关和国家行政机关工作需要，推进党政机关公文处理工作科学化、制度化、规范化，于2012年联合发布了《党政机关公文处理工作条例》。

概　况

公文有广义和狭义之分。广义的公文即公务文书，为公事所用文本，是国家机关、社会组织和团体行使职权、办理公务所使用的文书。狭义公文指党政机关公文活动所用的文书，包括《党政机关公文处理工作条例》颁定的15种公文。公文具有指挥和指导、规范行为、联系协调、宣传教育、凭据记载等方面的作用。按行文方向可以分为上行文、下行文和平行文三种类型。上行文是下级机关或组织向上级组织报送的公文，如请示、报告等。下行文是上级组织向下级组织发送的公文，如命令、决定、通知、决议、批复等。平行文主要用于不相隶属的组织传递公文，如函、意见、纪要等。

1. 公文种类

(1) 公告：适用于向国内外宣布重要事项或者法定事项。

(2) 通告：适用于在一定范围内公布应当遵守或者周知的事项。

(3) 意见：适用于对重要问题提出见解和处理办法。

(4) 通知：适用于发布、传达要求下级机关执行和有关单位周知或执行的事项，批转、转发公文。

(5) 通报：适用于表彰先进、批评错误、传达重要精神和告知重要情况。

(6) 报告：适用于向上级机关汇报工作、反映情况，回复上级机关的询问。

(7) 请示：适用于向上级机关请求指示、批准。

(8) 批复：适用于答复下级机关请示事项。

(9) 议案：适用于各级人民政府按照法律程序向同级人民代表大会或者人民代表大会常务委员会提请审议事项。

(10) 函：适用于不相隶属机关之间商洽工作、询问和答复问题、请求批准和答复审批事项。

(11) 纪要：适用于记载会议主要情况和议定事项。

2. 公文格式

(1) 版头。公文首页红色分隔线以上的部分，包括份号、密级、保密期限、紧急程度、发文机关标志、发文字号、签发人、版头中的分隔线等。

(2) 主体。

① 标题：一般由发文机关＋公文主题＋文种组成。一般用2号小标宋体字，编排于红色分隔线下空二行的位置，分一行或多行居中排布；回行时，要做到词意完整，排列对称，长短适宜，间距恰当，标题排列应当使用梯形或菱形；多个发文机关名称之间用空格分开，不加顿号。

② 主送机关。主送机关名称位于正文左上方，与正文标题空一行，顶格排印。有多个主送机关的，各机关名称之间用顿号隔开，最后一个主送机关名称后标全角冒号。如主送机关名称过多导致公文首页不能显示正文时，应当将主送机关名称移至版记或正文中说明。

③ 正文。公文首页必须显示正文。一般用3号方正仿宋GBK2312体字，编排

于主送机关名称下一行，每个自然段左空二字，回行顶格。转发、印发文件类的通知，用3号方正楷体。

④ 正文中的层次序数。第一层“一、”（黑体）（作为小标题时句尾无标点）；第二层“（一）”（楷体）（作为小标题时句尾标点可有可无）；第三层“1.”（仿宋）（无论是否作为小标题，都要有标点）；第四层“（1）”（仿宋）（必须有标点）。

⑤ 附件说明。附件：与正文和发文机关署名之间空一行，字体字号用3号方正仿宋GBK2312。如有多个附件，使用阿拉伯数字标注附件顺序号（如“附件：1. ×××××”）；附件名称后不加标点符号。附件名称较长需回行时，应当与上一行附件名称的首字对齐。转发的上级、同级机关公文，不属于公文的附件，不标注附件说明。附件正文部分，用3号黑体在左上角顶格注明“附件”，不再加冒号。附件标题与“附件”之间空一行。附件排版格式、字体字号同正文。

⑥ 文尾。发文机关署名、成文日期和印章成文日期一般右空四字编排。单一机关行文时，一般在成文日期之上、以成文日期为准居中编排发文机关署名，印章端正、居中下压发文机关署名和成文日期，使发文机关署名和成文日期居印章中心偏下位置，印章顶端应当上距正文（或附件说明）一行之内。联合行文时，发文机关顺序整齐排列在相应位置，每排不超过3个发文单位，并将印章一一对应、端正、居中下压发文机关署名，最后一个印章端正、居中下压发文机关署名和成文日期。印章之间排列整齐、互不相交或相切，首排印章顶端应当上距正文（或附件说明）一行之内。

（3）版记部分。抄送机关：一般用4号仿宋体字，在印发机关和印发日期之上一行、左右各空一字编排。印发机关和印发日期一般用4号仿宋体字。印发机关左空一字，印发日期右空一字，用阿拉伯数字将年、月、日标全。

三、常用事务文书写作

事务文书有感谢信、慰问信、贺信、申请书、调查报告、述职报告、会议讲话稿、信息、启事、声明、公示等。其中用得最多的是计划、总结和通知，因此为了节约篇幅，我们仅对这三种事务文书进行重点介绍。

（一）计　划

1. 什么是计划

计划是个人或单位以及社会组织对未来一定时期的工作、事务作出预先安排、筹备的公用事务文书。计划是一个笼统的概念，还包括规划、纲要、方案、设想、工作要点、工作安排、工作意见等内容。

2. 计划的作用

古人说，凡事预则立，不预则废，这说明计划十分重要。个人、集体、单位甚至国家都需要计划。计划具有动员和组织、领导和指导、督查和考核等作用；同时具有预设性、可行性、约束性等方面的特点。

3. 计划的结构

计划有很多种，如工作计划、学习计划、年度计划和学期计划甚至五年规划等。一般的计划都由标题、导语、目标、措施、步骤、结语、落款、附件等内容构成。

(1) 标题。标题一般由单位名称、时限、事由(内容)、文种等部分构成。如《重庆文理学院 2019 年科研工作计划》有主标题还有副标题，主副标题搭配使用时一般有鼓动和宣传口号性的语言概括主题。

(2) 导语。导语，也叫前言，一般以客观、简洁的文字阐明制定计划的背景、依据、意图、目的、意义，提出总体的要求等。一般以“为”“为了”“依据”“遵照”“鉴于”等词语进行描述。

(3) 正文。即计划的主体部分，由计划的目标、措施、步骤等三要素构成。一是目标。目标是方向，是统帅。制定计划一定要确定目标，没有目标的计划通常没有实际意义，且一定要落小、落细、落实到人头上，甚至落实的要求都要进行明确。二是措施。措施也叫手段，是为完成目标而采用的办法和必要条件。措施一定要切实可行，要有操作性，不能泛泛而谈。三是步骤。先做什么，后做什么，一定要分清主次和详略，不能全部整体推进，不能眉毛胡子一把抓，应抓住重点和关键，带动其他方面。同时要安排出时间流程图。

(4) 结语。有的计划自然结束就结尾，不必要特别的结束语。但为了计划的完整性和计划的倡议性，一般要对该计划进行号召并提出希望，或者对未来进行展望。

(5) 落款。落款主要包括署名和日期。为了计划文体的完整性，一般应在正文后面写明制作计划的单位和日期，同时也是为了表明个人或者单位对制作计划的归属权问题。落款一般是右下角右空三字。

(6) 附件。有的计划有时间计划表或者是联系人以及其他相关信息，需以附件的形式呈现出来，这时可以用附件。

4. 注意事项

撰写和制定计划时一定要做到语句精要，用词准确，提炼各级标题时概述要到位。同时要注意到计划一定要可行性高，立足实际，兼顾全面。

5. 案例赏析

略。

(二) 总　结

1. 什么是总结

没有总结就没有提高，就没有进步。毛主席说：“我们的革命之所以取得成功主要是靠两个结，一是个是团结，一个是总结。”可见总结对于我们做好工作、改善生产实际有多么的重要。总结就是个人或单位组织对前一阶段(可以是一件事，也可以是周、月、年甚至更长的时间)的工作进行回顾和问题分析，找出失败的教训和成功经验，从而形成规律性的认识，以更好地开展工作。

2. 总结的作用

从概念就可以看出总结有明确得失、把握规律，强化管理、促进工作，从而帮助我们找出成绩、找到问题，吸取教训、总结经验的作用。

3. 总结的结构

总结的类别特别多，但主要结构大体相当，主要由标题、前言、正文、落款、附件等部分组成。

(1) 标题。总结的标题跟计划一样，都由单位名称、时限、事由(内容)、文种等内容构成，如《重庆文理学院 2019 年学生工作总结》。有的总结仍然可以有副标题，以修饰性的语句和概括性的语言风格提示总结的主题或点明总结的内容。

(2) 导语。总结的导语，也叫前言，一般以客观、简洁的文字阐明或概括性地描述取得的成绩和存在的问题。

(3) 正文。正文一般由四个部分构成，即基本情况、主要经验和成绩、存在的问题与改进措施、下一步的打算等。

① 基本情况。它是对整个总结的一个概述、一个摘要性的描述，给人以整体印象。主要从工作背景、主要任务、重要措施、实施情况、取得的成绩成效和存在的问题等方面进行简要描述和介绍。

② 主要做法及成效。这是总结的关键部分和主体内容。要把所做的主要工作、取得的主要成效呈现出来，同时要提炼出理论的东西，形成经验的总结。描述和撰写的基本思路就是某个部门，采取了什么措施，做了什么事情，取得了什么样的成绩，同时形成了什么样的经验和体会等。

③ 存在的问题与改进措施。总结就是要找出成绩和找准问题以便开展下一步的工作。要对工作中存在的问题实事求是地罗列出来，并加以概括，找出存在的主观和客观原因，以便吸取教训，针对找出的每一项问题提出合理的建议并给出措施。

④ 今后的打算。总结的最终目的是盘点下一个阶段的工作，为下一步作好充分的准备。因此，根据这个情况往往要在总结的末尾提出下一步的工作目标、思路和任务等。

(4) 落款。落款主要包括署名和日期。

(5) 附件。有时为了支撑总结中提到的数据和成效要附一些成果和奖励，此时以附件的形式呈现出来，更能说明问题。

4. 撰写总结的注意点

一是表述以"事例＋数据"的形式。即每篇或每个重要部分前面提炼一句话，即概括的事情。后面用事例(事迹＋数据)进行阐述。因为数据最直观，具有可比性，所以在使用数据时一定要注意到数据的真实和准确，做到有数量、有质量。二是要善于抓主要矛盾及矛盾的主要方面，做到有"侧重点"，不要过于"面面俱到"。抓重点、抓关键就是要突出工作成果、展示工作亮点。三是要分板块、有层次、有逻辑，例如学生团学活动的总结应该突出成绩荣誉，思想引领，组织建设、组织生活，完善制度，队伍建设、干部培养，媒体宣传，网信建设，监督管理，表彰先进，科技创新，文体活动、社团活动等。四是要避免两种倾向："赞美诗"和"检讨书"，要能够指导本单位工作，以推动工作的开展和深化为目的。

5. 案例赏析

略。

（三）通　知

任何单位或组织都要发布消息，通知无疑是最合适的文种。因此，通知适用于发布、传达、周知、要求下级机关或个人执行和有关事项的文种。其使用频率高，运用范围广。常用的有指示性通知、知照性通知、颁转性通知等类别。这里以知照性的公议性通知为例进行详细说明。

1. 通知的结构

通知主要由标题、主送机关、正文、落款、附件四个部分构成。

(1) 标题。通知的标题由制发机关＋主题(事由)＋通知构成。

(2) 主送。通知都要标明主送机关，明确参会单位或个人，便于事项的传达和办理。

(3) 正文。正文由开头、主体、结尾三部分构成。

① 前言。在正文第一段，也即是前言部分要交待清楚开会的背景、缘由、依据、名称等内容，以"现将有关事项通知如下"之类的语言引出下文。

② 主体。会议通知有"六要素"之说，即开会时间与期限、会议地点、与会人员及条件、会议内容或主要议题、参会需作的有关准备、会议其他事项等六部分内容构成。在撰写主体部分内容时要做到通知的事项及要求一定要明确，条理要分明。

③ 结尾。一般在结尾段落是提出具体的受文要求或者作出其他说明等，或者是对正文内容的说明事项提出进一步的要求。

④ 落款。主要是署名发文机构和日期等基本信息。

⑤ 附件。会议性一般而言都附有说明性的表格，都有需要填写的表格，有的甚至还要填写汇总表等。这些都会以附件的形式出现，以便提高会务活动的质量和效率。

2. 案例赏析

略。

第四节　学术论文写作

按照人才培养的要求，本科学生应掌握基本的论文写作技巧与方法，能够根据在校所学知识，结合生产实际提出解决问题的办法和思路，并开展一定的科学研究，为进一步开展科学研究和训练学术思维奠定基础。

不仅如此，论文还将贯穿从事专业技术岗位从业人员的一生，如专业技术岗位从最低级的十三级到最高级阶段的一级无不是学术领域的创新和重大贡献，最直接的证明无不是论文和发明专利。因此，论文，特别是科研论文将伴随专业技术人员的一生。有的同学，甚至个别刚参加工作的教师不太重视论文写作训练和积极写作，这难免会影响自己的后续发展和成长。迟早要做的事情，早晚要过的关，不如早点去做，早点去完成。越早认识到越好。因为，对于学生而言，论文不合格将直接影响是否能按时毕业；对于教师而言，论文质量不佳将直接影响是否能被期刊社录用。本章节将对论文的写作做一些基本的介绍。

一、如何选题和取好题目

选题对于整个论文的重要性占到70%以上，选题意味着选择方向和选择研究内容。应考虑这个方向和研究点是否具有价值和意义，是否具有前瞻性，是否是当今生产实际的热点和难点，你能否在前人的研究基础之上提出不同的见解和解决的措施，等等。诸如此类问题都是通过选题来反映的。据论文审稿编辑和科研项目评审专家意见：一般而言，初次审核的第一步就是看题目，看题目是否新颖，是否有价值和意义，是否符合现实需要。只有题目满意，才会看下文。那么如何选好题目呢？

（一）问题导向是选题的原则

发现问题和解决问题本身就是科学研究的基本内容。那如何去发现问题呢？恐怕只有深入地了解所研究的领域，才能获得基本的认识和体会，才能提出问题的本质原因和解决问题的思路。同时，这个问题别人有没有发现呢？别人有没有做过研究呢？这需要翻阅大量的资料和查询文献才能得出结论。一般而言，一篇论文里面解决一个问题比较合适，当然要解决这个问题需要作出系统的分析，如背景、发展情况、存在问题、提出解决问题的思路和措施以及具体的参考和数据等。因此，聚焦问题与选好主题是科学研究的第一步。

（二）如何获得选题来源

获得论文的选题方式很多：一是根据会议政策和热词来选题，一般中央召开的重大会议中都有重要领导人的讲话，会后都有公告和文件发布，这些讲话和文件为我们的研究提供了遵循。如十九大报告中将不忘初心、牢记使命作为主题，后续很多社会科学研究者根据这一主题作了深入的研究并发表了不同的见解，如新时代、乡村振兴、美好生活、人民等这些热词，也将成为众多学者的研究来源。二是在工作实际中选题，在学习工作领域留心观察和不断总结思考会发现诸多需要加强和形成理论成果的领域，往往是问题导向和经验总结的结合。三是在看热点和文献检索中获得，在检索热度搜索和文献资料中，如长期阅读某一领域和方向的学术期刊，从别人的研究中总结出自己的研究方向和选题方向。在选定诸多选题后，建议一定要有自己持续的研究方向，并深入地挖掘下去，这样才能有一定的成果。如笔者的一位同事将研究“中国故事”作为自己的研究方向，几年下来写了多篇如何讲好“中国故事”和与“中国故事”相关的论文。

（三）如何给论文起一个好名字

前面也讲到了题目的重要性，一个平淡无奇的题目是不可能引起关注的。问题就像一个头，而题目则是帽子。给问题戴一顶帽子，这个题目就显得好多了。题目也是敲门砖，更是统帅者，就像面试是初审的必经之路一样。因此，起一个吸引眼球、符合事实、反映问题、突出科学研究的论文或项目题目是每一个论文写作者都应该追求的目标。

二、如何使用文献

（一）何为文献

文献是指通过一定的方法和手段、运用一定的意义表达和记录体系记录在一定载体的有历史价值和研究价值的知识。所谓文献，文指的是有关典章制度的文字资料，献指的是熟悉掌故的人。文献的基本要素是：① 有历史价值和研究价值的知识；② 一定的载体；③ 一定的方法和手段；④ 一定的意义表达和记录体系。人们通常所理解的文献是指图书、期刊、典章所记录的知识的总和。文献是记录、积累、传播和继承知识的最有效的手段，是人类社会活动中获取情报的最基本、最主要的来源，也是交流传播情报的最基本手段[①]。

（二）如何查找文献

查找文献的方式有许多，如在图书馆查阅资料、在互联网专门网站搜索信息、在数据库里搜索期刊论文，等等。速度和效率较快的和一般研究者常用的是在数据库平台里搜索期刊论文。下面先介绍国内外最出名的几个文献检索收录数据库。

1. 国内外常用文献检索

(1) SCI。SCI 是 Science Citation Index 科学引文索引的简称，是由美国科学信息研究所于 1961 年创办出版的引文数据库，收录和覆盖的学科领域主要集中在自然科学领域，主要包括生命科学、临床医学、物理化学、农业、生物、兽医学、工程技术等方面。能够被 SCI 收录的文献说明其具有较高的学术水平。SCI 是目前国际上三大检索系统中最著名的一个。

(2) EI。EI 是 The Engineering Index 工程索引的简称，是由美国工程信息公司于 1884 年创办的一部大型工程技术类综合性检索工具。收录文献涉及动力、电工、电子、自动控制、矿冶、金属工艺、机械制造、土建、水利等工程技术的各个领域，具有综合性强、资料来源广、地理覆盖面广、报道量大、报道质量高、权威性强等特点。

(3) ISTP。ISTP 是 Index to Scientific & Technical Proceedings 科技会议录索引的简称，由美国科学情报研究所于 1978 年创刊出版。该索引收录生命科学、物理

① 来源：百度百科。

与化学科学、农业、生物和环境科学、工程技术和应用科学等学科的会议文献，包括一般性会议、座谈会、研究会、讨论会、发表会等。其中工程技术与应用科学类文献约占35%，其他涉及的学科基本与SCI相同。ISTP收录论文的多少与科技人员参加的重要国际学术会议的多少或提交、发表论文的多少有关。我国科技人员在国外举办的国际会议上发表的论文占被收录论文总数的64.44%。

(4) CSSCI。CSSCI是Chinese Social Sciences Citation Index中文社会科学引文索引的缩写。它是由南京大学中国社会科学研究评价中心开发研制的数据库，用来检索中文社会科学领域的论文收录和文献被引用情况，主要收录包括法学、管理学、经济学、历史学、政治学等在内的25大类的500多种学术期刊，来源文献近100余万篇，引文文献600余万篇。

除南大核心期刊收录以外，还有北大核心收录期刊。它是北京大学图书馆联合众多学术界权威专家鉴定，国内几所大学的图书馆根据期刊的引文率、转载率、文摘率等指标确定的，是除南大核心期刊、中国科学引文数据库(CSCD)以外学术影响力最权威的一种。

2. 如何查找文献资料

常用中文数据库有中国知网、维普、人大复印资料等20多种，如图3.2所示。常用的英文数据库如图3.3所示。除此之外，还有某些专业领域的数据库，如软件著作权、专利查询等。

图3.2 常用中文数据检索

图3.3 常用英文数据检索

检索分很多种形式，如按关键词、主题、摘要、作者和单位检索等。输入的关键词不同，组合不同，检索出来的效果也不尽相同，如图 3.4 所示。具体操作方法是在浏览器的地址栏中输入网址 http://www.cnki.net/，即可进入中国知网的主页，点击学术期刊即可。

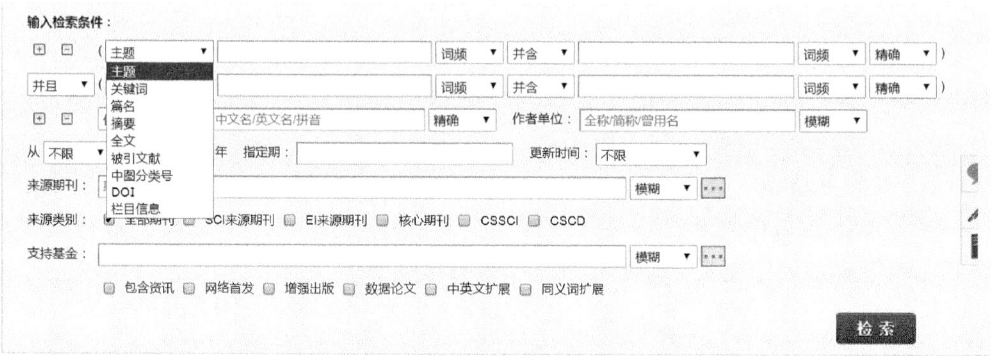

图 3.4　常用论文检索条件及查询方式

（三）如何读对文献

1. 经典的原著

没有理论作支撑的论文，大多是经验的总结或过程的描述，不仅科学价值低，而且理论高度也比较低。只有将理论知识融入论文中，才能更好地指导社会实践活动，提高其科学性，同时提升文章的高度。阅读原著，特别是恒久不衰的经典原著更具有理论价值和科学性。因为只有阅读原著才能更直接地了解作者的思想和语境，才能更好地理解其提出的观点和思路，如从事思想政治教育研究的人，就不得不阅读《马克思恩格斯选集》《马克思主义基本原理》《思想政治教育》等著作。

2. 权威的作者

如果要提出新的观点，那么一定要站在前人的肩膀上，只有熟悉和了解了前辈的研究成果，才能更好地提出自己的观点。因此，不管是在哪一个领域，一定要阅读权威作者的论文或著作，例如该领域的大咖、知名专家等，从他们的引用率和下载率即可看出关注度。

3. 高级别期刊

高级别期刊代表了该专业和学术领域最新、最前沿的科研成果。我们只有大量阅读高级别期刊，才能帮助和指引自己写出高水平的论文。国内的高级别期刊主要是收录在核心期刊目录里面的期刊，常见的有北大核心期刊和南大核心期刊。国外的高级别期刊通常指的是 SCI 期刊、EI 期刊、SSCI 期刊等。

三、论文的格式与撰写技巧

(一) 论文的结构

论文一般由题目、作者基本信息、摘要、关键词、前言、正文、结语、参考文献等部分构成。题目、作者基本信息、关键词、结语等很容易理解,对于摘要也容易理解,但不容易写好,究竟如何撰写摘要却是一个技术问题。摘要是一篇文章的大体概要,主要说清楚本文因为什么原因、基于什么背景,提出了一个什么问题,采取哪些措施和步骤进行解决,研究的问题将带来哪些成果和社会效益。

案例 1:笔者于 2018 年在《人民论坛》发表了一篇论文,题目是《大学生党员质量提升研究》。摘要如下:在新形势下,加强大学生党员发展质量、提高大学生党员整体素质是高校党建工作面临的一项长期艰巨而重要的任务,是加强党的基层建设的重要保障。本文通过指出当前高校学生党员发展过程中存在的问题和不足,提出严控入口、把关过程、监督考评等三位一体大学生党员发展质量提升考评体系。

限于篇幅,没有将文章全文罗列出来,但实际是里面的关键句是正文各自然段和主要观点的提炼和浓缩。这一特点为我们快速撰写摘要提供了便利和捷径。

(二) 是材料的占有还是论证的逻辑

一般生活中常用生活通俗语言,公文写作用官方话语体系,而学术写作要用学术词汇和学术思维进行描述。这三者可以表达同一个意思,而用在不同的场合时一定要用不同的语言体系进行表述。

为什么我们的论文写出来更像是工作总结,而不是一篇学术论文呢?是因为,写论文由以上两个重要的因素构成,一个是材料的占有,另一个是论证。材料占有是技术活动,而论证则属于思维活动,没有一定的理论和逻辑的论证就容易陷入低级简单的事务中去。论证更要求我们在占有材料的基础之上进行提炼总结和学术升华。将是什么、为什么、怎么样以及三者之间的逻辑关系用学术的语言和思维按照一定的逻辑和顺序进行充分的论证。只有把握住事物的特质,做到认识深刻,并经过反复地训练才能达到一定的理论思维。理论思维的养成在于理论的批判,只有在批判中才能孕育出创新。马克思的一生是充满斗争和批判的一生,以文字为武器,撰写了大量的批判文章,如《黑格尔法哲学批判》《神圣家族,或对批判的批判所作的批判》《政治经济学批判》《资本论——政治经济学批判》。因为,批判既是反思自己和过去,也反对权威和错误。

(三) 论文的修改与重复率查询

我始终相信一句话:好文笔是练出来的,好文章是改出来的。一篇论文经过多次修改是不可避免的,少则 3～4 次,多则十几次,甚至二十几次都是有可能的。一般一篇文章写好了之后要放一段时间,再去阅读时就会发现新的问题。若没有修改,很可能代表这篇文章没有发表的价值。修改什么呢?一是基础修改,有没有错别字、语句是否通顺、语言是否精练、语篇是否符合逻辑、数据使用是否准确，等等。二是修改论点和论证，一是看文章结构是否合理，详略安排是否妥当；论点是否鲜明，论证是否充分，逻辑性和条理性是否正确，支撑度是否达到要求等。三是再一次审思论文描述的研究对象是否明确；引用的原理和观点是否能正面支撑；研究的方法是否得当；通过研究得出的结论和措施是否合理和客观等。

修改好论文之后一般都要进行复制率的查证。一般正规的期刊都要求复制率在20%以内，且复制的内容要在参考文献中注明和标清，以说明是引用了别人的话语和内容。一般而言，论文都是要有一定的引文的，以借他人，特别是名人大家的观点来提升自己的观点和文章的高度。查询机构在网上比较多，一般以中国知网和万方数据库为常用，且费用低廉。

四、论文的发表

完成论文写作、检查无误后，就要着手安排投稿。因为，只有公开发表之后的论文才有一定的应用价值和参考意义。

目前期刊和论文市场呈现不太乐观的环境，究其原因，主要是由于当前发表量太大，期刊数和论文需求量又太少，高质量的论文相对就更少。因此，论文发表的周期长、费用高的现象就显现出来了。但只要文章质量有保证，通过正规渠道就可以顺利地发表论文的。

1. 选择期刊，投其所好

在选择研究方向、选题时就要尽量与期刊、栏目以及研究方向相吻合，尽量做到两者兼顾。因为，如果只顾自己的研究方向和学术领域，而没有多观察和阅读当前学术领域的栏目热点以及选题要求，则很难发表成功。反之，锁定几个与自己的选题相关的期刊，研究它的栏目特点和论文发表风格以及版式等，根据发表要求进行比对加工，再投稿则容易成功。有的期刊要求纸质稿和电子稿同时寄送；有的期刊是在线投稿，只要填写相关信息将论文以附件或者在线直接复制即可。

2. 加强联系，不断跟踪

通过邮件或者在线投稿的论文，一般过一段时间后要主动联系编辑部是否收到了论文，是否进入论文审核程序，等等。如果自己不问，就不知道论文是否收到了，是否进入到审稿流程中。如果经过长时间的等待后确认自己论文的录用情况之后，就可以开展下一步阶段的工作了，如未被录用则再投其他期刊。

第五节　横幅、标语的写作技巧

横幅、标语的使用频率比较高，在各个领域都用得着，给活动和会议带来鲜明的主题感，起着画龙点睛的作用，有一目了然的效果。作为大学生要掌握这一技能和技巧。主要有会议标语、宣传标语、提示标语等几种形式。不管是哪种形式，标语一般都遵循以下规则：

标语最基本的特征就是语言简洁，具有宣传性和鼓动性，能够提振精气神。在写法上要注意句式的选择、词语的表达、修辞手法的运用和逻辑事理的关联。

1. 字数要适中

句式简短、字数较少、表情达意准确是标语的基本特征，由于受特定场合、表达手段和信息接收者层次等因素的影响，加之一般写在墙上、布上、纸上、PPT 上，为了醒目，一般字体比较大，所以一般不使用较长的句子，字数不宜过多。

2. 内容要积极

张贴标语的目的是营造氛围、制造声势、宣传鼓舞师生、调动大家参与的积极性。所以在拟写标语的时候，要根据表达的目的使用语言。内容一定要积极健康向上，既要亲切友善、喜闻乐见、易于接受，又要清新明快、生动活泼、颇具文采，确实起到营造氛围、鼓舞士气的作用。

3. 用语要通俗

标语非常讲究实用性，在词语的选用上要通俗易懂、生动活泼、鲜明准确、亲切感人，做到生动形象有文采、喜闻乐见有意义。不要使用多义词或短语，不要因不同的理解导致语言歧义。

4. 句式要整齐

在句式上，标语一般使用简单的单句，多为动宾结构，句子结构一般比较整齐，对比、排比、对偶性的句子使用得较多。

5. PPT 式背景标语

一般采用“机关＋时限＋事由”的形式构成，如“软件工程学院 2019 年党员发展大会”。

6. 幕布、背景等标语

幕布、背景承载的信息量比较大，一般都是举办大型会议或活动时用到，如迎新晚会、开学典礼等。在设计上讲求的要求有：一是风格要适合，开什么、举办什么活动，就要用到与之相关的颜色、元素来衬托和渲染，给人以氛围营造感，从而为活动的举办奠定基础。二是字体要适宜，不是一个字体用到所有的场合，而要根据场合、内容等因素决定字体的大小、型号、颜色等参数。三是要准确呈现内容，内容为王，一定要准确表达，充分提炼。四是要把布局安排恰当，即活动或会议的内容、主题、落款、日期等文字与图片合理搭配。

第4章

信息素养——提高工作的效率

科学技术的快速发展改变了人们的生活方式并提高了工作效率，特别是信息技术的快速发展更是改变了我们的办公效率。当今信息技术渗透到了各行各业，甚至各个行业的岗位中，有“无信息技术无行业”的说法。因此，具有一定的信息素养和基本技能有利于提高工作效率和学习效果。作为一名即将走出校园、走入社会的大学生，加强信息素养是非常有必要的。信息素养涉及很多知识和技能，本章主要就办公室 Windows 网络连接的基本维护技能，打印机、复印机的常用使用技巧，Word、Excel、PowerPoint、Photoshop 图片处理等常用办公软件的应用进行介绍。

第一节　系统维护与网络维护

一、系统概述

目前各办公领域使用的操作系统主要以 Windows 系统和苹果 OS 系统为主，而使用最普遍的还是微软公司的 Windows 产品，即 Win 7、Win 10 两个版本。系统维护涉及的内容也较多，如系统安装、应用软件安装与卸载、杀毒软件使用与系统维护、常用字体安装与输入法调整以及新硬件添加，等等。常用的系统操作技巧在各级各类计算机基础课中均有介绍，而系统的安装和维护还涉及专业领域的一些技能和知识，因此就不在此介绍。

虽然网络的安装和维护都有专业的人员，但是办公室有时候难免会碰到网络不通、打印机出问题、复印机卡纸等一些小问题，一时半会儿又找不到专业人员维护。因此，作为现代大学生或者办公室工作人员，掌握一定的操作技巧和维护技能是很有必要的，至少可以解燃眉之急。

二、网络资源共享

办公室常用 QQ 传输文件，但 QQ 也是有局限性的，如互传文件的话需要外网才能实现；所以如在同一个办公室或者同一个网段内的局域网里面的计算机需要相互连接起来，共享某一个文件夹，可用文件共享的方式来实现互访互传。

1. 前期准备和设置

一是检查网络硬件是否工作正常(如判断网卡和网线是否完好和插好,根据网卡信号灯是否闪烁就可以判断有无问题,如果不亮则说明未插好或者线路故障;判断内网和外网是否接通,只要看路由器的 Wan 灯是否闪烁,亮则说明外网没有问题)。二是点击电脑任务栏右边的电脑图标—网络和共享中心—本地连接—本地连接状态,通过收发数据包查看连接情况。数据包发送和接收的字节数不应相差太大。

2. 查看或设置 IP 地址

为什么要查看 IP 地址呢?是为了两台电脑能够互相顺利访问,同时也为了便于检测。一般有两种方式进行设置,一种是自动获取,适用于通过 DHCP 服务器分配。另一种是手工设置 IP 地址,适用于局域网通过服务器代理上网的情况。IP 地址的查看位置与设置方式如图 4.1 所示。

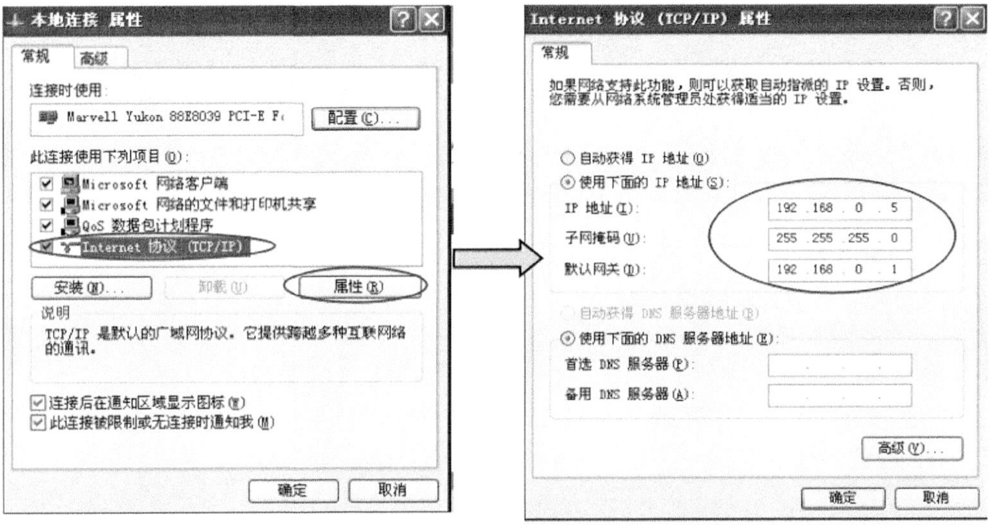

图 4.1 IP 地址的查看位置与设置方式

3. 设置工作组

工作组 Work Group 的设置是为了将两台以上的计算机虚拟连接在同个组内,便于相互访问。这就好比是不同的学生被分在同一个班级里,就有了共同的班级属性,就成了班级成员。在工作组里面可以查看相连和共享的计算机的名字,如图 4.2 所示。计算机名字就像是学生的名字,便于在共享查找时使用。

4. 文件夹共享

设置文件夹共享,是为了方便局域网内的访问。操作和设置方式是打开文件夹,右键点击属性—共享或高级共享—共享名—确定,见图 4.3。两台电脑共享一台打印机,用同样的方法即可设置。

5. 访问共享

共享设置好了以后即可访问，网络上的用户可以通过以下几种方式访问共享文件夹。

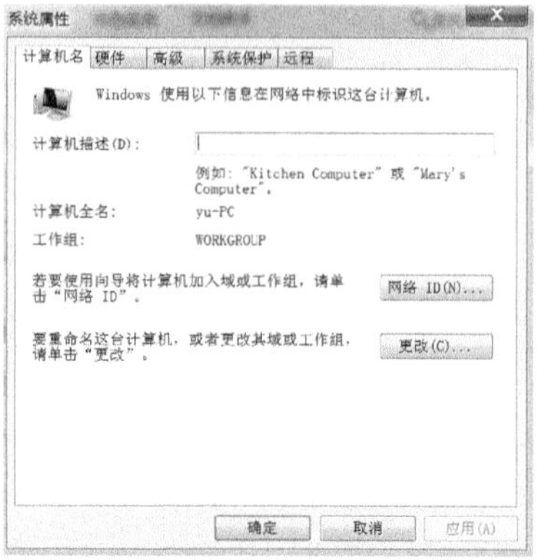

图 4.2　通过系统属性查看计算机名字和工作组情况

(1) 通过“网络”访问，即在桌面上双击“网络”图标，在显示的电脑图标中找到目标计算机名字；

(2) 通过“映射网络驱动器”访问，可以将本局域网内其他计算机上共享的文件夹或驱动器虚拟成本地计算机的一个磁盘分区来使用。如此一来，使用邻居电脑文件夹就像使用自己的电脑磁盘一样方便。但前提是对目标文件夹设置了共享。具体操作方法是右键点击桌面上的“网络”图标—映射网络驱动器—打开对话框进行设置。在驱动器下拉列表中选择映射到哪个驱动器，或者使用默认值。在文件夹下拉列表框中，按照\\IP 地址（或计算机名称）的格式输入共享文件夹所在的位置。使用浏览器也可以找到位置进行设置。选中“登录时重新连接(R)”，则每次启动电脑时自动连接到该网络资源。

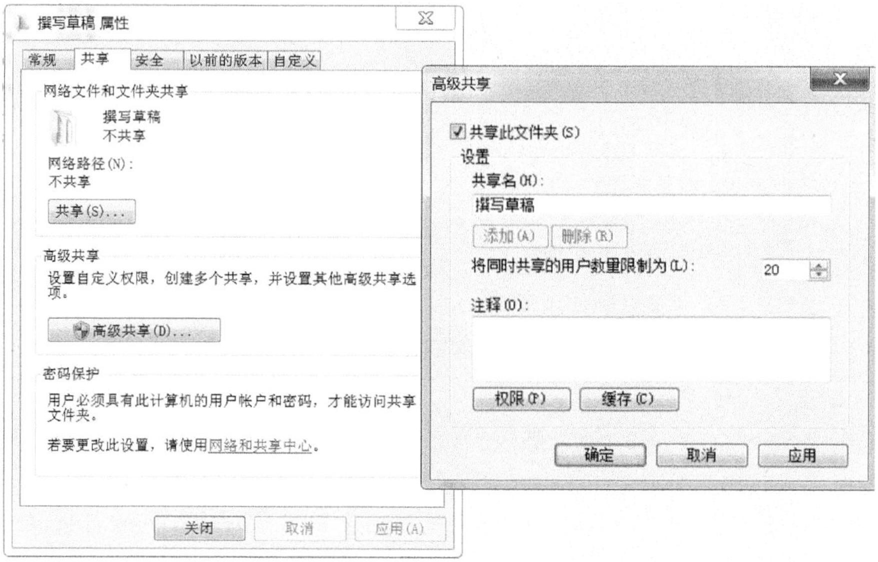

图 4.3　设置文件夹共享

三、远程桌面连接与设置

想要让办公室相邻的两台电脑或者是同一网段的电脑之间实现互访，最简便的方法就是使用系统自带的远程连接程序，在使用对方的电脑时，如同使用自己的电脑一样方便。具体操作方法如下：

1. 远程桌面连接成功的四个因素

(1) 知道对方连接电脑的 IP 地址；

(2) 对方电脑一定要设置用户访问权限和密码；

(3) 对方电脑一定要预先设置好允许进行远程连接；

(4) 与连接电脑处于同一网段内。

2. 具体连接操作方法

(1) 开始—运行—mstsc—输入对方电脑的 IP 地址。

(2) 将资源选项卡展开，本地资源—驱动器勾选。

四、常用检测的维护命令

如今，网络和系统维护越来越智能化，腾讯电脑管家和 360 安全卫士等越来越方便。但掌握一点基础技巧和命令对自己是有帮助的。

(1) 查看计算机名、网格 ID、工作组等信息。右击桌面上的计算机图标—属性—系统属性。

(2) 查看 IP 地址、DNS 服务地址信息。第一方法：在任务栏右侧网络连接图标处。第二方法：开始—运行—cmd—ipconfig。

(3) 测试网络是否连通。用 ping 命令，例如 ping www.cqwu.net。

第二节　Word 操作技巧与案例

当今市面上主流的办公软件有国产的 WPS 系列和微软公司的 Office 系列。两者的使用方法和操作步骤大同小异，完全可以互通，当然两者之间也有区别。本文将重点以微软公司的 Office 系列为主进行介绍。另外本书不是基础性教材，而主要以提高和技巧性的知识技能为主，因此不会再从细节和基础入手进行讲解。

一、制作不同版式的通知文件

(一) 问题提出

Word 常用的应用就是文字处理，在处理文字的同时可以附上图片和表格，以实现图、文、表混排。排版的过程中，可以实现协调、美观、适用为原则。如果要在同一个文档中使用不同版式的文档，该如何处理呢？即同一个文档中既有竖向版式也有横向版式，这在现实中经常会用到。

(二) 制作要点

(1) 制作带有不同版式的附件的通知，主要的版式设置有横向和竖向两种。

Word 默认的是一个文档就是一节，要想制作不同版式的附件就要将文档分成不同的节，因为每节是独立的，可以利用不同的节来调协不同的版式。

(2) 要有首行空两格的意识，在格式—段落命令中实现。

(3) 行间距设置的问题，在段落命令中实现。

(4) 序列号的使用顺序为“一、”“(一)”“1.”“(1)”“①”。

(5) 字体的设置在“字体”菜单中实现。

(6) 不同的版式在“插入分节符”菜单中实现。

(7) 表格主要涉及两个居中：在文档页面中要居中，通过选中表格然后用居中对齐命令来实现。表格中的文字在表格中要居中，通过鼠标右键在“单元格对齐方式”菜单中实现。

(三) 制作步骤

(1) 双击左标尺，在页面设置页边距对话框中设置上下左右均为 2 厘米，默认版式为竖向。

(2) 将素材文本内容复制到 Word 中，将 Word 文件名命名为“关于增补顶岗实习学生的通知”，保存于电脑中的某文件夹中，注意每次修改和每间隔 5 分钟左右手动保存一次，即 Ctrl＋S，防止电脑突然关机或断电等意外情况发生。

(3) 根据 Word 实验 1 格式说明，按照以下文件格式要求进行排版。

① 文件头黑体 50 号(手工输入)红色。

② 硬回车(按一下 Enter 键)选中回车符(空格)设置三号字间距。

③ 打开绘图对话框，选取直线自选图型，按住 Shift 键画直线，双周直线，设置直线为红色三磅。

④ 分隔线与标题之间有一个硬回车，大小是小四，也可以用行间距控制大小。

⑤ 其他部分用常规排版，即首行空两格。

(4) 附件 1、2 与主文档即通知正文同属一节，不用单独分开。只有附件 3 是横式版式才要分节。

(5) 表格插入前要计算横竖表格内容个数再插入，插入后采取合并拆分的形式将表格组合调整为需求内容。

(6) 表格中公式计算：计算向上的值＝SUM(ABOVE)、计算左边的值＝SUM(LEFT)，始末单元格不能有空格。Above(在……上面)、left(左边)、right(右边)。

(7) 排版结束后直接按 F7 进行拼写检查，无误后再点击文件—打印预览进行预览，以查看整体效果。

(四) 参考案例

图 4.4～图 4.8 为使用 Word 来处理文字和表格的案例。

CWL/JL/JWC/ZY049-01

重庆文理学院教学部

院教〔2012〕65号

关于增补顶岗实习学生的通知

各二级学院：

根据市教委的统一部署，经学校与各区县教委及中小学的协作，我校本期“国培计划”顶岗置换项目顶岗支教工作已经完成。由于部分区县（学校）的教师缺编情况较为严重，在各区县（学校）的要求下，将增补顶岗实习学生人数通知如下，请做好宣传动员工作。

一、实习时间

2012年9月-2013年1月，共4个月（一学期）。

二、实习地点

永川区、大足区（含双桥经开区）、秀山县、荣昌县城区及近郊的中小学。

三、人数需求

本次顶岗实习学生在2009级教师教育专业的优秀本、专科学生中

学院2012—2013学年度第一期顶岗实习汇总表》（见附件3）审核后将以上两表格于2012年9月13日16:30前交教学部实践教学科（恪勤楼218）。

五、实习补助说明

由于本学期顶岗支教名额已经达到市教委的预定名额，所以本次申请顶岗实习的学生不再享受市教委下拨的关于重庆市“国培计划”置换脱产项目支教学生的生活补助（标准为1600元/学期），经学校与实习区县教委协商，可继续享受实习接收学校发放的相关生活补贴（实际发放标准由各区县教委或实习学校定）。

六、咨询方式：恪勤楼218室杜老师 电话：49891731。

特此通知。

附件：

1. 顶岗实习名额分配表
2. 重庆文理学院2012-2013学年度第一学期顶岗实习申请表
3. 重庆文理学院2012-2013学年度第一学期顶岗实习汇总表

教学部

二〇一二年九月八日

图 4.4

附件1

顶岗实习名额分配表

区县学校	各学科需求人数													
	语文	数学	英语	体育	音乐	美术	物理	化学	政治	历史	计算机	市场营销	幼教	合计
永川区	4	4			1									9
大足区	6	6	10	7	6	5	1		2	2	2	1	15	58
秀山县							3	1	1					5
荣昌县	8	2												10
双石小学				1	1	1								2
双石镇中				1										1
合计	18	13	10	9	8	6	4	1	3	2	2	1	15	91

图 4.5

附件2

重庆文理学院2012—2013学年度第一学期顶岗实习申请表

<table>
<tr><td>学院</td><td colspan="2"></td><td>班级</td><td colspan="2"></td><td>年 级</td><td></td></tr>
<tr><td>姓 名</td><td></td><td>学 号</td><td colspan="2"></td><td>性 别</td><td>本(专)科</td><td></td></tr>
<tr><td>民 族</td><td></td><td>政治面貌</td><td></td><td>身份证号</td><td colspan="3"></td></tr>
<tr><td>入学前家庭地址</td><td colspan="4"></td><td colspan="3" rowspan="4">照
片
粘
贴
处</td></tr>
<tr><td>联系方式</td><td colspan="4">手机：　　　　　　　　QQ：</td></tr>
<tr><td>申请支教区县或学校</td><td colspan="2"></td><td>申请学科</td><td></td></tr>
<tr><td>特长及爱好</td><td colspan="4"></td></tr>
<tr><td>学院领导小组意见</td><td colspan="7">

学院(盖章)组长(签字)：　　　　年　月　日</td></tr>
<tr><td colspan="8">承 诺 书</td></tr>
</table>

图 4.6

承 诺 书

1.本人自愿赴________________参加顶岗支教，现郑重承诺：。

2.实习期间，我将严格遵守学校和实习单位的各项规章制度和劳动纪律。

3.服从实习单位领导、实习指导老师和学校的管理，严格遵守《重庆文理学院学生实习管理实施细则》，明确实习目的，端正实习态度，不图小利，多听、多干、多学、多思、少说，积极、努力、认真、主动地完成实习任务。

4.实习期间的工作时间按有关行业规定执行。病、事假按规定执行并严格履行请假制度。

5.自尊、自爱、自强。与实习单位员工、其他实习生保持良好的工作关系。

6.穿着打扮符合实习单位对员工仪表仪容的要求并符合学生身份。

7.保持与学校及实习指导教师的联系。实习结束时应向学校上交实习报告和实习鉴定。

8.注意交通及人身安全。注意饮食卫生，防止事故、疾病，加强身体素质。

9.遵守国家法律法规，明辨是非。如遇不明确事项，及时请示学校或实习单位领导。如违

图 4.7

附件 3

重庆文理学院 2012—2013 学年度第一学期顶岗实习汇总表

学院（盖章）：　　　　　　　　　　　　　　　　年　　月　　日

姓名	性别	年龄	班级	学号	身份证号	手机号	QQ 号	申请科目	申请区县或学校

注：本表由学院填写，请于 2012 年 9 月 13 日 16：30 前将盖章的纸质文件交到恪勤楼 218，并将电子版发到 sjk215@qq.com

图 4.8

二、长篇 Word 文档的编辑排版

长文档排档是衡量初学者是否掌握 Word 的一个重要指标，而且长文档的适用范围特别广泛，如报告、论文、产品说明书、项目策划书等。因此，必须要掌握长文档的排版技巧。

（一）制作思路和要点

长文档的排版要点主要涉及两个方面的内容：一是如何实现同一个文档中不同页面上相同位置的文字格式不相同，这主要通过分节来实现，如每一章节的页眉内容显示不一样，要求只与本章节名相同；每一部分的页脚也不相同，即摘要、前言、正文等页码内容不一样。二是编制目录需要在大纲级别的基础上，大纲级别的实现是建立在标题样式化的基础上。所谓标题样式化：就是要将各级标题先定义好格式，然后

再把各级标题按照预定好的格式进行排版处理。以上两点是长文档排版的基本思路。当然由于是具有一定基础的操作员,所以基本命令不再介绍。

(二)制作步骤与程序

1. 页面布局

主要有设置纸张型号、页面边距、文档方向等内容。

2. 输入内容和基本排版处理

在确保有文档内容或输入了文字的情况下,主要有字体和段落格式两大命令,涉及到字体的有字型、字号以及特殊要求的字体编排等,涉及到段落的命令有首行缩进、行间距、段前段后等。(需要预先准备好文档内容,建议准备一篇不少于20页左右的完整本科生毕业论文文档)

3. 给不同的内容分节

插入—分隔符—分节符。Word默认的是一个文档的内容就是一节。分隔符就是同一个节里面分成几个页面。分节符是在同一个文档中将页面分若干节。节的存在意义和使用方法在前一个案例中已作介绍,此处不再赘述。

4. 设置样式并应用于文档中

样式指的是一些排版命令格式的集合。常用的主要是字体、字型、字号、对齐方式、是否加粗、行间距、段前段后等。有两点很重要:一是设置了样式后一定要保存样式。二是一般一篇文档中常用的技巧是在系统默认的样式1、样式2、样式3、样式4中进行修改设置并保存。

5. 插入目录(临时)

为什么这一步要插入一个临时的目录呢?主要是便于修改和整体把握。

6. 添加不同的页眉

大家都知道书的每一页最上面部分显示的是本章节的名称和书的名称,有的只有章节名,有的奇数页是章节名,偶数页是书名。要想在Word里实现这个功能,只有在前面分节的基础上通过添加不同的页眉命令来控制和实现。有一点特别需要注意,需要连续显示上一节的内容名称时,就打开页眉控制命令中的一个连续命令,不需要连续显示上一节相同内容时连续命令就断开,即关闭。

7. 添加不同的页脚(页码)

引言、摘要、正文、备注、致辞等各部分内容的页码要求不一致,这就要用到在分节的基础之上的页脚命令。这与页眉命令使用完全一样,不同的是上面修改的是章节名,下面修改的是不同的页码,注意到一个起始码和连续码的问题。如,每个部分需要重新计页码的时候就需要单独从1页开始算起始码,若正文部分从第一章至最后一章时就需要连续上一节页码。

8. 修改与完善文档格式(更新目录)和按F7进行拼写检查

经过上面的排版和调整之后,一篇长文档的排版基本完成,接下来需要的是进行修改和完善。

9. 打印预览与打印设置

略。

（三）案例介绍

为方便呈现和配合上面的程序步骤进行说明，笔者把一篇毕业论文的部分内容呈现如下，截取的是部分内容（如图 4.9 所示），主要是为了显示不同的地方和有区别的点，以方便大家查看。

电信职业学院学位论文　　目录

目 录

图 4.9

基于互联网媒体平台的农业信息服务研究
——以永川区青峰镇为例

摘　要

改革开放三十年来，我国的农业得到了长足的发展，伴随着农业产业化、机械化的发展、农业信息化的作用日益凸显。将互联网、物联网、云计算等技术引入农业信息领域，为现代农业的发展提供了广阔的平台和空间，对于农业信息获取、农技人员培训、网上交易、资源共享、农村文化传播等方面具有重要作用。因此，大力推进农村信息化进程，建立健全农村农业信息服务体系，对于促进城乡统筹发展、缩小城乡收入差距，具有重要的战略意义。

本文以农业信息服务理论、网络搭建技术理论以及当前最先进的云计算技术、物联网技术为基础，通过文献调查、问卷调查、实地调研、走访座谈、专家咨询等形式进行研究。研究过程中，本文首先对永川区特别是青峰镇农业信息服务体系的现状及问题进行了深入系统的考察。通过深入的调查走访分析，发现永川（主要是青峰镇）在农业信息服务体系的构建方面存在较大的问题：一是当前永川区农村信息化的覆盖率不高且作用不大；二是农业信息服务体系不健全，农民利用互联网获取信息和解决问题的能力缺乏；三是广大农民群众自身素质较低，难以适应现代农业的需求。针对存在的上述问题，本文在借鉴发达国家先进经验的基础上，探讨了青峰镇建立农业信息服务体系在基础设施建设和软件平台构建方面的可行性方案，并进一步提出了保障方案得以顺利开展的政策建议。

关键词：农业信息化　互联网　云计算　政策建议

This paper is based on the theory of agricultural information service, network technology theory, the most advanced cloud computing technology, and content networking technology, and carries on the research through the literature investigation, questionnaire and on-the-spot investigation, interview discussion, expert consultation and so on. The author will first take systematic investigation into the present situation of agricultural information service system of Yongchuan area especially the QingFeng town.Then the paper will point out serious problems found in the agriculture information service system of Yongchuan area (especially the QingFeng town): firstly,the rural informationization has low coverage and provides little help;the second is that the agricultural information service system is not sound, and farmers don't have the ability to acquire information and solve problems through Internet; thirdly, due to the low intellectual level of farmers, the current system can hardly meet the demand of modern agriculture. Based on the existing problems, and taking the experience of the developed countries for reference, this paper aims to explore the feasibility of establishing agricultural information service system for QingFeng town, put forward the specific infrastructure construction scheme and software platform, and further comes up with some policy suggestions to ensure the plan will carry out smoothly.

Keywords: agricultural informatization; Internet ;computing clouds; policy suggestions

图 4.9(续)

电信职业学院学位论文　　　　　　　　　　　　　　　　第一章：绪论

第一章：绪论

1.1 研究背景

1.1.1 项目背景

实践和成功的经验表明，在农村从事农产品相关工作且首先富裕起来的是那些具有开拓意识和掌握了先进技术，能根据市场信息作出正确判断和决策的农业工作者。在农业推广过程中，也让广大农民群众逐渐认识到信息对现代农业，特别是新品种引进和农产品销售的重要性。从了解信息，到合理的利用信息，到最后主动地获取信息，从而在更好的购买原材料、安排生产、销售农产品等方面起到了至关重要的作用。

传统模式下，农民朋友获取信息的方式有电视、电话、杂志、报纸以及村民组织，主要依靠电视作为信息传播渠道。电视媒体为广大农民朋友提供农技信息发挥了几十年的作用，然而电视媒体也存在不足之处。由于电视是以视听为主的传播方式，决定了视听过程中只能被动的接受，不能主动地获取，更不能实现互动。因此，虽然电视是信息媒体的主流，但却有它自身的局限性。除此之外还有电话，但电话的信息服务形式也非常有限，主要以语音为主，受到操作者和本身传播信息量的限制。报纸和杂志媒介，仅有少数农村群众订阅。因此，电视、报纸、杂志、电话、收音机等大众传统传媒方式，已经远不能满足于广大农民群众的需求。又因为农村农户呈高度分散的状态，农产品和经营规模小，农民的社会网络面比较狭窄，交际圈也小，农民群众普遍缺乏与市场的有机结合和联系，导致农民不知道要“生产什么”、“生产多少”，不清楚市场上“需要什么”、“需要多少”，市场信息对农民群众来说是稀缺的资源。[1]从以上分析可以得出：广大农民朋友更需要一种方便快捷、承载信息丰富、互动性好、时效性强的信息传播和获取方式。无疑，在信息化的今天，互联网、物联网与信息资源相结合的农村农业信息服务体系的建立是一种非常有效的解决方案和可行办法。

随着信息技术的发展和国家对农村信息化建设的不断加快、加强，特别是重庆建设全国统筹城乡综合配套改革试验区的不断深入，政府对农业信息化建设不断加强，网络基础设施建设在农村得到逐渐完善。报纸、杂志等信息媒介主要以静态的文字和图片的形式出现，电话则以声音为主，电视以图像、声音、文字并存。互联网则是一种综合性的媒体，被专家称为第四媒体，内容和形式更加丰富多彩，既有详细的文字、丰富的图片，也有动听的声音和精彩的视频，更重要的是，以上综合信息不受时间的限制，用户可以随时查阅和搜寻自己想要的信息。

农村信息服务体系的建立需要注重以下几个环节：一是方便广大农民群众了解国家和地方政府对农业的宏观政策；二是有助于广大农民群众获取农业知识。如病虫害防治、优质培育等方面的信息；三是有利于广大农民群众培育和打造自己的品牌特色和优势，实现新品种引进、生产、销售三位一体的营销模式。在这几个方面初步建立并运行的基础上，可提升和完善农村信息服务体系的功能，例如可与远程教育点、电子阅览室、农村科技文化、生活娱乐、村务事务管理等方面进行结合。

图 4.9(续)

三、使用 Word 的邮件合并功能实现邀请函的制作与自动打印

（一）问题提出

某公司或部门要召开培训会，要向全国各地的相关单位发送邀请函。相关地址和收件单位及收件人已采集到。就可以利用邮件合并功能实现自动化打印和操作。虽然当前纸质信件已不再提倡，但此功能在很多场合仍有用处，因此本节仍以信封打印为例进行说明。

（二）制作思路

主要涉及两个步骤：一是邀请函信封的制定与打印。二是邀请函正文的制定与打印。因此通过分析得出：信封和信函都有一些内容是固定的和变化的。固定的内容：主信函内容、寄信人地址等。变化的内容：收件人称谓、姓名、地址、邮编、职务等。解决思路和程序：一是利用数据源存储变化部分的内容和信息；二是制作主文档；三是制作信封；四是主文档、信封与数据源进行联系（连接）；五是生成文件批量打印。在制作数据表的过程中，要注意到以下几点：一是制作的表格不能有空行或标题；二是表格必须列出标题；三是不能有合并的单元格。

（三）制作步骤

1. 制作信封

新建一个文档—工具—信函与邮件合并—中文信封向导—普通信封 6230×120—完成；选择数据源—插入域；收件人邮政编码内的内容全部删除后插入；其他域《》不要删除，特别是黑色区域；寄件人域和邮编需要删除后直接输入信息。

2. 制作信函

输入主信函的内容并做好基本排版。在要输入变化的内容处选择工具—邮件合并—信函—使用当前文档—加入数据源—撰写信函—其他项目—完成合并—合并—编辑个人信函—合部生成。

第三节　Excel 操作技巧与案例

Excel 主要用于制作电子表格和以电子表格中的各类数据为基础来实现各类图表和数据统计和各类复杂功能，从而解决实际问题。

一、制作表格的基本思路

Excel 的操作基础很多，限于篇幅和本章的需要，不具体叙述。不管制作什么样的表格，首先要保证表格好看，即有一定的外观美。一般而言一个完整的表格包括表头、表体和表尾三个部分。把握住表格的结构之后就要设计表格的线框粗强、文字大小、列宽、行高等基本信息，同时要保证表格在整张纸中要水平居中显示。

二、常用函数的使用

如果不使用函数则不能发挥 Excel 的强大功能和作用。Excel 中常用函数如表 4.1 所列。函数的语法格式一般由函数名、一对括号和参数构成。例如，函数名(参数 1，参数 2，……)参数可以是常量、文本、单元格引用、区域、区域名称或其他函数等。输入函数时可以直接输入，即在单元格里面输入"＝"、函数名、左手号、参数和右手号，再按回车键，即可完成计算。也可以使用插入函数法使用具体的函数，根据对话框提示操作即可。本文将用两个函数案例进行操作来说明一般常用函数的使用的技巧和使用方法。

表 4.1　常用函数介绍

序　号	函数名	格　式	功　能	备　注
1	if	if(条件，值 1，值 2)	如果条件为真，返回值 1，否则返回值 2	
2	countif	countif(区域，条件)	返回指定区域满足条件单元格的个数	
3	count	count(区域)	返回指定区域包含的数据个数	
4	vlookup	VLOOKUP(要查找的值，要查找的区域，返回数据在查找区域的第几列数，模糊/精确匹配)	按列查找，最终返回该列所需查询序列所对应的值，如可以用来核对数据，多个表格之间快速导入数据等	
5	max	max(区域)	返回指定区域中最大的数	
6	min	min(区域)	返回指定区域中最小的数	
7	average	average(区域)	返回指定区域中所有数据的平均值	
8	sum	sum(区域)	返回指定区域中所有数据求和	
9	sumif	sumif(区域，条件)	返回指定区域内满足条件的数据求和	
10	rank	Rank(数值，区域)	返回某数字在指定区域的大小排位	
11	rand	Rand(数值，位数)	按指定位数对数字进行四舍五入	

(一) Excel 综合应用实例 1——制作学生成绩统计表

1. 问题提出

期末了，王教授安排他的助理小李，完成计算机应用基础 B 这门课程的成绩统计和分析。要求平时成绩、期末成绩、综合成绩以及期末各分数段人数和比例严格按照学前要求实现自动计算和统计，并且要求以上数据真实有效，能够为王教授教学效果评价和试卷分析提供参考。如果你是小李，你将怎样利用你所学知识完成此任务？表格样式见图 4.10。

2. 主要内容与制作思路

一是制作好表格。根据表头、表体、表尾，特别是表体内容，计算好行列。加好表格边框，让行列表格与字体大小相适应(列宽和行高作定制要求)做好两个居中：让表

重庆大学软件工程学院成绩登记册⑨

2013—2014学年第一学期

承担单位：软件工程学院　课程/环节：计算机应用基础B　学分：2.0　类　别：公共课/必修课

总学时/周数：30/15　考核方式：考查　任课/指导教师：张　三　行政班级：13电子信息科学与技术1　人数：44

学号	姓名	平时成绩(占 20 %) 考勤							总评	中考成绩(占 %)	末考成绩(占40%)	技能成绩(占40%)	综合成绩	备注
201308334001	卜艳	√	√	×	×	×	×	×	25		75	80	67	
201308334002	刘兰	√	√	√	√	√	√	√	100		70	80	80	
201308334003	闫晓飞	√	√	√	√	√	√	√	100		68	75	77	
201308334004	古丹宁	√	√	√	√	√	√	√	100		85	89	90	
201308334005	董芬芬	√	√	√	×	√	√	√	85		85	90	87	
201308334006	蔡雨仙	√	√	√	√	√	√	√	100		90	80	88	
201308334007	谭亚菲	√	√	√	√	×	√	√	85		80	78	80	
201308334009	彭崇清	√	√	×	√	√	√	√	85		80	89	85	
201308334010	陈佳琪	√	√	√	√	√	√	√	100		90	85	90	

	[100-90](优)	(90-80](良)	(80-70](中)	(70-60](及格)	(60-0](不及格)	实考人数	最高成绩	最低成绩	平均成绩
人数	2	4	2	1	0	9	90	68	80.3
比例(%)	22.2	44.4	22.2	11.1	0.0				

登分人(签字)：　登分日期：　审核人(签字)：　审核日期：

备注：

1、本表一式三份，系（院）一份，试卷装订一份，任课教师自留一份；

2、字迹清楚，一律使用蓝、黑墨水填写；

3、教研室主任任课的，本表复查人（签字）栏由系（院）主管教学的主任签字；

4、考试结束四天之内，于教务网络管理系统中录入成绩；

5、分数段统计请使用“末考”成绩。

期末综合成绩计算方法：

1、综合成绩=平时成绩*20%+技能成绩*40%+末考成绩*40%；

2、平时成绩由平时考勤组成，总计100分，计7次，缺勤一次扣15分，扣完为止；

3、技能成绩根据每次上机实验项目的完成情况进行考核，取5次计算综合成绩；

4、末考成绩根据学生期末上机考试成绩进行评定。

图 4.10

格在整个文档中居中显示并且让表格里的文字在表格中居中显示，同时通过预览观看效果。二是制作功能。涉及的计算有：平时总成绩、期末考试成绩、技能成绩、综合成绩、各分数人数及比例、最高最低平均成绩、实考人数等等。

3. 各关键点的计算公式

(1) 平时成绩的计算方法。平时成绩由平时考勤和表现组成，总计 100 分，考勤计 7 次，缺勤一次扣 15 分，扣完为止；缺席一次用“×”表示。用 IF 函数即可实现，在单元格输入以下公示即可：=IF((100－COUNTIF(D6:J6,“×”)×15)>0,100－COUNTIF(D6:J6,“×”)×15,0)。

此单元格涉及到两个函数，其语法格式为：IF(条件,值 1,值 2)=IF(C5<60,“不及格”,“及格”)。countif(区域,条件) =countif(C4:C9,“>80”)

countif：返回指定区域内满足条件的单元格个数。

(2) 期末成绩。期末成绩与技能成绩，直接手工输入。

(3) 综合成绩。=平时成绩×20%+技能成绩×40%+末考成绩×40%。

(4) 各分数段及比例成绩的计算。用条件统计函数 Countif 进行计算。如统计 90 分以上的个数=COUNTIF(V6:V14,“>=90”)，如统计 80 分以上的个数为=COUNTIF(V6:V14,“>=80”)－C16)。这里要说明一下，为什么有 C16——因为要把前面的大于 90 分的个数减掉，不然就重复计算了，其他分数段以此类推。

(5) 实考人数统计。实考人数统计用 Counta( ) 函数。它的功能是统计非空字符函数。=COUNTa(V6:V14)。

(6) 最大值、最小值、平均值。=MAX(V6:V14)、=MIN(V6:V14)、=AVERAGE(V6:V14)。

(二) Excel 综合应用实例 2——用查询函数快速匹配数据

1. 问题提出

某应届毕业生快毕业了,学校要查询和了解各论文指导老师所负责学生的就业指导情况。然而就业数据统计表是由学校就业办负责录入的,要导出数据也只有经过就业办才可以。这个数据表导出后排序情况与学院论文指导老师的安排表显然不一致,要让两个数据有效且保持一致,如果用传统的方式进行一一核对显然费时费力。如果你是负责数据核对的工作人员,你将如何操作呢?其实用上面的 vlookup 查询函数即可实现。

下面我们分析一下此函数的语法格式。VLOOKUP(要查找的值,要查找的区域,返回数据在查找区域的第几列数,模糊/精确匹配),一共有 4 个参数。

2. 解决思路

通过分析问题,我们得知,首先有两个 Excel 电子表格的数据,见图 4.11 和图 4.12,在两个电子工作薄的表格中,我们只要学生姓名、就业状态、每个学生对应的指导老师等三个核心数据。传统的做法就是将两个表格数据进行一一核对,并在

×××学院2019届未就业毕业生指导老师分配表

学号	姓名	导师	班级	就业状态	备注
201512301	张三	张老师	2015软件工程1		
201512302	李四	李老师	2015软件工程1		
201512303	王五	余老师	2015软件工程1		
201512304	赵六	赵老师	2015软件工程1		
201512305	孙七	高老师	2015软件工程1		
201512306	刘八	王老师	2015软件工程1		
201512307	陈九	刘老师	2015软件工程1		
201512308	蒋十	罗老师	2015软件工程1		

图 4.11

2019届毕业生已就业情况一览表

学号	姓名	班级	就业状态
201512307	陈九	2015软件工程1	已就业
201512308	蒋十	2015软件工程1	已就业
201512302	李四	2015软件工程1	已就业
201512306	刘八	2015软件工程1	已就业
201512305	孙七	2015软件工程1	已就业
201512303	王五	2015软件工程1	已就业
201512301	张三	2015软件工程1	已就业
201512304	赵六	2015软件工程1	已就业

图 4.12

就业相应状态中手工输入数据。数据量小还好，如果上百条或者千条数据用人工核对和输入的方式显然不符合现代高效率的要求。但通过上面学习了解的 Vlookup 函数查询功能即可实现将图 4.12 中的就业数据匹配到图 4.11 的就业状态中。

3. 操作步骤

在图 4.13 中的 E3 单元格中输入"＝vlookup"，再点击菜单栏的 fx 按钮，在弹出来的函数参考条件对话框中选择相应的区域和条件。点击查找值折叠选项卡选返择数据 C3:C10 的数据区域，再点击数据表折叠选项卡，选择图 4.12 中的姓名、班级、就业状态等三列全部数据，注意标题栏不要选中。第三点击列序数折叠选项卡，在此输入数字 3，因为就业状态在姓名之后的第三列数据中，因此本框输入 3。第四在匹配条件栏输入 false，即按精确查找方式进行。最后单击确定按钮，选择单元格光标的小十字向下拖，其他列表单元格中的数据也就出来了。

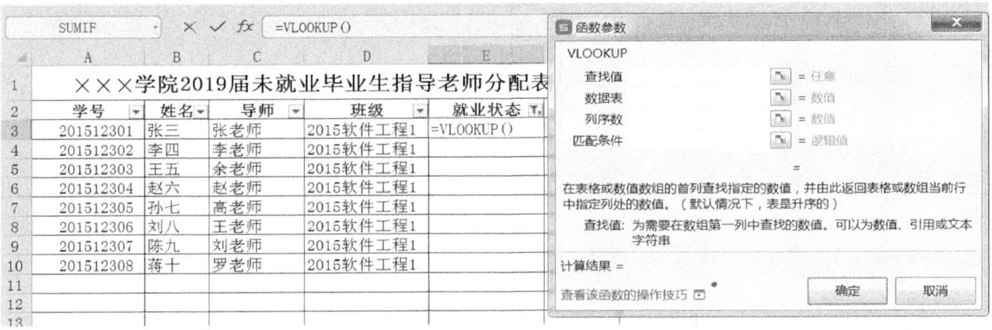

图 4.13

第四节 PowerPoint 操作技巧与案例

当今社会，无论是公务员还是企事业单位的职工，不管是职场达人还是职场新手，无论是老师还是学生，在各种场合都需要用到演示文稿，而且是要高质量的演示文稿。有一句话叫作，不要让你的演示文稿影响了你的形象。可见演示文稿是极其重要且应用十分广泛的。因为不管是做总结报告还是培训教育，不管是做企业宣传还是业务推广，演示文稿都是最好的表达方式。能够制作和生成演示文稿的软件有很多，我们常用的是 Microsoft Office 家族的 PowerPoint 软件，本章着重介绍此软件的使用技巧。

一、PowerPoint 概述与基本操作

（一）PPT 是什么

PPT 是 PowerPoint 软件生成的演示文稿，即幻灯片文件，是 PowerPoint 的简

称,不是缩写,是微软办公软件 Office 系列之一,其他的还有 Microsoft Word, Excel, Access, FrontPage, Outlook 等。PowerPoint 原本是由美国名校伯克利大学的一位叫 Robert Gaskins 的博士发明的,后来被微软公司收购,并发扬光大。

(二) PPT 能做什么

PPT 用途广泛:一是用于公开演讲、商务沟通、经营分析、业绩报告、培训课件,还有工作汇报、政策宣传、产品推广、企业介绍,同时还可用于个人相册、自我展示、成绩汇报、视频录制等领域。一句话,只要是有呈现和展示的环节,都可用它来解决。

1. 视觉辅助

就是以视觉形式作为辅助。给出图片或文字要点,讲解者作说明介绍。(展示、介绍、开会背景等)

2. 会场播放

PPT 用于视觉辅助时是配角,用于会场播放时则成为主角,也就是自动播放。

3. 教学课件

任何培训与教学基本上常用的就是 PPT 课件。

(三) PowerPoint 2003 的基本概念

1. 演示文稿

演示文稿就是一个 PowerPoint 文件,其拓展名为. ppt。

2. 幻灯片

幻灯片是在演示文稿中由若干张内容相关、结构独立的一张一张的幻灯片组成的。

3. 模　板

模板分为设计模板与内容模板。设计模板包含预先定义的格式和配色方案、背景图案等,可以应用到任意演示文稿中创建独特的外观;内容模板包含与设计模板类似的格式和配色方案,加上带有文本的幻灯片,文本中有特定主题提供的建议。PPT 软件本身提供了数十种模板,供用户选用。

4. 母　板

母板是一张具有特殊用途的幻灯片,其中预设了幻灯片的标题、字形、格式与位置,以及背景设计和配色方案等。创建统一要创建的幻灯片的版式。修改母板会影响到所有基于该母版的幻灯片。

(四) PPT 软件的启动与退出

1. 启　动

(1) 常用就是直接点击桌面的图标或在开始菜单中找到 Microsoft 2003 | Microsoft PowerPoint 2003,即可启动。

(2) 运行栏里面输入 PPT 软件的启动文件路径,例如:C:\Program Files\Microsoft Office\Office12\POWERPNT. exe。

2. 退　出

(1) 执行窗口中文件|退出命令；

(2) 单击窗口标题栏右端的关闭按钮；

(3) 双击窗口标题栏左端的窗口控制菜单图标；

(4) 按 Alt+F4。

(五) 创建演示文稿

1. 创建演示文稿

是一张主、副标题版式的空白幻灯片，不包含任何样式，用户可以自行设置颜色、布局和网络等，具有灵活性。

方法一：使用工具按钮，单击常用工具栏的“新建”按钮，立即创建一个空演示文稿。

方法二：使用菜单命令，执行文件|新建|空演示文稿，即可创建一个空演示文稿。

2. 使用内容提示向导创建演示文稿

内容提示向导提供了不同主题和结构的演示文稿示范，如实验报告、招标方案、商品介绍、贺卡等。

方法：在新建演示文稿任务空格中，单击根据内容提示向导超链接，将出现“内容提示向导”对话框，选择其一。

3. 使用设计模板来定义已经设计好的幻灯片的样式和风格

方法：文件|新建|新建演示文稿|根据设计模板|可供使用。这种方法只能创建一张标题幻灯片，其他幻灯片还需用户自行创建。

4. 使用“现有文稿”创建新的演示文稿

这种方法使用比较常见，即在原来比较的喜欢的模板上进行修改和再次完善。

(六) 打开演示文稿

如果用户需要对已有的演示文稿进行编辑、修改或播放，必须先将其打开。

(1) 文件|打开；

(2) Ctrl+O；

(3) 单击常用工具栏中的打开按钮。

(七) 演示文稿的保存

(1) 执行文件|保存；

(2) Ctrl+S；

(3) 单击常用工具栏中的保存按钮。

不同版本的 PowerPoint 软件生成的演示文稿文件的扩展名及其说明如表 4.2 所列。

表 4.2

PPT 2003	PPT 2007/2010	说　明
.PPT	.PPTx	演示文稿的编辑模式,双击打开可编辑
.PPS	.PPsx	自动播放格式,双击可自动播放
.Pot	.Potx	模板格式,双击此模板新建文件

(八) 演示文稿的编辑

1. PowerPoint 的视图方式

为了方便用户从不同角度编辑和查看演示文稿,PowerPoint 设置了不同的视图。一是普通视图。是常用的方式,也是默认视图。幻灯片、大纲和备注页集成在一个视图中,便于全面了解演示文稿中各幻灯片的名称、标题和排列顺序。二是幻灯片浏览视图。以缩略图的形式显示演示文稿的多张幻灯片,既可以从整体上浏览所有幻灯片的效果,也可以方便地复制、移动和删除幻灯片,但不能对幻灯片的内容进行编辑和修改。三是幻灯片放映视图。放映幻灯片,且每张幻灯片占据整个计算机屏幕,进行逐张播放,可以听到声音,看到各种图形、图像、视频、动画效果等,按 ESC 键随时停止播放。

2. 文本的输入与排版

(1) 输入文本,不能直接输入文本,必须只能通过占位符或文本框来操作。一是在占位符中输入文本。新建幻灯片中包含一个或多个虚线方框就是占位符,用于输入标题、正文文本和其他内容(图片和图表)。

① 在窗口右边的任务窗格中的应用幻灯片版式或内容版式选择所需的版式。所谓就是幻灯片上各对象的布局。

② 幻灯片左侧是缩略图,编辑区下方是备注窗格,用于输入演示时要使用的备注内容,可以拖动边框进行变化。

(2) 使用文本框输入文本。方法:插入|文本框|横排或竖排。

文本的排版:

(1) 设置字体。字体、字号、加粗、倾斜、下画线、阴影、文字方向、字体颜色、对齐方式、项目编号等命令。

(2) 设置段落:

① 对齐方式。左对齐、居中、右对齐、分散对齐。

② 段落缩进。指段落与文本区域内部边界的距离,有首行、左右缩进等。

③ 行间距与段落间距。行距决定一个段落中各行之间的距离,而段间距决定段落与段落之间的距离。

④ 设置项目编号。格式|项目符号和编号。

(3) 图形、图片和艺术字的插入:

插入图形。线条、矩形、圆形、流程图等,用户可以绘制,也可以使用自选图形。自选图形是现成的,插入后,可以进行修改、变形、排列、组合等设置和调整。方法:单击选定图形,图形周围出现 8 个圆圈状的“控点”,拖动这些“点”可以更改大小和形状。

插入图片。方法:插入|图片|来自文件。

插入艺术字。艺术字是一种具有特殊效果的文字,它实际上是一种图形对象,可以拉伸、倾斜、弯曲、旋转。方法:插入|图片|艺术字。

同时还可以设置“阴影样式”和“三维效果样式”。

(4) 表格和组织结构图的插入:

插入表格。方法:插入|表格。

插入组织结构图。方法:插入|图片|组织结构图。

(5) 声音和影片的插入:

插入声音。有三种方式可以插入声音,有自动播放还是单击时播放两种。

① 插入剪辑管理中的声音剪辑。方法:插入|影片和声音|剪辑管理器中的声音,在剪贴画任务窗格中单击所需的声音剪辑。

② 插入声音文件。方法:插入|影响和声音|文件中的声音(. wav、. midi、. mp3、. wma 等格式)。

③ 插入 CD 乐曲。方法:插入|影片和声音|播放 CD 乐曲命令。

插入影片(支持. avi、. mov、. qt、. mpg、. mpeg 等格式)。方法:插入|影片和声音|文件中的影片,双击所需的影片文件,即可将影片插入到幻灯片中。

(九) 演示文稿的基本操作

在制作演示文稿的过程中,经常需要插入幻灯片,也需要对幻灯片进行复制、移动和删除等操作。

(1) 幻灯片的选定。“先选后作”是电脑对象操作的基本原则,可以对某张或多张幻灯片选定后进行操作。在普通视图或浏览视图下选定幻灯片。

(2) 幻灯片的插入:

① 插入|新建幻灯片;

② 普通视图下,左侧右键|新建幻灯片;

③ Ctrl+M。

(3) 幻灯片的复制。方法:Ctrl+C、Ctrl+V。

(4) 幻灯片的移动。方法:Ctrl+X、Ctrl+V。

(5) 幻灯片的删除。方法:按键盘上的 Delete 键。

(6) 幻灯片的隐藏。方法:幻灯片放映|隐藏幻灯片,可以使选定的幻灯片在放映时隐藏起来不显示,但是在编辑状态仍然可见。

(十) 演示文稿的修饰与美化

1. 添加动画

(1) 为幻灯片添加动画效果。在普通视图或幻灯片视图中选定需要设置动画效果的幻灯片,执行“|幻灯片放映|动画方案”。

(2) 自定义动画。

2. 设置切换效果(也叫过渡效果)

略。

3. 插入超级链接

(1) 通过菜单命令插入。

(2) 通过插入动作按钮创建超级链接。

4. 配色方案与背景颜色

(1) 配色方案。一是系统默认的配色方案,选择其中的一个进行应用。二是自定义配色方案。

(2) 背景颜色。背景颜色的改变与调整、更改背景的填充效果。

5. 使用设计模板

设计模板是一个扩展名为.pot的演示文稿文件,包含了预定义的文字格式、颜色和图形等一系列设计方案。

执行“格式|幻灯片设计|”,单击其中的设计模板链接。

6. 使用幻灯片母版

(1) 功能。实际上就是一种特殊的幻灯片,它包含了幻灯片文本和页脚(日期、时间和幻灯片编号)等占位符,这些占位符控制了幻灯片的字体、字号、颜色,包括背景色、阴影和项目符号样式等版式要素。

(2) 组成。包括幻灯片母版、讲义母版、备注母版三种类型。

(3) 使用幻灯片母版。视图|母版|幻灯片母版|,一般包括两个母版,一个是标题幻灯片,另一个是其他幻灯片使用的母版。

(十一) 演示文稿的放映、打包及打印

1. 设置放映方式

(1) 放映类型,包括演讲者放映、观众自行浏览、在展台浏览三种。

2. 幻灯片的播放控制

从头到尾播放可按F5键。播放当前幻灯片有两种方式:一是Shift+F5,二是状态栏下面的酒杯形按钮。

3. 演示文稿的打包

(1) 打包成CD。

(2) 打包到文件夹。

(3) 使用PPT播放器(PPtview.exe)播放演示文稿。没有安装软件,也可以使

用播放器来放映演示文稿。

4. 演示文稿的打印

(1) 页面设置。

(2) 预览打印设置项。

(3) 打印设置项。

二、PowerPoint 设计应用基础知识

(一) 基本知识

1. PPT 的结构

一个完整的 PPT 结构应分为封面、目录、章节、内容和结尾等五大部分。

(1) 封面页。封面是观众第一眼看到的,因此要求大方、美观,给人一个美好而深刻的第一印象,罗列出主要信息如标题、时间、演讲人、联系方式、与主题相关的元素。一般有纯文字封面和图文并茂的封面两种,如图 4.14 所示。

图 4.14

(2) 摘要页。目的、方法、结果和结论等基本要素,整个页面多用文本对象,少用图片。

(3) 目录页。使用目录能够更清晰地展现内容,如图 4.15 所示。

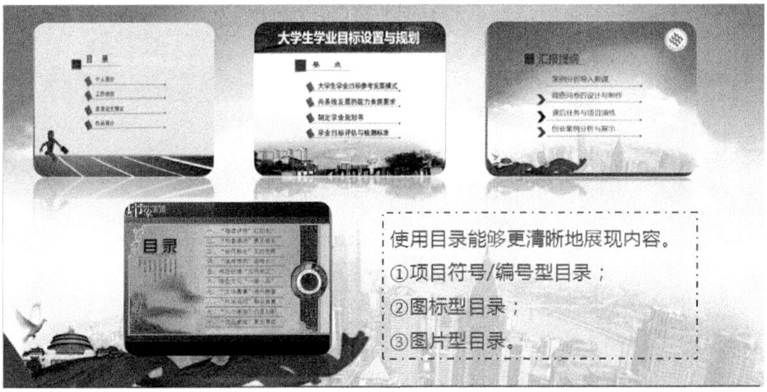

图 4.15

① 项目符号/编号型目录。

② 图标型目录。

③ 图片型。

(4) 转场页(见图 4.16)。也叫过渡页,主要是根据目录来制作的,最简单的就是将目录放到一段内容的前面,再着重显示,也可以精心设计一番。

图 4.16

(5) 内容页。内容页占据了 PPT 中大部分的幻灯片,表现形式多样,可以是文字、图片、图表、视频等素材,如图 4.17 所示。

图 4.17

(6) 总结页。一般包括内容归纳总结、主题再次重申、现状概括和未来憧憬。

(7) 结束页。一般包括致谢、联络方式等内容,是 PPT 表述语言的礼貌用语。

2. PPT 的设计原则

(1) 目标单一。制作 PPT 时不要想着将一份 PPT 用于多个场合,否则很难确定 PPT 的中心思想。因此,制作 PPT 时一定要坚守"一份 PPT,一个目标"的原则。

(2) 逻辑清晰。在制作 PPT 时应该将主题确定,然后围绕这个主题展开多个节点,最后用相关的内容对这些节点进行说明和表述。

(3) 中心明确。两个中心分别是指演讲者和每一张幻灯片的话题中心。PPT 在演讲中主要起辅助作用,演讲者才是中心。同一个时刻只能让一个点吸引观众的注意力,其余的都是点缀,观众了解关键词和问题后,就会带着问题去听取演讲者的讲述。

(4) 风格简明。一般情况下,一个 PPT 应该做到不超过 3 种字体、3 种色系、3 种动画效果。

(5) 概念从少。每张幻灯片传达 5 个概念,效果是较好的,多于 5 个,人的大脑负担过重。

(6) 图表优先。八字真言:"文不如表,表不如图。"

(二) PPT 制作流程

1. 情景分析

情景分析是指对演示文稿放映环境的分析,主要包括面对的听众、演讲的环境,以及演讲所需要达到的目的等几方面的内容。

(1) 听众分析。根据听众的思维来构思幻灯片的逻辑结构。听众是谁、听众知道些什么、听众的期待和偏好是什么、听众的感受和兴趣点在哪里、怎样激发他们的兴趣。

(2) 环境分析。听众人数、会场大小、设备状况、时间长短、会场氛围。

(3) 目的分析。只有明确了 PPT 演讲时的目的,才会有所侧重点。传递信息、刺激思维、说服听众。

2. 结构设计

(1) 确定主题。

(2) 确定结构。

① 写出你的演示或汇报目标。

② 分析你的听众,找到最适合他们的表达方式。

③ 将构思 PPT 的过程绘制成思维导向图。

④ 为每个核心要点寻找最有说服力的论据。

⑤ 及时记录下头脑中闪现的灵感。

3. 内容编排

略。

4. 提炼与美化

(1) 精练内容。使用时一定要取其精华,去其糟粕,做到精益求精。文字不要太多,不要整板都是文字。

(2) 制作专业的主题。(在于统一)

一是统一风格,二是统一版式,三是统一文字,四是统一色调。

5. 反复试放

略。

(三) PPT 版式与布局样式

1. 布局样式

标准型。在常见的简单而规则的版面编排中,一般从上到下的顺序为:标题/标志图形/图片/图表/说明文。

全图型。用一张图占据整个版面,然后在适当的位置直接加入标题、说明文字或标志图形。

文字型。文字是主体,图片仅仅是点缀。

2. 注意事项与技巧

一张幻灯片展示一个内容。

独立对象不能太多,不要超过 2~4 个单位区域。

整体版面要协调,尽量做到“横向同高,纵向同宽”。

符合视觉习惯。从左到右、从上到下、顺时针、Z 字形等自然序列。

用图形来引导文字,例如增加自定义图形背景、边框等来加强视觉效果。

(四) 文字型幻灯片的处理

1. 文字型幻灯片的类别

文字型幻灯片分为要点型和说明型。通常由一个标题或一个中心主题和若干个说明要点纲要共同组成。

步骤推导型幻灯片。突出事物之间的顺序,循环关系和递进关系。

关系说明型文字幻灯片。文字说明的事物关系,还包括筛选、讨论、矛盾关系、作用与反作用、部分与整体、平衡关系等。

2. 文字的使用原则

尽量使用较大字体。原则上,标题字号不低于 32 磅(建议 44 磅),正文字号不低于 24 磅(建议 32 磅)。(相邻级别标题的字号差别不要大于 4 磅)

字体不超过 3 种。

文字一定要精炼。(越少越好)

布局规范统一。每张幻灯片的标题、正文内容一定要在统一的位置上;文本与文本要对齐,文本与图片也要对齐。

适度的间距。行距涉及标题与标题之间、标题与正文之间、正文行与行之间的距离。

错字、别字不可有。

一行的末尾词组不可断。

3. 十大色彩可视度清晰的配色搭配

略。

(五)幻灯片中图形、图片的处理

1. 如何进行图文搭配

文字在图片内。选用的图片一定要拥有大面积的空白，这样在上面添加的文本内容才能清晰可辨，否则影响效果。

文字在图片外。只要将图片调整得与幻灯片的高度或宽度相同即可。

使用图形在图片中添加文字。当素材中没有大面积的空白区域时，利用自选图形创建一块色调均衡的区域来放置这些文本内容。并设置适当的透明度，这样既可让文字显得清晰，也能够清晰地观看图片。

2. 使用图片的原则

视线向文字。文字始终都是主角，图片只是配角，配角作用就是让观众注意到主角，所以人物图片的视线要尽量朝向文字。两人要对视。如果幻灯片中使用了两张人物图片，则需要将两者相互面对。多个人物视线要一致。地平线要统一。空白留一边。空白留前不留后。同时要注意到使用的图片一定要真实、清晰、主题要突出、细节要清楚，不能有变形和失真，图片位置不能随意摆放。

三、案例应用

一份精美的 PPT 的设计不仅要从内容的逻辑上去仔细推敲，还要从外观形态上去仔细设计。说到底是对设计者的美工、平面构图、颜色搭配等技术和技巧的考验。

俗话说，文不如图，图不如表，表不如视频。一个 PPT 中需要多种素材进行搭配才会好看，只有文字就会显得太呆板，只有图片没有文字就会显得没有厚重感。如果图片的原图不能直接满足设计内容的需要，那么就要进行后期处理。就像照相一样，好的相片都是后期加工处理的。因此，调整图片的颜色、设置图片的像素大小、以及编辑图片本身的内容等基本 Photoshop 处理技能需要设计者掌握。由于本书不具体介绍 Photoshop 图片处理方法。只是由于在制作幻灯片过程中需要用到图片的处理，因此本文只是简单介绍如何利用抠图的思路来合成一个精美的 PPT 文档。

(1) 打开 Photoshop 软件，找到原图片；

(2) 拖入或导入图片；

(3) 双击图层进行解锁；

(4) 新建图层，同时移到原图层下方；

(5) 选取或羽化选取将保留的部分；

(6) 选择菜单—反选—按 Del 键删除不需要的部分；

(7) 裁剪—调整大小；

(8) 另存图片为 png 格式—交错格式的图片；

(9) 导入 PPT 中再进行调整和编辑。

第5章

求职简历——跨过求职的门槛

简历在求职过程中发挥着重要的敲门砖作用，能否制作符合各大企业的 HR 阅读标准的简历也是职业素养的一个重要组成部分。但简历往往被很多应届毕业生或者说求职者忽略掉。要知道 HR 的邮箱或者办公桌上每天都会有堆积如小山一样的简历。怎样才能让自己的简历进入挑选者的法眼？显然，符合公司需求且看起来爽心悦目的简历就成了求职应聘最关键的第一步。因此，必须加强简历设计和制作技巧的学习，以便自己顺利进入面试和后面的环节。

第一节　简历制作技巧

一、问题引入

2017 年的一天，重庆市重点中学合川中学来我校进行现场招聘。经过学院的组织后，一共有 11 名应届大学生前来应聘。由于招聘方只有 2 人，人手不够，所以招聘方决定让每一位大学生将制作好的简历交给他们，以便他们先了解基本情况。第一轮简历筛选后，留下 6 人进入第二轮的面试环节。第二轮面试后校方对 3 人有意向。校方表示，这 3 人可以去学校了解情况后签订就业合同。

通过这个故事，我们可以得出简历是第一位的，没有简历的成功，就不可能有后面的成功。同时我们可以画出一般大学生求职寻找工作和企业招聘人才的流程图，如图 5.1 所示。

可见，不管在哪一个流程中，准备好简历是至关重要的。简历反映的是毕业生或求职者的基本信息以及掌握的相关技能和与职位的匹配度。

二、你的简历是如何被刷掉的

许多求职者投了许多简历出去，结果都石沉大海、杳无音讯。到最后还不知道是哪里出了问题。除其他不可控因素外，我们可以通过审核简历来分析其中的原因。如：

简历做得像文件稿，整版都是文字，且整个内容无主次、无结构、无特点，不利于阅读，就会被立即舍弃；

图 5.1

简历缺乏关键信息，在整个简历中找不到招聘方想看到的信息和重要内容也会使简历被立即舍弃；

“一本万利”和“万金油”模式的简历，即有的同学做一份没有任何针对性的万能简历同时发到不同的公司，将会被招聘方无情地舍弃；

简历普通得和前面的简历一模一样，好像只有姓名不一样的将会被舍弃；

有低级错误的简历，如有错别字、信息错误、常识错误等，会被舍弃；

内容前后矛盾或者支撑不够的，如前面交待了自己有 3 年工作经验，却没有实际项目经验去印证，也会被认为需要进一步核实，同时也有可能被舍弃；

还有一种特殊的情况，就是简历太花哨，不是公司人力资源想看的简历，也会被舍弃。

三、简历的要素与构成

个人信息(Personal Information)，

求职意向(Job Objective)，

教育背景(Education of Academic Background)，

工作或实习经历(Professional Experience)，

项目经历(Project Experience)，

社会实践(Extracurricular Awards)，

奖励情况(Honors and Awards)，

英语、技能情况 (English and Skills)，

其他个人信息(Other Information)。

四、制作简历

(一) 简历的规格和版式

1. 简历的篇幅

(1) 中英文一般各控制在一页纸以内。

(2) 如果信息确实很多,但也不要超过两页,第二页的篇幅应不少于1/3。

(3) 重要的信息放在第一页。

2. 简历的字体和字号

(1) 小标题和题头部分的姓名用黑体。

(2) 正文部分一般用宋体,避免在一份简历中使用多种字体。

(3) 姓名一般用大号字和二号字,正文通常用五号字,可以用黑体强调。

(4) 不要将简历内容安排得太满太密,适当设置页边距和留白。

(5) 描述工作实习经历、社会实践经历等具体内容时,最好使用项目符号。

3. 简历用纸与打印

(1) 使用80 g以上的A4纸。

(2) 少用复印简历,少用彩色打印。

(3) 不要选择喷墨打印,而要用激光打印简历。

(二) 简历各要素详解

1. 简历个人信息

(1) 必有信息:姓名、联系方式(手机、固定电话、邮件、地址),如图5.2所示。

(2) 可选信息:性别、年龄、政治面貌、籍贯、民族、照片。

李四

固定电话:+86-23-6890-0101　　手机:+86-1398-123-0802

邮箱地址:lisi_0802@gmail.com

图5.2

2. 求职意向

(1) 求职意向是简历的核心内容,应当尽可能明确和集中,与专长、兴趣一致。

(2) 求职意向切中要点,切忌空泛。

3. 教育背景

(1) 必有信息:时间段、学校、学院或专业、学历等,如图5.3所示。

(2) 可选信息:研究方向、主修辅修课程、研究项目、排名、活动等。

4. 工作实习经历

(1) 工作实习经历是简历的重点,如果与应聘职位或需求相关,则成功的概率更大。

【教育培训经历】

2007/9 至今 重庆文理学院计算机学院计算机科学与技术专业 本科在读

2008/9 至今 北大青鸟软件开发工程师 获得程序员认证

2010/3—2010/4 安博重庆东方标准 J2SE 获得初级软件工程师认证

图 5.3 培训经历部分设计

(2) 实习经历、兼职经历、社会实践经历等均应在尊重事实的基础上进行描述。

普通的描述，如有的求职者在填写工作经历和社会实践时，简单罗列了任职情况：

2009/9—2010/6 重庆文理学院计算机学院大学生创业基地(SOVO 公司)进行职业技能实践；

2008/9—2009/6 重庆文理学院红星漫影协会，并担任会长；

2008/9—2009/7 重庆文理学院计算机学院担任团总支宣传部部长。

这样填写无疑也没有错误，但看不出具体的工作、扮演的角色及工作业绩，很难确认是否符合要求，换句话说，就是不能让面试者下定决心录用。

正确的提炼描述包括：工作时间、公司名称及简介、部门简介、职业名称、工作实习具体内容，案例法则：用事迹＋数字说话，如图 5.4 所示。

2007 年 8—9 月 **文思海辉软件有限公司北京分公司 人力资源助理**

- 文思海辉是比较出名且领先的软件公司之一
- 协助人力资源经理进行日常工作，工作内容涉及人力资源工作各个模块
- 独立完成英语培训项目前期筹备工作和对职业测评公司产品的评估报告
- **迅速掌握工作流程与方法**，与各工作联系人建立良好关系，高效准确完成工作任务，得到人力资源经理的认可
- 获得**跨国公司工作经验**，培养了**问题分析解决能力、多任务处理能力和细节导向的职业态度**

2007 年 8 月至今 **新精英生涯国际教育研究中心 实习导师**

- 新精英生涯国际教育研究中心是由国家职业指导师、全球职业规划师、心理咨询师、NLP 执行师组成的专业培训和顾问团队
- 系统学习沟通技巧、时间管理、目标管理、自我探索、职业探索等方面课程
- 在课程中**组织小组讨论**，与大量学员有效沟通，对学员进行指导和激励
- 锻炼了**快速学习能力、观察能力**，形成了**亲和、耐心**的导师风格

图 5.4

5. 项目经历

项目经历包括论文、毕业课题中的相关研究课题项目；工作、实习兼职、社会实践中的项目。

以下是我校 2007 级学生成功应聘阿里巴巴时，其简历中关于项目和成果的描述：

重庆文理学院计算机学院大学生创业基地(SOVO 公司)中担任前端开发及美工职务。主要职责包括网站与系统的前端设计与开发，主要技能包括 HTML、XHTML(DIV＋CSS)、JavaScript、Photoshop 图片制作(包括网站用图、系统用图及课件背景图)以及部分 Java、C#逻辑功能、部分数

据检索等。

以下为这份个人简历中关于网络技术工作的描述：

在中国林业科学研究院资源信息研究所承担前台设计及开发工作，主要工作有重新设计开发已有网页，网站静态页面设计及开发（主要基于 jQuery），前台展示系统（包括调用服务中的方法完成数据的查询、展示、修改、添加等，asp. net 实现），为 discuz 论坛制作两款皮肤，为 jetspeat 项目制作皮肤，viso 画图等。

基于多源数据的国家林业生态工程监测与评价网格应用系统门户（国家“863”计划）；

面向林场森林资源异构数据的分布式管理技术研究门户（国家“863”计划）；

分布式多源遥感数据共享服务系统；

防护林无线传感生态监测系统及应用技术门户；

中国林科院资信所网络应用技术研究室门户；

重庆文理学院计算机学院网站（2009/9—2009/12）http://computer. cqwu. net/

重庆文理学院观赏植物生物学精品课程（2010/3—2010/4）http://61. 128. 252. 26/gszw/

重庆文理学院学报编辑部（自然科学版）（2009/5—2009/11，2010/4 重构后参加比赛）http://61. 128. 252. 17/qiantai/index. aspx

6. 社会实践

图 5.5 为个人简历中的社会实践板块的案例。

课外活动

2006 年 2 月—2007 年 3 月　**×××大学职业发展协会副会长**

- 领导协会由最初 23 人发展至拥有会员 320 人干事 50 人的校级最大规模社团
- 负责**协会人员管理**，包括会员干事招募与选拔、社团组织结构设计、人员配置、干事培训、工作绩效评估、团队拓展与激励
- 增强了干事团队的实际工作能力和对协会理念、文化的认同感，创造了和谐团结、权责分明的团队环境，推动各部门互动合作，**组织整体绩效明显提高**
- 获得了丰富的**团队建设和人员管理经验**，培养了**领导力和责任感**

2006 年 3 月—2007 年 3 月　**JA（国际青年成就组织）校园大使**

- JA 是全世界最大、发展最快的非营利商业教育组织
- **统筹协调**项目整体运作，领导团队完成共计**千余人次参加，20 余次**课程活动
- 与学员和志愿者进行**有效沟通**，快速做出反馈、调整，保障活动效果最大化，使 JA 成为 CNU 的精品项目，深得学生好评和喜爱
- 获得良好的**协调能力、沟通能力、商业理念、服务精神**
- 获 2006 年北京高校秋学期 JA 优秀校园大使称号（1/25）

图 5.5

7. 奖励情况

图 5.6 为个人简介中的奖励情况板块的案例。

- ×××大学一等奖学金　两次(2/30)
- ×××大学三好学生　两次(2/30)

图 5.6

8. 英语水平、计算机及专业技能

以下为个人简历中关于英语水平、计算机及专业技能的描述。

掌握技术：Web标准前端设计（XHTML及CSS代码可通过W3C校验）、DIV＋CSS布局、Photoshop平面设计、jQuery、Javascript、CSS Sprites、页面设计、简单的HTML5以及CSS3、简单SEO优化、简单Flash设计，J2EE、J2SE、ASP.NET、SQL Server等后台开发技术。

特长：绘画（手绘、数码绘画、绘画作品博客：http://narutosun2.blog.163.com/）

9. 其他个人信息

（1）兴趣爱好和求职方向一致。

（2）爱好不宜写得太多。

（3）自我评价：一般不建议写，除非有要求。

五、人职匹配模型

图5.7为人职匹配模型图。

这个求职模型说明什么问题呢？说明企业需要的不一定是最优秀的大学生，但一定是最适合他们的。

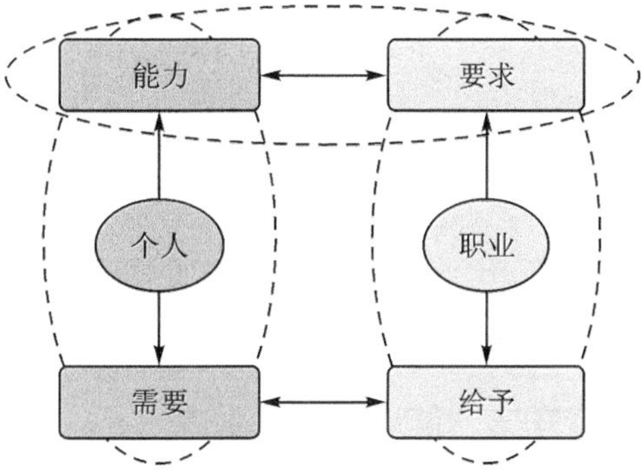

图 5.7

每个人都有自己的期待和愿望，但这份期待和愿望一定要匹配企业的要求。例如，你具备的教育背景、学习成绩、学习经历、项目经历、社会实践经历、个人技能能够满足企业的需求，同时企业提供的待遇基本能够满足你的要求，就容易双向选择成功。因此，我们在设计和制作简历时一定要做到真实、独特、具有相关性和简洁明了。在描述社会实践和工作经历以及其他获奖情况时不能简单描述，而要用关键词、行为词、数字和结果说话。

六、简历检查与评估

简历制作完成了以后一定要反复检查和仔细阅读，一定要让简历信息准确、语言通顺、结构合理、重点突出、描述精练、爽心悦目。

要检查联系方式如邮箱、QQ、手机号码等信息是否有误，

版式、字体是否整齐美观，

打印整体效果是否美观，

重点是否突出，岗位是否匹配，

要站在面试官的角度来审核和检查。

第二节　求职信撰写技巧

求职信，也叫自荐信(Cover Letter)。求职邮件中除有应聘职位、毕业学校、姓名、电话等信息外，还应有一封求职信。有了求职信在一定程度上会增加 HR 的好感和情感热度。因此，当你用电子邮件发送求职简历时附上一封求职信，会为你的应聘带来好运。

一、作　用

争取面试机会。

二、提　醒

求职信不等于重复简历。

三、结　构

一般采用三段式。第一段开门见山表明自己的求职意愿；第二段是求职信的核心，描述自己与职位相关的优势及工作经历；第三段请求对方阅读自己的简历，给予面试机会。

注意：开头一定要简洁明了，同时要展现出你对公司的了解和你的应聘优势。结尾段一定要简单真诚，千万不要尽管热情洋溢但却让人感到华而不实。

第三节　简历的投递

简历撰写完毕，经检查无误之后就可以根据招聘通知进行投递了。如果是现场投递，简历一定要打印纸质版的且保持干净和整齐，仪表仪容方面还要作适当准备，具体内容将在后面的章中节进行介绍。

一、电子邮件的投送

用电子邮件投送简历时一定要仔细填写相关内容，如主题不能简单写上应聘、简历、求职等字样，而应该写上应聘职位、毕业学校、姓名、电话。正文应该将自己的求职信、简历等主要内容填写上，再以附件的形式将简历文档附上。有的同学在填写电子邮件时，只有附件，没有邮件内容，甚至连称谓都没有，这是极其不礼貌和不规范的。

电子邮件发送也有几种形式，有的是用 QQ、126、163 邮箱直接发送，而有的是用邮件客户端发送，不管用哪一种方式，发送完毕之后一定要仔细检查，看邮件是否送达对方邮箱，不能点击了发送就不管了，万一邮件因为各种原因被退回来了呢？

二、训练发电子邮件

向你的辅导员老师或者其他专业老师，就目前的学业和毕业相关事宜进行沟通，写一封完整的邮件。

称呼，应顶格书写，单独成行，以示对收信人的尊重。称呼后面要加上“:”，表示引起下文。

启辞，即正文的开场白，可向收信者问候致意，或寒暄客套，或提示写信原委等。

正文从第二行开始，前面空两个字。如果启辞单独成行，正文可在启辞的下一行空两个字开始书写，转行时顶格书写。

祝辞，即结尾时对收信人表示祝愿、钦敬或慰勉的短语，如“祝健康快乐”“即颂近安”“此致，敬礼”之类。

第四节　要善于研究招聘信息

好工作不仅要找，还要善于研究。我们很多同学不善于研究招聘信息，不善于去分析招聘信息里面包括的信息密码，由此失去很多机会。其实，只要自己的知识和技能过硬、品质优秀，没有理由实现不了自己的理想。因此，我们要善于研究招聘信息。

一个著名的职业顾问认为，有一个合理的职业规划，更有助于大学生求职，可以有效地避免因为频繁换工作带来的负面影响。所以我们第一步要做的就是确定好自己的发展方向或适合职位。说白了就是要求同学们在投递简历之前应该认真分析一下用人单位的招聘要求，看看这些信息与自己的职业发展方向及兴趣、能力是否吻合。如果是抱着“随便找到一个先做着，不行再换一个的心态”，对自己和公司来说都是不负责任的做法。方向不对，努力白费，而且还会导致很多大学生频繁地更换工作岗位，不能专注于自己擅长的领域。

一、确定方向，合理定位

在各大求职招聘网的首页上搜索 IT 公司的“市场部”岗位，在搜索中摘录一个招聘信息，请看他们对职位的要求：

① 具有丰富的市场营销经验，善于沟通，有良好的文字及语言表达能力；

② 对市场营销工作有一定认知；

③ 有较强的市场感知能力、敏锐地把握市场动态与方向的能力；

④ 负责公司的市场拓展、活动策划和文案策划工作，挖掘新的市场机会，促进销售目标的实现；

⑤ 出色的人际沟通能力、团队建设能力、组织开拓能力。

⑥ 深入分析渠道和客户特征，有针对性地提出提升方案；

⑦ 新市场、新机会可行性研究、探索和跟进，包括新老产品的市场拓展；

⑧ 配合其他部门的相关工作；

⑨ 责任心强、工作态度积极端正，能承受一定的工作压力。

多年从事招聘的职业顾问给了当代大学生一个很好的建议，即招聘方的职位要求虽然是一个相对广泛的内容框架，却是学子们写简历的最好参考和模板。因为，他有什么样的需求，我就根据他的需要去准备。所以，简历屡投不中或者不知道如何写简历的同学可以参考招聘公司的职位要求，把自己符合的条件优先列举出来，再根据主次和优秀顺序进行一一呈现。

二、主动谋划，分析职位

很多用人单位的招聘条件看起来非常吓人，似乎高不可攀，但是如果细分下来，你会发现并没有那么难。只要认真努力准备，也许你也可以实现。所有的用人需求都能够按照需要被分为三个层次：

1. 知　识

应聘者所需要的人文常识、专业知识和行业知识。

2. 技　能

应聘者所需要的相关技能和通用能力。

3. 才　干

应聘者所需要的相关的才干、气质、品质。

(一) 招聘分析

对第一小节“确定方向，合理定位”中的招聘要求进行分析，可以进行以下思路拓展：

1. 知识要求

招聘职位要求的“对市场营销有一定的认识”，可以通过网课或者急训来弥补。

2. 技能要求

招聘职位要求的技能和素养包括人际沟通、团队建设、组织开拓、提升方案、分析渠道与客户特征、可行性研究、市场拓展、协作配合等。这些技能和素养，当过学生干部的同学是可以在短时间内弥补上的。

3. 才干要求

招聘职位对才干的要求包括市场感知力、把握市场动态与方向、责任心、积极乐观、承受压力等。

(二) 知识部分

这部分是最容易快速弥补的！大部分的非研究型岗位都不会对专业知识有相当明确的要求，因为工作会教你的东西，你在大学里永远学不会。如果这个方面有所欠缺，你要做的事情就是，在求职前弥补。

企业的产品、企业的文化、经营模式、最近的目标、最近的行动与策略可以通过学习相关的行业网站、论坛、专业书籍等来弥补。

以前面那个职位为例，“对市场营销有一定认识”估计也就是一本书、几个博客，再泡一段时间论坛可以做到了。另外，在网站下载一些“渠道分析表”“可行性研究报告”也会让你有所了解。

很多人都是在临面试前把这一部分弥补上去的。

（三）技能方面

大部分工作都要求有工作经验，其实就是要求有相关的技能。这也许会让你感到郁闷——如果我有工作经验，就不会找不到工作了。没有工作，哪里来的工作经验呢？其实不然，技能有一个学名，叫作“可迁移技能”，也就是说，你的很多技能方面的东西，可以迁移到未来新的工作中去。

比如说，如果你在学校组织过活动，那么你就拥有了“组织开拓、配合、团队合作能力”，也许你还可以有一些“人际沟通”能力。如果你在学校通过和企业的合作达成了一些赞助项目，那么这也是“市场开拓能力”与“预算能力”的一种。在学校里面的科研活动也可以帮助提高“分析能力”。

简单来说，其实每一个人都相应地拥有这些技能，只是需要你去发掘与匹配。

（四）才干方面

其实才干才是企业选择的重点，如这个人有什么核心的品格，有没有与企业相关的气质，做市场的有没有冲劲，做研发的是否细心，做行政的有没有责任心等。这些都会在面试环节重点考察。尤其如果你在自我评价这里写上了超过 10 项“个人评价”（其实就是品格）的话，比如：“勤奋、热心、团结、团队精神、负责任、有毅力、团结同学、有耐力”，基本上这样的就会被淘汰掉，因为你描绘的是中国五千年来最完美的人格，估计孔夫子也就这个级别。那样只会让企业质疑你前面罗列出来的所有内容。

对于才干，短期其实很难培养出来，更多的需要自我发现与自我寻找。所以与其在求职环节希望培养自己的才干，不如发掘与定位自己的才干。

另外还有一个相对取巧的方式：其实企业无法评价你的才干，只能评价你当下的表现，也就是你的心态。企业也无法评价你的心态，只能看你现在的行为。如果你现在实在不具有相关的才干，那么一定要表明自己在短期内会表现出来这样的才干。这样才能让企业对你未来的才干有一个预期。

第五节 真实案例参考

一、应聘高校职位的简历

1. 应聘高校职位的简历一

自 荐 信

尊敬的领导：

您好！

我本科毕业于西南师范大学计算机与信息科学学院教育技术专业，现在于四川师范大学计算机科学学院教育技术专业攻读硕士研究生，研究方向为数字媒体技术与艺术。十分高兴地得知贵校招聘教育技术教学科研人员。我具备了学院的各项要求，希望加入学院与学院共同攀登事业的巅峰！

在专业学习上，我勤奋努力，脚踏实地。有扎实的教育技术理论，熟练掌握了摄录编、非线性编辑、三维动画制作、平面设计、网站设计、网络技术、办公软件等专业技术。同时具备了广告创意和文案的基本能力。科研方面，我发表了三篇学术论文，参研了三个科研项目。

在社会实践上，我积极进取，开拓创新。我积极参加各种素质拓展活动，本科期间曾多次参加我校网络教育学院的网络资源开发工作，曾担任班级组织委员，曾发起并组织同学创办了"西南师范大学学生演讲与辩论协会"，并担任协会秘书长。参与了重庆数字电视汽摩频道的《汽摩万花筒》节目的制作（该频道是全国唯一国家批准的，做有关汽车和摩托车的数字电视频道）。另外，我还参加了全国大学生电子设计大赛，并获奖。研究生学习期间，我广泛参加社会实践，曾在成都电视台新闻综合频道《金秋生活》周末版节目参与节目摄像与制作；曾到四川省雅安市天全县教育局挂职锻炼，任教育局局长助理一职；参加了四川省委组织部选调生考试，报考雅安市雨城区职位，进入面试前八名；加入全国高校摄影协会和四川省高校摄影协会。

简历及相关材料均已附上，最后衷心感谢您在百忙中阅读此信。祝您身体健康，万事胜意！

此致

敬礼！

自荐：××××

20××年××月

个 人 简 历

个人简介	联系方式
姓名：×××	
生日：1981 年×月×日	电话：028—8476 ××××

籍贯：四川××　　　　　　　　　　手机：13×××××××××

专业：教育技术学　　　　　　　　邮箱：zh××_543@yahoo.com.cn

　　　数字媒体技术与艺术方向

政治面貌：预备党员

教育背景：

2001年9月—2005年6月 本科就读于西南师范大学计算机与信息科学学院教育技术系，获得理学学士学位

2005年9月至今于四川师范大学计算机科学学院攻读硕士学位，研究方向为数字媒体技术与艺术

英语能力：能阅读和翻译本专业的外文资料，具有较好的英语听说读写基础，已经通过CET4考试、研究生学位英语考试。

实践技能：

计算机：精通Fireworks/Photoshop等平面设计软件；

熟悉3D MAX/COOL 3D等三维设计软件；

精通Microsoft Office办公软件；

具备计算机网络基本理论知识，能熟练应用Dreamweaver/Flash/Frontpage进行网页设计、网站建设；

摄录编：熟练掌握了有线电视系统、摄像、线性编辑、非线性编辑、视频特效等影视技术，有丰富的影视制作经验。

工作经历：

2003年寒假与2004年暑假 在西南师范大学网络教育学院作网络资源开发课程的教学实习；

2003年暑假在西南师范大学参加全国大学生电子设计大赛；

2004年9月1日—11月30日 在教育技术系影视制作实验室教学实习（制作数字电视节目）；

2006年9月—2006年12月 在成都电视台新闻综合频道参与《金秋生活》周末版节目的摄像与制作；

2007年3月—2007年9月 赴四川省雅安市天全县教育局挂职锻炼，担任教育局局长助理一职；

2007年10月—2007年12月 在北京博视东方广告有限公司从事广告策划和品牌营销等工作。

成绩荣誉：

2007年11月	四川师范大学优秀团员
2007年11月	“科讯杯”全国师范生DV大赛一等奖
2007年6月	四川师范大学计算机应用大赛影视作品类优秀奖

2006年11月　　四川师范大学学术论坛优秀论文一等奖

2006年11月　　四川师范大学"三好学生"，获得"优秀奖学金"

附　录：

1. 公开发表论文

(1)《浅谈网络教学的过程观》发表于《计算机科学》2006年第33卷七月专辑(第一作者，核心期刊)。

(2)《由教育技术专业学生就业现状引发的几点思考》发表于《信息技术教育研究进展(2006)》，ISBN 7-××××-3731-8/G·3369(第二作者，一般刊物)

(3)《基于结构特性分类法的学习对象设计》发表于《计算机科学》2007年第34卷7月专辑(第二作者，核心期刊)。

2. 制作影视节目

序　号	作品名称	类　型	主要工作	用　途
1	《筷乐民肴》	广告宣传片	策划、摄像、编导	用于户外广告媒体播放
2	《非线性波动系统的适定性与孤立子》	专题片	策划、摄像、编导	用于课题展示，成果汇报
3	《长岛咖啡》	广告片	摄像、编导	广告宣传
4	《夜·锦》	艺术片	导演、编剧	参加全国师范生DV大赛获一等奖
5	《用爱心铸就一个天堂》	纪录片	摄像、剪辑	参加全国师范生DV大赛
6	《二郎山下教育之歌》	专题片	策划、编导	宣传片

3. 参与的科研项目

(1) 参与教育部—微软(中国)"携手助学"合作项目《应用信息技术促进教育均衡发展 推动中国农村基础教育跨越式发展》之子项目"农村初中学生信息素养发展策略研究"，2006年7月赴云南腾冲第八中学进行调查研究。

(2) 参与博士基金项目《西部少数民族地区汉字教学与信息技术整合》，2007年6月在阿坝若尔盖县唐克乡开展相关教学实验。

(3) 参与校级科研攻关项目《攀枝花市矿区道路视频监控系统设计研究》，2007年9月负责设计该项目的具体实施方案，负责实验的开展以及数据处理和报告的提交。

4. 制作网站

(1) 电子科技大学《五人制足球》精品课程网站；

(2) 四川邮电职业技术学院《通信电缆线路》精品课程网站；

(3) 博视东方广告公司网站；

(4) 唐克九年一贯制学校网站(http://www.tangkexx.cn/)；

(5) 西南师范大学《地理信息系统》网络教学网站。

部分作品截图

金秋生活
周末版

夜·锦
黑夜给了我们黑色的眼睛
我们却用它寻找光明……

领味者
中式营养快餐

用爱心
铸就一个天堂
关注西部民族教育

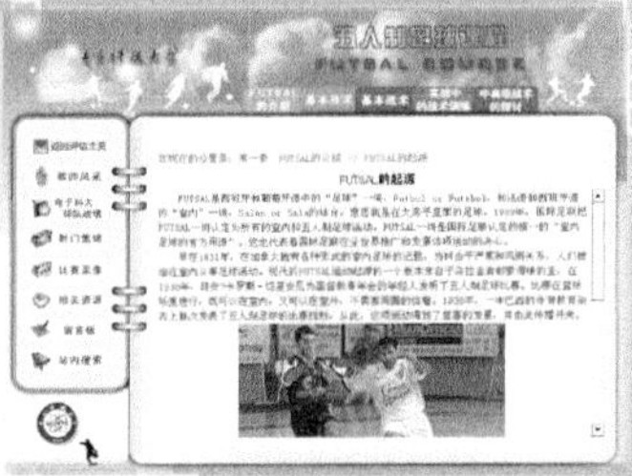
FUTSAL COURSE
FUTSAL的起源

二郎山下教育之歌
四川省天全县人民政府

长情是岛
凝爱为岛
——长岛咖啡
Long island Coffee

学生管理

2. 应聘高校职位简历二

自 荐 信

尊敬的院领导：

您好！

我叫×××，女，汉族，现年 25 岁。2006 年毕业于吉林艺术学院动画学院（本科）。我于同年 2 月由学校推荐并考入中兴通信公司任职至今。目前在中兴通信成都研究所任设计总监及 GUI（手持设备终端和嵌入式软件的视觉界面）交互设计师。

中兴通信公司是与华为齐名的知名企业。我一到公司就受到领导的赏识，领导把我安排在成都研究所消费电子开发部，主攻 GUI（手持设备终端和嵌入式软件的视觉界面）设计开发。由于业务熟练，工作勤奋，任劳任怨，在实习 3 个月后破格转正。工作中参与了与中国移动定制的迎奥运手机游戏——《拳击》《象棋》《奥运百宝箱》，以及《蜀山奇侠》下载类游戏设计等。

2006 年 10 月至 2007 年 2 月受公司委派，我作为一名技术指导教师到南昌中兴通信研究所给 200 多名新老员工进行技术培训。培训中不但自己的专业水平得到了提高，更使我懂得不但自己要会专业技术，更重要的是怎样把自己所学传授于人。短短几个月中我独立完成了 WinCE 智能学习机与 T2158 手机的 GUI 设计和 ID 设计。

同年 3 月回到成都研究所后，先后独立制作了 WinCE 智能终端手机平台 A85、大众机型 M10，M11，M112 的 ID 设计与 GUI 设计及游戏设定。这些机型在海外市场得到了很好的销售与反响，并且得到国外运营商的一致称赞。

2008 年 1 月至 2 月研发了 909CE 高端智能手机、M31 音乐手机、M112 升级版本，独立完成 GUI 设计与游戏设计。6 月至 9 月调至深圳总部参与制作中国移动定制 S701 电视手机、M412 儿童机、M431 大众中老年人机的 ID 外观设计与 GUI 设计及游戏设定。

从大学到工作的实践，对于动画专业知识有了较深入的了解，我的研究方向是手机游戏动画设定与 GUI 设计，主要研究 GUI 交互设计与手机动画设计，对于手持设备终端和嵌入式软件的视觉界面有了一定的研究。熟练掌握二维动画技法、运动规律、原画技法等，自认为理论上能清晰表达，技术上能熟练操作。我还利用业余时间进行了三维动画软件的自修，已经基本掌握三维基础的建模、基本工业造型设计与三维基础的动画。

本人目前的研究方向为 GUI 的交互设计与手机游戏设计。随着中国 IT 产业、移动通信产业和家电产业的迅猛发展，由个性的衍变而对产品所产生的价值及内涵，将是 IT 产品个性发展特征。因此它为动画就业者提供了大量的就业方向，如全面的软件界面设计、专业图标设计、手机界面设计、PDA 界面设计、MP3 界面设计、MP4 界面设计、掌上多媒体播放器界面设计、掌上学习机界面设计、网站界面设计、数字电视界面设计、电子显示屏终端界面设计、产品包装设计、宣传册彩页等设计。而手机游戏更注重的是原画设计、动画运动规律、人物和场景的设计。这样对将来转入 PC 游戏设计起到关键性作用。

由于艺术生英语和数学是个薄弱环节，所以现在正在积极复习英语、政治和数学，准备考研，提高自己的学历水平。

从学校步入社会，是机会更是挑战，三年的工作是理论和实践的升华，在实践中使我对动漫专业更加热爱，特别是我在南昌的培训中使我更懂得教书育人的真正含义。通过综合考虑，我愿改行从事教育，并自荐到贵校从事动漫专业教师工作。愿用自己的努力与汗水为贵校的建设与发展奉献绵薄之力！

感谢您在百忙之中看我的材料，静候回音！

此致

敬礼！

自荐人：×××

个人简历

姓名	×××	性别	女	民族	汉族	
出生年月	1983 年 10 月	工作经验	3 年	联系电话	1590813××××	
学历	本科	专业	动漫	毕业学校	吉林艺术学院	
住址	四川成都					
电子信箱	liu. x×××@ztenc. com. cn					
联系方式：	QQ:3123456					

技能专长：

1. 熟练使用 Photoshop、Illustrator、Coreldraw、After Effects、Premiere、RETAS 等绘图及影视制作软件；
2. 扎实的美术功底与色彩感，丰富的想象力和原创力；
3. 擅长平面设计、动画设计；
4. 对审美有自己独特的见解与认识；
5. 善于与团队进行良好的沟通与合作。

主修课程：

素描、色彩、速写

动画运动规律、动画技法

人物设定

原动画技法、场景设计、短片创作

熟悉软件：

熟练使用 Photoshop、Illustrator、Coreldraw、After Effects、Premiere、RETAS 等绘图影视制作软件与后期合成软件

工作经历：

2006/2 至今	公司名称：中兴通信 工作种类：GUI 设计、手机游戏设计 工作描述： 2006 年 2 月进入中兴软件。 1. 开始制作手机游戏——《拳击》《象棋》《奥运百宝箱》等一些手机游戏。在游戏团队中当任人物设定，原画和场景设计。 2. 从 2006 年 9 月开始，由于中兴领导的市场决策，从手机游戏转做工业外观设计。参与设计了公司的第一款 WinCE 智能学习机的工业外观设计，也就是后来的 T2158 状元堂学习手机，并且包括学习机和 T2158 的所有的界面和图标设计，以及学习机和 T2158 里的小游戏。 3. 2007 年 3 月开始，自主研发 WinCE 智能高端手机 A85，再次承担 A85 的全部 GUI 设计，也再次参与手机的 ID 外观设计。 4. 2007 年 6 月开始，再次独立制作设计公司的大众机型 M10 手机的 GUI 设计以及手机游戏的制作。 5. 2007 年 8 月开始，公司的 M11 手机开始启动。这次开始独立地制作 M11 的 ID 外观设计以及 M11 的整个 GUI 设计，并且获得客户的认同。 6. 同年 10 月开始，M12 在市场销售极好的情况下公司开始制作 M11 的升级版本 M112。本人再次负责整体的 GUI 和手机游戏的设定与制作。目前 M11 和 M112 在国外销售极好，国外运营商也十分看好。 7. 2008 年开始，公司全面转向了与中国移动的合作，制作中国移动的定制机，M412 儿童机，所有的 GUI 设计和游戏设定，M431 的老人机所有的 GUI 和游戏制作。中国移动现在的定制图标都是由我们设计完成的。

研究方向：

GUI 的交互设计
手机游戏设计

自我概述：

丰富的阅历塑造了年轻的我：开朗的性格，扎实的专业基础，强烈的上进心和求知欲，良好的动手能力，较高的艺术修养；语言表达能力强并善于与人沟通交流，强烈的集体荣誉感和敬业精神；具有较强的创新精神。

获奖情况：

在 2002—2003、2004—2005 学年度两次荣获“干部工作突出奖”
在 2003—2004、2005—2006 学年度因表现突出两次被评为“优秀团干”
在 2005—2006 学年被评为“三好学生”称号
在 2006 年参加中国移动首届原创手机动漫大赛优秀奖

竞聘单位感慨：

走进×××，层层叠叠的名花古树，捧书而行的学子身影，才思敏捷的思想交锋随处可见可闻。背靠苍茫巍峨的黄瓜山，前依波光潋滟的卫星湖。仁者乐山，智者乐水。这里钟灵毓秀，人杰地灵。大理石上镌刻的校训“××××”，隽永深邃，令人顿受感染，灰色系建筑色调与自然环境和谐一体；学位帽造型的灯饰，“文理”声母“WL”造型的廊桥；简朴而富有蕴意的艺术符号，雕塑成围墙，与校园小景、勤学身影，时空交错，纵横结合，象征着追求教育进步的神圣而责无旁贷的使命；以二十四节气命名的道路、独具匠心的方位辨识与传统节令有机交融，“寒、热、凉、温”的区分使人联想到“辛、甘、酸、苦”人生品尝；节气更替提醒莘莘学子珍惜大好求学时光。亭廊、湖泊、楼宇馆所的命名引经据典，不仅丰富了文化象征意义，更营造了一种氛围，让人流连忘返，于潜移默化中受到启发。

冰心曾说：“成功的花，人们只惊慕它现时的明艳，然而当初的芽儿浸透了奋斗的泪水，洒遍了牺牲的血雨。”如果我能来到贵校从事教育工作，我愿用自己的努力与汗水为贵校的建设与发展奉献绵薄之力，用自己的知识去教书育人，与文理同发展、共进步。既然选择了教师这个职业，我就会无怨无悔，去追求属于自己的灿烂的人生。追风赶月向未来，春华秋实在文理。站在新起点上，继往开来的××××明天一定会更加灿烂辉煌！

二、各种参考简历模板

1. 专业简历一

个人简历				
姓　名	×××	性　别	男	
出生年月	1988.10.25	户　籍	安徽巢湖	
学　历	大专	毕业院校	安徽财贸职业学院	
专　业	软件技术	移动电话	13739211111	
联系地址	安徽财贸职业学院	电子邮件	Weidcp@163.com	
政治面貌	中共预备党员	婚姻状况	未婚	

【求职意向】

工作性质	全职	目标职能	.NET 程序员

【教育背景】

2007/9—2009/12	安徽财贸职业学院	软件技术

【主修课程/IT 技能】

技能名称	使用时间	熟练程度
SQL Server	24 个月	熟练
Windows develop.NET	18 个月	熟练
Windows develop C#	18 个月	熟练
Windows develop Java	18 个月	熟练

Dreamweaver	18 个月	良好
HTML	18 个月	良好
Visio	6 个月	一般
Flash	6 个月	一般

【获证情况】
安徽财贸职业学院毕业证书
2010 年安徽省高校优秀毕业生
2008—2009 年度安徽财贸职业学院“国家励志奖学金”“二等奖学金”“三好学生”“三号学生标兵”“优秀学生干部”
2007—2008 年度安徽财贸职业学院“优秀团员”“单项积极分子”
北大青鸟 APTECH“初级程序员、程序员、软件工程师”资格证书
国家劳动和社会保障部的“计算机操作员”资格证书
【自我评价】
1. 我个人热爱软件事业，对 IT 领域的软件开发和设计工作有浓厚的兴趣，能承受较大的工作压力； 2. 具有很强的团队精神，有良好的组织、协调和沟通能力，有强烈的集体荣誉感； 3. 自学能力强，喜欢钻研新技术，敢于面对和克服困难； 4. 有比较强的动手能力，勇于面对困难和挑战，有很好的分析问题与解决问题的能力； 5. 工作认真负责，积极上进，能够吃苦耐劳，有良好的职业素质

【项目经验】	
在线考试系统：	
开发周期	2009/09—2009/11
软件环境	Windows XP，PC 机
开发工具	Visual Studio 2008，SQL Server 2005，Dreamweaver，Visio
项目描述	安徽财贸职业学院在线考试系统是使用计算机来代替人工完成考试中需要完成的一系列任务，达到考试智能化。系统实现了如下功能： 1. 根据不同角色登录和验证。 2. 考生信息管理。 3. 试题库管理：管理各种题型，试题的录入、查询、编辑、删除等。其中对试题的管理需要根据命题人对其管理，这里涉及到权限；试题的查询可以根据多个条件或单个条件等查询；删除试题功能可以实现批量删除和单个删除等等。 4. 试卷管理。 5. 在线考试。 6. 自动阅卷。 7. 综合查阅。 8. 公告管理：考试公告主要是为考试中一些基本信息提供了信息发布和管理的平台

项目技术	项目基于.NET平台,B/S模式开发,采用Asp.net,IIS,Ajax,xml,treeview等技术,同时系统采用3层架构设计:表示层、业务逻辑层、数据访问层,外加公共类和实体类。 1. 表示层离用户最近,用于显示数据和接受用户输入的数据,为用户提供一种交互式操作界面,使用了母版页技术,使用AJAX技术实现无刷新提交。 2. 业务逻辑层是表示层和数据访问层之间的一座桥梁,具体如下: (1) 根据业务规则对数据进行加工和处理。 (2) 与相邻的表示层和数据访问层进行数据交换。 3. 数据访问层主要实现对数据的保存和读取操作,数据访问,可以访问关系数据库、文本文件或是xml文档等
责任描述	1. 担任小组项目经理领导项目的全过程,编写项目文档。 2. 负责模块的设计、系统功能的设计、数据库设计、任务分配、进度控制、代码整合以及部分功能实现
【综合技能】	
职业技能	.NET方面: 1. 熟练使用三层架构下的编程开发,在已经参加开发的项目多次使用到MVC模式、抽象工厂模式等多种设计模式。 2. 熟练使用缓存技术,提高性能。 3. 熟练使用基于Web的性能测试,提高性能和程序稳定性。 4. 熟练使用VS 2005/VS2008等开发工具。 5. 熟练使用Ajax,熟悉相关技术xml,javascript, xmlHttpRequest,treeview,能用ajax实现MVC框架,以及自定义实现ajax框架。 6. 熟练掌握sql2005数据库的操作,能熟练使用sql2005进行系统开发

2. 专业简历二

个人简历				
姓　名	××	性　别	男	
出生年月	×××××××	户　籍	××××	
学　历	本科	毕业院校	长沙理工大学	
工作时间	一年半	专　业	计算机科学与技术	
健康状况	良好	移动电话	×××××××××××	
联系地址	北京	电子邮件		
【自我评价】				
1. 本人热爱软件事业,对IT领域的软件开发和设计工作有浓厚的兴趣,能承受较大的工作压力; 2. 具有很强的团队精神,有良好的组织、协调和沟通能力,有强烈的集体荣誉感; 3. 自学能力强,喜欢钻研新技术,敢于面对和克服困难; 4. 有比较强的动手能力,勇于面对困难和挑战,有很好的分析问题与解决问题的能力; 5. 工作认真负责,积极上进,能够吃苦耐劳,有良好的职业素质				

【求职意向】			
工作性质	全职	目标地点	北京
目标职能	JAVA 软件工程师	薪酬待遇	面议
【教育背景】			
2001/8—2005/6	长沙理工大学	计算机科学与技术	
【获证情况】			
长沙理工大学毕业证书			
国家劳动和社会保障部的"软件工程师"资格证书			
【工作经验】			
2005/7—2006/12	公司名称:长沙×××有限公司 职位:JAVA 软件工程师		
【项目经验】			
1. 湖南××××有限公司综合管理系统			
开发周期	2006/5—2006/10		
软件环境	Windows2000 Weblogic Oracle9i		
开发工具	Eclipse, CVS, Dreamweaver, PowerDesigner, Visio, Rational Rose		
项目描述	湖南晶鑫科技股份有限公司综合管理系统是把整个公司规范化,详细地描述了公司的详细信息以及员工的工作流程。系统实现了如下功能: 1. 公文管理:公文管理主要实现文件、信息的流转、审批、催办督办等功能,并对文件、信息处理情况提供了简单易用的实时监控机制,方便领导及时掌握工作人员的工作情况。 2. 文档管理:实现公文归档的自动化,实现规范、灵活的包括著录标引、整理、保管、统计在内的档案管理工作;针对复杂的分类和查阅权限,实现合理存取,管理的功能。 3. 人事管理:人事管理功能主要包括员工资料管理、员工薪资管理、员工考勤管理、员工权限管理、部门机构管理等人事管理的所有功能。 4. 公共信息管理:相关新闻、文档、员工论坛、资料下载等功能。 5. 日程任务管理:可以为用户提供日常工作中的约见、会议、工作任务等日程事务的记录和提醒功能。 6. 邮件管理:邮件管理主要功能是发送与接收内部邮件,发送与接收外部邮件。 7. 会议管理:会议以及会议室的安排,及时公布会议通知。 8. 系统管理:系统管理员对数据库和用户进行管理,如设置用户,分配权限、职能、人员信息表,统计重要数据等。 9. 公告管理:部门公告主要是为用户单位的内部部门提供了信息发布和管理的平台,用于发布机构内部的消息通知、情报通知、公告、规章制度、员工守则、工作安排等信息,供企业或单位内部所有人员进行查阅和学习		

项目技术	项目基于 J2EE 平台和 B/S 模式开发，采用 Struts，Hibernate，Spring，Ajax，xml 等技术，同时系统采用 7 层架构设计：Web 层、控制转发层、DTO 层、服务层、DAO 层、持久化层和数据库层。 1. 系统大量采用抽象工厂模式、装饰者模式、代理模式、门面模式等设计模式，并把 Spring 的 AOP 思想合理地在日志处理和系统异常处理过程中使用，使用 Dom4j 进行 xml 解析，使用 Log4j 实现日志管理。 2. Web 层使用 Struts 框架，配合使用 JSTL 元素，使用 AJAX 技术实现无刷新提交。 3. 控制转发层扩展 Struts 框架的 Action 设计理念，同时使用 Spring 来管理所有的 Action，使用 Spring 的核心技术 IOC 可以很好地控制 Action 的生命周期以及各种服务的注入关系。 4. DTO 层设计中 DTO、VO、POJO 的相互拷贝通过 BeanUtils 包来实现，解决数据传输过程中各层之间数据耦合紧密的问题，从而能更大程度地实现编程思想中各模块或层之间松散耦合的目标 5. 服务层沿用代理设计模式来实现，系统的服务层以下随时可以更换，甚至可以考虑用 EJB 来做业务逻辑实现，同时通过 Spring 的托管机制可以和 DAO 层无缝耦合起来。 6. DAO 层使用抽象工厂模式和外观模式，同时使用 Spring 提供的 Hibernate 模板和 Hibernate API 访问持久层，这样可以进一步解耦，在系统查询模块处大量使用正则表达式来查询操作。 7. 持久层使用轻量级框架技术 Hibernate 来实现 ORM 处理，同时使用 Spring 容器来管理持久层，通过 Spring 提供的 HibernateTemplate 和 Hiberante API 可以很好地解决代码的重复冗余问题
责任描述	参与系统部分需求的分析和部分文档的编写，以及系统管理和文档管理代码的编写
2. ××××工厂用料管理及库存预警系统	
开发周期	2005/11—2006/4
软件环境	Windows 2000 Tomcat Oracle8i
开发工具	JBuilder，CVS，Dreamweaver，PowerDesigner，Visio，Rational Rose
项目描述	南方摩托 331 工厂用料管理及库存预警系统实现了对南方摩托 331 工厂用料的入库和出库管理，以及当入库和出库量超出了限制，系统会及时地发短信给管理人员以使其采取一定的措施进行详细的处理。 主要功能模块： ① 项目大致分为指标设置、规则设置、预警生成、预警派单、预警报告、预警查询、预警流程、用料信息管理、用料及库存查询统计、用料入库出库流程、字典管理、系统管理等模块。 ② 提供用料的入库出库的基本流程管理查询。 ③ 通过设置库存中某项用料的匮乏值来生成预警。 ④ 提供用料基本情况和流程的报表生成、查询以及导入导出功能。 ⑤ 提供解决预警的基本流程管理。 ⑥ 支持用料及库存的字典设置。 ⑦ 系统提供了系统的后台的权限以及系统设置功能

项目技术	1. 系统分为表现层、控制层、逻辑层、DAO层和最终数据库五层架构。 2. 系统中大量采用了代理模式、门面模式、模板模式等经典设计模式。 3. 系统通过POI实现EXCEL导入导出功能、通过osworkflow实现工作流平台、Quartz调度作业计划、log4j记录系统日值等。 4. 系统大量采用了AJAX来开发前台,jdbc来实现后台报表以节省性能
责任描述	负责字典管理、系统管理这两个模块的代码实现、AJAX前台开发
×××网上购物平台	
开发周期	2005/7—2005/10
软件环境	Windows2000 Tomcat Microsoft SQLServer2000
开发工具	Eclipse, CVS,Dreamweaver,PowerDesigner,Visio
项目描述	该项目主要为天天商城提供了一套网上购物平台。为了顺应电子商务模式的兴起,构建一个网上选择商品与购买商品的中心平台,将互联网应用层的各种增值应用汇接到本平台上来,依托本平台实现了网上购物与网上支付等多项功能。 主要功能模块: 1. 天天管理模块:用户管理,权限管理,角色管理。 2. 商品浏览模块:最新商品发布,商品价格查看,商品详细信息管理。 3. 购物模块:模拟真实购物场景实现网上购物功能。 4. 商品管理模块:实现了商品的入库、商品删除、商品修改等功能。 5. 商品递送模块:通过邮寄,EMS,专人快递等方式实现了网上支付,网下交易从而保证在网上订购的商品能够及时交付给客户。 6. 会员留言模块:客户对商品的反馈信息,以及客户要求订购的新商品信息。 7. 商品销售统计模块:对网上交易的商品进行统计,对统计结果进行分析,根据结果采取相关措施对网上商品进行适当的调整
项目技术	系统采用B/S模式来实现,WEB层使用jsp技术,控制转发层使用自定义的Servlet来控制整个系统的业务逻辑流程,业务逻辑层使用轻量级的Java Bean,通过JDBC操作数据库
责任描述	协助数据库的设计,天天管理模块,商品浏览模块
【综合技能】	
职业技能	1. 熟练使用jsp,servlet,jstl,jdbc下的编程开发,在已经参加开发的项目多次使用到DAO模式、DTO模式、抽象工厂模式、单例模式、装饰者模式、外观模式等多种设计模式。 2. 熟练使用Struts,Jsf框架技术,能熟练与其他轻量级框架(Hibernate,Spring)进行组合开发。 3. 熟练使用Hibernate框架,对其ORM实现原理有较深刻的理解,能够熟练运用Hibernate技术进行持久层的开发,并能够根据Hibernate技术对系统进行适度的优化从而达到最好的运行效率。 4. 熟练使用Eclipse,JBuilder2005等IDE开发工具,熟练掌握Tomcat,Weblogic等Web容器以及J2ee容器的配置以及部署,能够使用Junit进行单元测试。

职业技能	5. 熟练使用 Ajax，熟悉 dwr 框架其相关技术 xml、javascript、DHTML、json、xmlHttpRequest。能用 ajax 实现 MVC 框架，以及自定义实现 ajax 框架。 6. 熟练掌握 oracle 数据库的操作，能熟练使用 sql2000 和 mysql 进行系统开发。能使用 PowerDesigner 进行数据库建模和开发。 7. 熟悉 Spring 的依赖注入机制，能够熟练运用 Spring 进行多层体系架构的设计，理解 Spring 的 AOP 设计思想，并能通过 Spring 进行 Web 系统的声明式事务管理，并能通过 Spring 管理 Struts 和用 Hibernate 进行 Web 开发。 8. 熟悉 EJB 三大组件(会话 bean，实体 bean，消息驱动 bean)，熟悉 EJB3.0 规范

第6章

职场礼仪——求职沟通的纽带

中国是礼仪之邦，最讲规则和仪式，早在周朝就形成了天下大同与和而不同的思想。礼仪也是调节人与人之间的关系的润滑剂，有了礼仪，沟通就能顺畅。作为即将走出校门的大学生应该掌握一些基本的社交礼仪，特别是职场求职礼仪和交际规则，这有助于我们顺利进入职场，有助于给面试官留下良好的第一印象。有了礼仪，别人才会称赞我们懂规矩，才能在待人接物和为人处世中有自己良好的表现，才能成为一个新时代的大学生。

一、礼仪的基本概念

何为“礼仪”？所谓礼仪，即是人们在交流交往中的一种实用艺术和方法，或者是形式、规则、约定、社会秩序等。跟礼相关的有礼仪、礼节、礼貌等三个常用的词语。礼仪是对礼节、仪式的统称。礼节是指在交际场合中用于表示尊重、友好的形式。礼貌是在一般人际交流交往中所表现出来的谦虚和恭敬以及敬畏之心。简而言之，礼就是尊重(规则)，仪就是表达尊重的形式。

礼仪在内容上主要由礼仪主体、客体、媒体、环境等方面的因素来反映。主体主要是礼仪的实施对象和操作对象，既可以是个人，也可以是组织群体。客体，当然是对象，具体的指向者和承受者，既可以是人，也可以是物，可以是物质的，也可以是精神的。媒体，主要是指媒介，即载体，达到形式和内容的有机统一。环境，即是场合。

礼仪在现代社会中是一个人综合素质的反映，更是个人道德修养的集中体现。因此，一定要加强礼仪知识的学习，实现从内心的认可到外在的表现。

有关专家研究发现：人际交往中，第一印象是非常重要的。第一印象中的55%来自哪里呢？来自包括你的发型、衣着、饰品、仪态、礼貌礼节等在内的外在形象和内在素养。

二、礼仪的分类

根据礼仪内容要素，可以将礼仪分成政务礼仪、商务礼仪、服务礼仪、社交礼仪、国际礼仪等类别。

政务礼仪，即公务员礼仪，指公务员在执行国家公务时应当遵守的礼仪规范。

商务礼仪，主要是指公司、企业的从业人员以及其他一切从事经济活动的人士，在经济往来中应当遵守的礼仪。

服务礼仪，各行各业的从业人员在自己的工作岗位上应当遵守的职业规范和交往礼仪。

社交礼仪，也叫交往礼仪，指一般性日常交际应酬之中应当遵守的规则和形式。

国际礼仪，也叫涉外礼仪，指在国际交往中同外国人打交道时应当遵守的礼仪和规范。

礼仪是综合反映，求职礼仪应该属于以上社交礼仪的一种。求职礼仪是求职者在求职应聘时必须熟练掌握的交际规则。

职场礼仪是职业化的标志，好的礼仪给自己信心、给客户信任，是职业发展的基础。

职场礼仪是打开人际关系的钥匙，是个人素质的体现、公司素质的体现、尊重别人的体现、赢得尊重的法宝。

这些形式和规则是十分重要的，我们先提几个问题，请大家参与回答。

两个人相遇时握手，谁应先伸手？打电话时应怎么称呼对方，怎么接，谁先挂呢？

要对方电话等基本信息时怎么要方便呢？小车的座位哪个最重要？大家看看这些问题，似乎平时我们都没有注意到这些细节，但往往这些细节却反映和展现了一个人的职业素养和个人修养。有一句话叫作“教养体现细节、细节决定成败”。

三、仪表仪容

礼仪是形式和内容的有机统一，形式也是十分重要的。一个人的仪表仪容也是礼仪的一部分，很难想象在现代生活中一个不注重自己的形象的人能在社会交往中给别人留下好的印象。一个人不仅要有内在的素养，还要注重自己的形象和仪表仪容，这样才能给别人留下好的印象。因此，加强对仪表仪容的学习和了解十分必要。

（一）仪　表

人的外部轮廓、容貌、表情举止、服饰等给人的总体印象和感觉，也即是人的外观形象。仪表呈现给我们的有两个方面：一是静态的，如年龄、身高、体型、性别等。二是动态的，如人的行为举止和语言、表情等。

1. 仪表的要求

（1）整洁。一个人的穿戴要整齐、洁净，特别是脸一定要干净。

（2）自然。看起来不是刻意打扮的，要自然清爽。

（3）互动。所谓互动指的是自己的打扮和美丽形象要能够被别人接受和认可，而不是让别人看起来不舒服。

2. 仪表的要点

一是要注意容貌的修饰和适当的化妆。我们经常说，女大学生一定要学会化妆，因为适当的淡妆能给人一种美的享受，也是对别人的尊敬，还能帮自己树立良好的形象。二要注意言行举止，特别要注意表情。谈吐显示了一个人的文化修养和教养。

你说什么话，就是什么人，你是什么人，就会用什么样的世界观看人，你看到的世界就是什么样，包括你看到的人。因此大学生在举手投足、言谈举止和一颦一笑之间应有一个基本的规范和度，以真实自然为宜，不宜刻意做作。

(二)仪　容

仪容主要针对的是脸部，即人的容貌，在社会交往中应注意以下几个方面：

1. 发　型

头发是每个人的制高点，比较容易引起别人注意，发型是第二容易被重视的点。头发和发型很重要，对头发的基本要求是干净而整洁，其次要做到不染浅色、多色、条纹等怪异颜色。头发的长短要适当。概括而言就是整洁、规范、长度适中、款式适合。

2. 面　部

面部是最易被人注意的部位，看人一般就是首先看脸部。因此面部很重要，对面部的最基本的要求是清洁。男士们不应让自己胡子拉碴；女士面部化妆不宜过分浓艳，头发的长短要适当。不管是男士还是女士，对于面部都要做到：无疮破，干净，不能有多余的毛发。

3. 口　部

在交流谈话中要做到无异味、无异物、无异响，否则会让人感觉不雅观，甚至让人失去交谈的兴趣。对葱、姜、蒜等刺激性菜品过敏者要特别注意：一般不要吃，若吃了出门前要检查一下是否还存在异味，若有则可以适当喷一些爽口水。

4. 服　饰

佛靠金装，人靠衣装；三分长相，七分打扮。这些俗语说明了穿衣打扮对一个人的重要性。穿着打扮更体现出一个人的教养和品味。因为服饰是社会生活中自我定位的手段；服饰反映出一个人的职业、年龄、地位；服饰反映着一个人的修养、性格、情绪；公司对员工服饰礼仪有基本的要求。服饰搭配有“三色”原则与“三一”定律的说法。“三色”很好理解，就是全身衣服的颜色不能超过三种，否则会让人感觉太跳和太乱；“三一”定律指的是穿西服套装时，鞋子、腰带、公文包应为同一颜色。在正规场合，男性一定要穿西服套装，而且西服上衣左袖袖口上的商标应拆下，上衣的口袋里不要放置任何东西。“三色”原则和“三一”定律是穿西服套装最重要的规则。当然现在很多学生都不穿西装，也不带公文包，取而代之的是双肩包和其他流行款式的包具。不管怎样，穿衣服始终体现一个人的精神面貌和精气神，求职着装一定要遵循四大原则：符合身份、扬长避短、遵守惯例、区分场合。

5. 化　妆

对于女生而言，适当的淡妆是合适的。淡淡的妆扮是对别人的一种尊重和礼貌，是对自己的一种修饰，有利于提高精气神，树立良好形象，从而给自己增加信心。对男士只要适当整理头发、保持面部整洁，看起来精神就可以了，不宜像女生一样去精心打扮。化妆主要涉及美容、美发、护肤、增香等方面。很多大学生还不太清楚化妆有哪些要素。这里简单罗列一些，供参考：

美容：唇彩、指甲油、胭脂、睫毛膏、腮红。

美发：洗、剪、理、吹、梳、烫、染、造型等。

护肤：养颜、除皱、祛斑、防晒、美白。

去味增香：香水、爽口液。

基本要求是做到协调自然和恰到好处。

四、举止礼仪

举止是指人的动作和表情，也可以叫行为举止。在日常生活中，人的一抬手一投足、一颦一笑，都可概括为举止。举止也泛指一个行为人在特定场合的各种活动中较稳定的礼仪行为。男性应有“阳刚之美”，但“刚”不等于“野”，“刚”不等于冒失。女性应有“优雅之美”，仪态大方，但不可轻佻。

（一）站　姿

“立如松”，像青松一般端直挺拔。男子站立的要领：挺胸、收腹、梗颈。女子站立的要领：上半身挺直，肩膀要平，收腹，不翘臀部（见图 6.1 和图 6.2）。

图 6.1

图 6.2

（二）坐　姿

“坐如钟”，坐时要像钟一样，给人端正稳重之感。上半身挺直，下巴内收，脖子挺直，两肩放松，胸部挺起，背部和臀部成一直角，双膝并拢，双手自然地放在双膝上，或放在椅子扶手上。谈话时可以侧坐，上体与腿同时转向一侧。正面对坐会有压迫感，应稍为偏斜，轻松自然（见图 6.3）。

（三）走　姿

“行如风”，行走时要如风行水上，轻快自然。脚尖向着正前方，脚跟先落地，脚掌紧跟着落地，膝盖和脚踝富有弹性，肩膀、手臂自然摆动，走路要有韵律，给人矫健轻快、从容不迫的动态美。步态的美与否，主要由步度和步位决定，走姿要领：轻而稳，胸要挺，头抬起，两眼平视前方，步度和步位合乎标准（见图 6.4）。

图 6.3

图 6.4

(四) 不良举止

你是否有这些不良的举止？搔头皮、掏耳朵、抠鼻子、咬指甲、手指在桌子上乱写乱画、双手抱头、摆弄手指、手插口袋、开会时手机未处于静音状态、讲话声音影响他人、随地吐痰、随手乱扔垃圾、坐下来时抖腿等。

(五) 应聘举止礼仪

现代人不管是商务活动，还是私人活动，都应该事先预约，让预约成为一种习惯和品德。因此，第一步是预约和在约定的时间内到达指定地点。守时是求职者应该遵守的第一规则。到达指定地点后，按照以下要求进行。

首先是敲门。应将右手握成半拳状，用中指轻轻敲门，得到对方许可后方可进入；或者是当被叫到名字时，以爽朗的声音应答再重复前面的程序。

其次进门时要打招呼。走进办公室时，应抬头、挺胸、面带微笑，目光注视考官，不瞻前顾后，不左顾右盼。男士要步伐矫健、端庄、自然、大方，给人以沉着、稳重、勇敢、无畏的印象；女士要步伐轻盈、敏捷，给人以轻巧、欢悦、柔和之感。走到考官面前，应亲切地道一声“您好”，若主考官站起来与你握手，你应热情地把手伸过去与之相握。然后站直身子，精神饱满，面带微笑，挺胸收腹，两脚并齐，双臂自然下垂或交叉于体前，两腿靠拢，像松树一样伟岸挺拔，这样可以使男士显得刚毅洒脱、舒展大方，女士显得婷立端庄、秀丽俊美。

再次是落座。当主考官示意坐下时，方可坐下，不可一进来就坐下。就座后，可适当调整坐姿，坐姿对一个人的心理影响很大，若是直背靠椅，那是比较理想的，应轻轻坐下，上身正直，微向前倾，目光注视主考官的眼部和脸部，以示尊重，双手放在扶手上或交叉于腹前，双腿自然变曲并拢，双脚平落地面。若是软绵绵的沙发靠椅，则应尽量控制自己,不要陷下去,要挺腰坐直,全神贯注地面对考官。不要弓腰曲背,抓耳挠腮,高跷“二郎腿”,女士忌双腿分开。身体各部位都不要抖动,要很稳重地坐在主考官面前,接受他对你的全方位考察。

最后是递交资料。当需递交个人资料时,应站起身双手捧上,表现出大方、谦逊和尊敬。面试结束时,应道声“谢谢”,站起身走到门前,再转身微笑地道一声“再见”,把美好的印象留给考官。

五、交际礼仪

马克思说过:“人是社会关系的总和,我们总是要和我们赖以生存的环境和人在一起交流交往的。”如果没有交往,我们岂不是脱离社会了。因此,我们每个人,特别是即将走出校门的大学生一定要加强交流交往,有了交往就可以增进学习、生存和发展,甚至带来快乐。但在交往过程中要遵循一定的原则和技巧,这就是我们要掌握的内容。

(一) 称　呼

称呼是社会交往中最重要的第一步,万事开头难,往往有了准确恰当且热情的称呼,后面的交往也就顺利多了。称呼既要做到积极主动,也要做到恰当准确,否则的话给别人留下深刻的第一印象就可能不好了。

俗话说:“十里不同风,百里不同俗。”每个地方都有特别的称呼和表达方式,但在现代交往中一般要遵循合乎常规、照顾习惯和入乡随俗的原则。

1. 工作中的称呼

在工作场合一定要体现出庄重、正式和规范性。一般有职务性称呼、职称性称呼、学衔性称呼以及行业性称呼。职务性称呼:部长、经理、书记、主任等,可以直接称呼,也可以加姓,一般不用全名,全名一般用于非常正式的场合和书面介绍时。职称性称呼如教授、律师、工程师、教练员、技术员等。学衔性称呼如博士、硕士、学士等,现在的硕士比较普遍,因此一般是博士才这么叫。

2. 普通场合的称呼

一般,成年的男性可以称呼为先生,结婚的女性可以称女士或者夫人,未婚的女性可称为小姐。

(二) 介　绍

在商务活动和社会交往中,最多的活动之一就是介绍,介绍有自我介绍、他人介绍和介绍他人等几种情况。

1. 自我介绍

自我介绍在现代商务活动中是不可避免的,而且根据场合、时机、事宜不同应进行不同类型和形式的自我介绍。如求职时招聘官叫你作一分钟自我介绍,这个时候则要在短短 60 秒内展现出自己最基本的情况和最大的优势。有时候一句话就可以完成自我介绍，如多人在一起的交流时可以这样介绍："大家好，我是×××公司的工程师，我来负责洽谈和撰写贵公司软件开发的需求分析报告。"同时应注意到：介绍时应把姓、名并提，还可简短说明自己的单位、职务等，内容应简洁明确，以免使客户不耐烦；忌自吹自擂，以免让客户反感；忌过分随便，以免让客户戒备；假如了解对方的一些基本情况，则可以利用一些技巧来赢得客户的注意和好感，以迅速打开局面。

2. 介绍他人

需要介绍他人的场合比较多，如报告会、讲座之前一般都要对主讲人作介绍，这时的介绍要求比较长且能够对报告的情况概括得比较全面，氛围营造感强。另外，还有交往中的介绍，如把甲介绍给乙，把乙介绍给丙等。那么当有领导、长者或者不同身份和尊卑的人在一起时该如何作介绍呢？这里有几点要注意，如果是正式会议场合肯定是依次介绍受尊者，即当场活动中最受尊敬或职务最高者。如果是生活交往中，则按照"尊者优先"原则进行，即把职位低的介绍给受尊者。

(三) 握　手

1. 操作要领

保持距离，上身略前倾，伸右手，拇指分开，四指并拢；眼睛注视对方，用手指稍用力握住对方的手掌；手指微向内曲，掌心凹陷；握手的时间约为 3 秒；握手力度要适中；如果与标准方式有异，便可能产生附加意义。这里强调一下谁先伸手的问题，即握手遵循"尊者优先"原则。

上下级之间：上级伸手后，下级才能伸手相握。长辈与晚辈之间：长辈伸出手后，晚辈才能伸手相握。男女之间：女士伸出手后，男士才能伸手相握。人们应该站着或两个人都坐着握手。如果你坐着，有人走来和你握手，你必须站起来。握手时间以 3 秒钟为宜，匆匆握一下就松手，是在敷衍；长久地握着不放，又未免让人尴尬。

2. 握手的禁忌

勿用左手；勿用脏手；勿戴手套；勿心不在焉；避免交叉握手；不要拒绝别人的握手。

(四) 名片礼仪

1. 名片的典型作用

结识新朋友时，递上一枚名片，起自我介绍作用；拜访陌生人或长辈时，递上名片作为通报之用；名片还有类似广告的作用，使他人对自己从事的业务有所了解。

2. 递送名片礼仪

双手捧交，眼睛应注视对方，面带微笑，并说"请多关照"一类的话，注意将文字正向朝向对方，例如，"张经理，您好！我是重庆文理学院的余老师，负责学生团学和招生就业工作。请问我们可以谈谈吗？这是我的名片，我们交换一下联系方式吧。"

3. 接收名片礼仪

双手捧接，并道谢。接过名片后要仔细看一遍，可以有意识地读出对方的姓名与职务，以示仰慕。绝不能单手接名片，也不能不看一眼就塞入衣袋，更不能往裤袋里塞。如需将他人递上来的名片暂时放在桌子上,一定不要在它上面乱放其他东西。

(五) 通信礼仪

现代社会离不开通信工具,在用通信工具进行交流沟通时也要遵守一定的礼仪和规范。与我们大学生相关的通信礼仪主要涉及电话、微信、书信、短信、邮件等几种形式。下面介绍与电话、微信、电子邮件等相关的礼仪要求。

1. 电话礼仪

接打电话时的语气、态度、表情、举止等会影响正常的交流和沟通,甚至破坏自己的形象。因此在接打电话时要注意时间的选择、空间的选择、通话的长度等因素。同时也要做到有重要的电话要列提纲,事先做好准备,内容要简明扼要、清楚明了,在接电话的同时要注意对方的反应,要适可而止,不能一个人讲个不停。接电话时响铃不应超过三声,不要随便让人代你接听电话。不宜打电话的时间段:用餐时间、早晨7点以前、晚上21点之后、中午午休时间,公务电话不宜在周末和8小时之外拨打。

2. 短信微信礼仪

短信的使用已逐渐在减少,但仍然有人在使用。有的同学在发短信祝福的时候只有内容,没有称谓和落款,让人不知这条短信是发给谁的,也不知道是谁发来的。那样就没有达到目的。短信虽短,但一定要完整,特别是正式的短信一定要做到完整无误,即要有称谓、问候语、主体内容、发送人姓名等,切忌群发和抄袭网络短信,语言要谦虚、有亲和力、委婉。

3. 电子邮件礼仪

电子邮件,也是信件的另外一种形式,而且具有法律作用。因此对正式的电子邮件一定不能掉以轻心,更不能随便发送,要做到像纸质信件一样完整无误。特别是要注意收件箱地址不要写错、要有邮件的主题,而且要合理,内容要完整,重要邮件还要附上文件,甚至要求对方阅读后回复。

(六) 座次礼仪

座次,即坐位的前后和先后顺序。在社会交往中主要有会议座次、饭桌座次、乘车座次等。根据大学生社会交往的需要,我们重点讲解会议座牌次序和乘车座次序等。

1. 会议座次

正式的会议都会摆放座牌,但这个座牌的摆法是有很大讲究的,主要根据会议内容和环境而定。如果是一般大会,有主席台的会议座次牌的摆法主要根据主席台的人数而定。当主席台上的人数为奇数时,将1号嘉宾安排在最中间的位置,其他的人以1号嘉宾为中心,2号嘉宾在1号领导左手位置,3号嘉宾在1号领导右手位置,左右左右排列,中共中央政治局常委在十六届四中全会的座次排列图如图6.5所示。

如果主席台就座嘉宾人数为偶数,则先确定中心位置的两位人选,也就是1号嘉宾和2号嘉宾同时居中,2号嘉宾依然在1号嘉宾左手位置,3号嘉宾依然在1号嘉

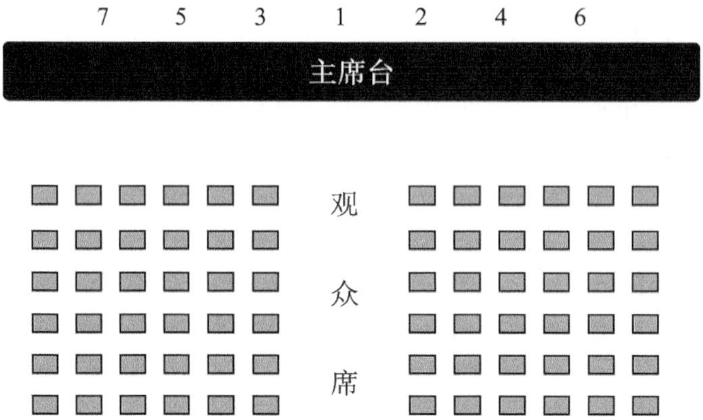

图 6.5　主席台嘉宾人数为奇数

宾右手位置，然后依次排列，如图 6.6 所示。

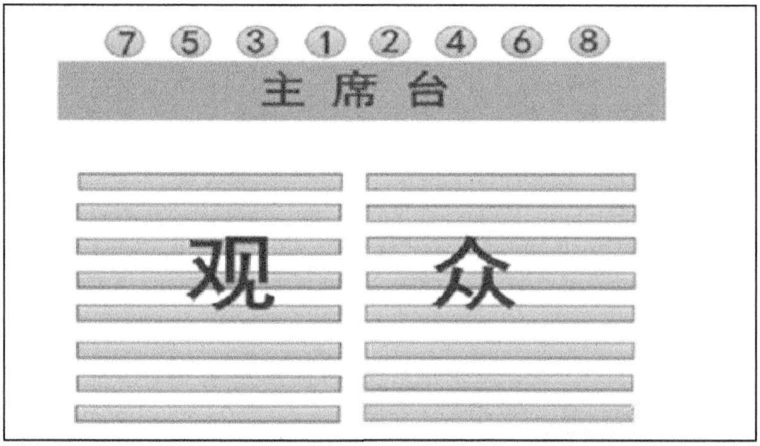

图 6.6　主席台嘉宾人数为偶数

如果是交流互访的会议，则座次牌的摆法略有不同，但主要摆放原则仍然不变。我们一般都是使用国际惯例，左为大，左高右低，如图 6.7 所示。

2. 乘车礼仪

乘车还有礼仪吗？显然是有的，曾经看到有的同学与领导或老师在一起乘车时，不管三七二十一就先坐到自己喜欢的位置上了。但如果是与自己的领导和客人在一起也如此的话，就显得不那么符合礼数了。在商务活动中，乘车时有几个原则："四个为尊"，即客人为尊、长者为尊、领导为尊、女士为尊，此四类人应为上座；"三个为上"是方便为上、安全为上、尊重为上，以这三个原则安排座次，其中"尊重为上"原则最重要。那到底应该怎么坐位置呢？就一般小车而言，正位置是后右一，其次是后左一，再次才是前排司机旁边。但这个位置也不是绝对的，如果在生活中驾驶员本身就是领导，那显然驾驶员旁边的位置就是一号嘉宾应该坐的。请看图 6.8 中的两幅图。

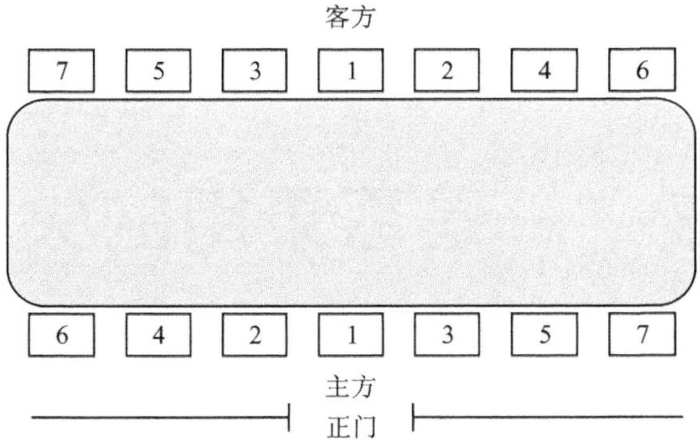

图 6.7　交流互访的座次牌

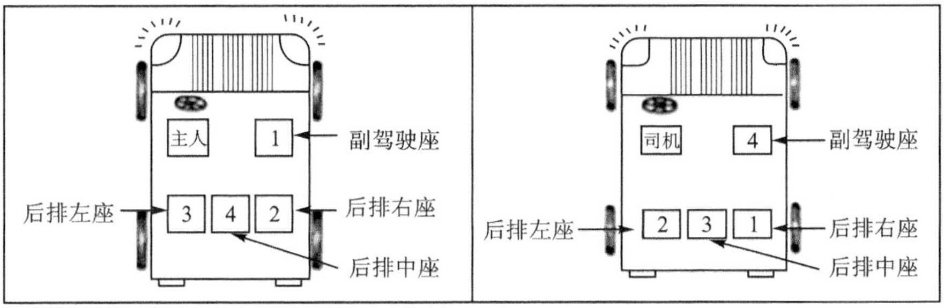

主人驾驶座次尊卑顺序　　专职司机驾驶座次尊卑顺序

图 6.8　乘车座次

礼仪体现个人素养，是职业人的必备技能，学会了一定的礼仪知识就要去用，用了才能改变自己。礼仪在外是形象，在内是素养，二合一才是真正的有礼貌、有教养。

第 7 章

面试考核——是否录用的关键

机会是留给有准备的人的，幸运绝非偶然。理想的工作和岗位来源于机遇，更来源于自己多年精心的准备和有目标地勤奋学习及努力奋斗。人各有不同，不同的人具备的能力和擅长的方面是不一样的。在经过了投递简历、笔试等程序之后，最后就进入了录用前的最后一关——面试环节。可见这一关是至关重要的，如果这一关没有表现好，前面的努力就可能白费。因此通过学习和掌握一定的面试知识和技巧，能够帮助应聘者顺利地过关斩将，直至取得 Offer。

一、面试框架模型与内容

面试就是面对面的考试，以交流、对话、展示等为主，主要考查求职者的仪表风度、应变能力、交流沟通、价值观、求职动机与心态、工作态度与责任心、基础知识、专业知识与岗位胜任力等方面的内容。

（一）面试框架

图 7.1 为面试框架图，它很好地说明了求职方与招聘方的实际情况。知己知彼方能百战不殆。我们在求职面试之前一定要做到心中有数，能够尽可能地了解对方的情况，若不能的话，至少要对自己的情况比较清楚，知道自己的特长、优点、不足以及最喜欢的岗位等。

■ Why you?

◆ 我有什么企业需要的能力?
◆ 我有什么企业需要的特长?
◆ 我有什么性格特征?
◆ 为什么是我，而不是别人?

我们为什么要选择你?

■ Why us?

◆ 这个企业有什么业务?
◆ 他们喜欢什么样的人?企业文化有哪些?
◆ 他们的晋升道路是怎么样的?
◆ 为什么是这个企业而不是其他企业?

你为什么要来我们公司?

图 7.1

(二) 面试内容

1. 仪表仪容

一个人的仪表和仪容是很重要的,这里面包含了太多的信息,如身高、体重、外貌、气色、精神面貌、衣着以及言行举止等。人们往往说第一印象很重要,第一印象好了,以后很多事情都相对容易。但这第一印象往往来自人的仪表和仪容也就是穿着打扮以及个人的风度和气质。因此,在整个面试过程中,求职者都要做到仪表端庄、穿戴整洁、谈吐优雅、举止得体。

2. 交流沟通能力

交流和沟通能力是现代社会中最重要的一项能力,因为交流和沟通无时不在。交流和沟通能力主要包括口头表达能力、聊天交流的能力以及沟通交往的能力。表面上看是一个人的口头表达能力的反映,实际上体现的还是一个人的思维、价值观、道德认知以及对事物的判断等方面。

3. 反应与应变能力

在面试过程中有时候面试官会提出一些难以回答的问题,或本身没有正确答案的问题,其目的就是要考查求职者的反应能力和应变能力。这种能力在于应对突发事件时的机智敏捷度和处理得是否恰当、妥帖等方面。

4. 工作态度

有句话叫态度决定一切,细节决定成败。不管做什么事情,一个人的态度都是至关重要的,只有态度端正了,才可能把事情做好。求职者对工作的态度是企业决定是否录用他的关键指标之一,主要包括求职者的工作态度、责任心、上进心、进取心、求职动机、价值观、个人情绪管控等方面。

5. 岗位胜任力

我想每一个企业都是要招聘符合岗位需求和公司发展需要的人。因此,在符合企业基本要求的基础之上,更要招聘能够胜任工作岗位的求职者,主要涉及学习能力、专业知识、专业技能、专业实践经验经历以及个人潜力等方面的内容。

二、面试前的准备

不打无准备之仗,大学生要重视每一场面试工作,否则就会影响自己的录用结果。在面试之前要做哪些准备呢?主要应从以下几个方面去准备:

(一) 心理准备

1. 保持积极的心理状态

① 保持充足的信心;

② 具有竞争的意识;

③ 具有顽强的意志。

2. 克服消极的心理状态(三种表现)

(1) 消除恐惧心理:

恐惧对于任何人来说都是有的，只是表现的程度不同，主要有群体恐惧、陌生恐惧和不够自信引起的恐惧。可以通过以下办法来消除：

- 穿上得体的服装并进行简单的打扮以此来提高自信心。
- 不断地深呼吸能使你增添勇气。
- 亲切有神地与对方进行目光交流，消除紧张情绪。
- 公开说出自己的紧张，让对方帮你放松。
- 发现对方的弱点，减轻心理压力。

（2）消除自卑心理：

一般人都会有不够自信的时候，但关键是不能一直自卑下去。可以通过以下方法来克服。

以勤补拙：知道自己在某方面有缺陷，就要下功夫去弥补。一个热爱生活的人，就应该用自己辛勤的汗水去换取你所希望的一切。

扬长避短：人的缺陷是可以改变的，关键在于愿不愿意改变。只要下决心，讲究科学的方法，选择适合自己的奋斗目标，自卑的人会逐渐变成自信的人。

（3）消除怯场心理：

实践证明在面试时如果心情过分紧张和焦虑，就会导致感觉的敏锐性下降，知识、技能的记忆力受阻，注意力集中不起来，从而影响自己原有的状态和能力发挥的心理现象。因此一定要消除怯场的不利心理因素，正确地看待面试，即使面试失误，但“榜上无名，脚下有路”。面试时应略提早到场，在场外安静地休息，放松自己；努力形成考前的良好竞技状态，保证必要的运动、休息、文化娱乐时间；掌握正确的应试方法，熟悉不同题型的要求和回答技巧。倘若在面试过程中怯场，最好是转移注意力。

几点体会：盯住对方的眼睛讲话，如果对方回避你的目光，说明你比他更坚强。在陌生人面前，你不了解对方，但同时对方也不了解你，要充分意识到自己的有利条件，不可妄自菲薄。

（三）仪表仪容

面试的前一天晚上一定要早点睡觉，这样会有一个好的精神面貌和状态。出门前最好是在镜子前照一照，检查一下自己的衣着打扮等是否得体、是否干净整洁，自己是否看起来有精神。

（四）再次了解公司的基本情况

把公司的基本情况（管理模式、核心文化等）、岗位要求、条件以及自己的工作思路等再复习一次。公司联系人、地址、门牌号等信息再作核实。睡个好觉，切记不能迟到，应提前或准时到达，做好准备。

（五）自我情况的再次确认

1. 简历再次确认

检查一下简历是否有针对性，是否拿错，是否有错别字、排版不规范等小错误，是否很好地反映了自己的特长和优势等。

2. 证明自己的能力和岗位胜任

回顾你学习或工作中学到的相关技能和你是报考职位的最佳人选的理由，再看看个人的简历。同时再将各种证书原件或复印件准备一份。各种作品处理成易于现场观看或演示的文稿，可以是纸质的也可以是电子的，纸质的一定要清晰可见，电子的一定要能够展示播放，如果条件允许可以带一个 iPad，便于展示。

（六）自我介绍再次熟记

自我介绍很简单，但却不被很多人重视。大多数人都是随意介绍或者千篇一律，没有新意。但不管怎样，总体要做到简单、清楚、明了、符合招聘方的需求。作为大学生可以准备一分钟自我介绍、三分钟自我介绍、五分钟自我介绍等，一句话或者一分钟自我介绍用的场合最多，如各种会议、面试求职，等等。这就要求求职者能够高度概括和提炼自己的基本信息，使之精练流畅，与招聘方的要求契合度高。大体思路是：我是谁，来自哪里，会做什么，有哪些经历，有什么成绩，应聘什么岗位，有什么希望等内容。三分钟自我介绍和五分钟自我介绍均是对一分种自我介绍的延伸和详细介绍。只要有了一分钟自我介绍的基础和核心内容，其实是可以扩充的。自我介绍是经过拟稿、修改、背稿三步形成的，当它被我们记在大脑中后，以后不管碰到什么场合，我们都可以根据需要随时从大脑里提炼出来适当临时加工一下就行了。

注意：时间是 1～3 分钟。

内容：基本情况（我是谁）、特长（我能做什么）、工作经历等。

技巧：扬长避短，实事求是，自圆其说，与单位的需求相吻合。

方法：书面拟定好之后，背诵一个短的自我介绍和一个长的自我介绍，以用于各种场合，最好先演练。

案例：一份参加求职比赛的自我介绍，供参考

自我介绍

各位面试官你们好，我是来自重庆文理学院软件工程学院 2011 级对日软件一班的×××。我应聘的职位是行政专员。

我的籍贯是江西景德镇，不过我从小生长在红色革命圣地陕西延安，这使得我既有着北方姑娘的大气豪爽也不乏南方姑娘的温婉细腻。我认为从小到大的干部经历无疑是使我向行政方面靠拢的先行条件。我觉得我一定适合这个岗位的理由有三。

1. 熟悉业务，清楚程序。在我担任校学生会办公室负责人的这段时间，我负责整个办公室的日常工作。包括审核校政各二级学院上交的文字材料、日常文件的管理、办公室行政事务的处理等。我曾拟写了让老师无从挑剔的针对学生会各部门、各二级学院的考评制度，能够熟练运用办公软件进行公文写作，练就了敏捷的思维及深厚的文字功底。

2. 经验丰富，学习力强。因为我了解到一个优秀的行政专员不仅要熟悉文字，更要有通过实践活动培养出来的高效执行力。所以也曾认真参与校中秋、迎新等各大型晚会的筹备开展工作，观摩学习过大学生成长教育、关爱女性健康等众多知识讲座、整个学期的15次周末文化广场，并与校学生会各部门及二级学院长期进行良好的沟通交流，培养了较强的交际能力、高效的执行力和团队协作能力。我曾多次担任大型场合的主持人，如在学院中秋晚会、迎新晚会、元旦晚会、圣诞晚会、2012年校学生会干部招聘会以及校级辩论赛上担任过主持人且在活动结束后荣获"优秀主持人"称号。这些经历使我对各种场合的适应能力大大增强，同时口才和胆识也得到了锻炼。我相信我能很快适应这个职位且用我的才能为贵单位创造财富！

3. 成绩优异，模范带头。大学期间，我在通过实践提升自己综合素质的同时，也拥有出色的学习成绩，我在2011年上学期期末考试中以综合成绩全专业年级第七名的成绩有幸荣获一等奖学金。学年第二学期获二等奖学金。作为团支部书记的我坚持起好模范带头作用，整学期早操和上课无任何缺勤、迟到、早退现象，还曾在教育演讲比赛中获得冠军。我成功组织了全年5次班级团组织生活，并带领班级在全年均取得80分以上的活动评分。我追求完美但不苛刻，追求效果但不过度。所以我会在该职位上严格要求自己做出应有的成绩！

人生不好古，象鼎牺樽，变为瓦缶，世道不怜才，凤毛麟角，化为尘灰。我热爱所以我适合！我可以所以我合适！我就是专员。我是董小瑜，我为行政而来。望君惜才。

三、面试中的应对

面试程序一般是，求职者先敲门，经同意后再进入，进行眼神交流和语言问候，得到允许后端正坐下，开始交流和面试，结束后要礼貌告别，用好谢谢、再见等礼貌用语。别看这只是些基本的要求和礼仪，但不一定每个大学生都能做好。因此，要掌握几种常见面试形式和应对方法。

最简单的面试就是面试官与求职者相对而坐进行一问一答，主要是通过相互的交流来了解求职者的基本情况，主要有结构化面试、电话面试、行为面试、压力面试、无领导小组讨论等几种形式。

（一）结构化面试

结构化面试是将命题、结果评定等环节均按事先制定的标准进行的程序化面试，也称标准化面试。结构化面试的特点是，通过分析得出空缺职位的胜任资格；确定可测量命题，并给出参考答案及评分标准；对所有应试者都提相同类型的问题；考官必须经过专门的挑选和培训；有统一的评分标准和评定量表。一般由多名面试官组成，其中一名是主考官，面试官中有岗位部门的负责人，也有人力资源部门的负责人，时间一般在20～60分钟。主要考核的能力有基础能力、工作胜任能力以及个性特征等三方面。

基础能力：语言表达能力、逻辑思维能力、应变能力、交流沟通能力等。

工作胜任力：专业基础知识、专业技能、专业思维、创新能力、解决问题的能力等。

个性特征：仪表仪容、气质、修养、谈吐、情绪控制、自我认知、工作态度、心态、积极性等。

结构化面试中常见的问题包括以下三类。

(1) 一般性问题：

请简单介绍一下你自己？

请评价你自己的优势和不足？

你为什么选择我们公司？

(2) 考察求职者反应能力和逻辑思维能力的问题：

一是综合分析题。主要是考当今政治、经济、重大新闻。例如：有人说“在其位，谋其政”，你对这句话是如何看待的？

二是协调处理关系题。这种题型主要是考查考生是否具备作为一名公务员在机关中处理好与领导、同事、群众之间的关系的能力。例如：领导安排你和张三共同去完成一项任务，明确由你负总责。可张三在具体操作中极不配合你，你该怎么办？

三是计划组织类题。这种题型很重要，同时也是面试题里面的难点，如果是初次接触，往往可能找不着北，答得无条理性。例如：领导准备深入某村就社会主义新农村建设现状进行调查研究，如果由你负责具体组织实施，你该如何开展工作？

四是突发事件的处理。例如：某天陪领导出差，中途车辆故障不能行走，你将如何处理？

五是连词讲故事。这种题型需要注意的是，必须讲出一个完整的故事而不只是一句话。

例如：“网络，交通，西部，窗户，阻挠”。讲出一个完整的故事，故事中出现题中所给的几个关键词，并不要求顺序。适当注意把握篇幅和答题时间即可。

(3) 专业领域内的问题：

专业领域内的问题一定要提前认真复习和准备，临时抱佛脚肯定是行不通的，平时要学习和积累。特别是专业技能，没有长期的积累，不可能在短时间内达到一定的高度和专业性。因此，不同专业的学生都应去做这方面的准备。

(二) 电话面试

在网络还未普及之前电话面试比较常见，如 2008 年爆发金融危机时为方便全国大学生寻找工作，中关村曾就启动帮助大学生就业的项目，其中一项就有电话面试。电话面试时间一般在 15～30 分钟左右。主要是了解求职者的基本情况、相关专业背景、学习实习经历以及工作岗位胜任力等。有时会提前告知，有时是突然通知。若遇到突然通知，不知如何回答的情况下，则可以告诉对方，因自己手机信号不好，五分钟之后再交流。这样就可以利用这段时间准备一下，化解紧张和仓促带来的尴尬。

（三）小组面试

小组面试就是我们常说的无领导小组讨论面试法。将多个同学（一般不超过8人）划分到一个小组，小组成员就某一个问题在规定的时间内共同讨论和解决。开始前，面试官一般都不会指定小组负责人和角色分配，每个成员处于平等状态，面试官则根据每个人在这一活动中的表现情况来决定应聘者的性格特征和适合岗位。主要有问题解决型、案例分析型、技能考查型等三种类型。

1. 问题解决型的案例

问题背景：在茫茫冰海上，一艘客船即将因触礁而沉没，在沉没前，有七个人登上了救生艇，分别是身体受伤但神志清醒的老船长、成果可促进全人类发展的科学家、患癌症晚期的老人、身怀六甲的孕妇，三个小孩的母亲、对民族有深远影响的诗人、经验丰富的老医生。

问题：这七个人在惊恐中发现，救生艇只能承受三个人的重量，如果不能在二十分钟内决定哪四个人离开，小艇就会沉没，七个人都无法生存，请你们商讨出你们认为的最合适的4人名单，并说明为什么。

2. 无领导小组面试中考查的能力状况

主要考查求职者的沟通能力、分析能力、应变能力、团队合作能力、人际影响力以及个人自信心等方面的素质。

沟通能力：主要考核应聘者的语言表达能力，能否清楚、简单明了、准确地表达，在表达过程中能否善于用肢体语言如眼神、手势、表情等一起共同协调沟通交流。是否具有主动性，能否主动打破僵局、切入话题，语言是否合理委婉、易于他人接受。同时能否主动保持倾听，能否在不同意见的交流中迅速找到平衡点，最后能否保持愉快地交流并达到交流目的。

分析能力：分析能力是一种眼力，更是一种思维能力，需要求职者一眼能够看到问题的本质和事物的实质，从而能够快速找到解决问题的思路和办法，且视角新颖、切入点合理。

应变能力：对于出现的新问题或紧急问题能否有效控制和处理，且符合团队需要，能够在目标和团队情感中找到平衡点。

团队精神：主要考核点在于是否合群，也就是能否快速融入小组讨论中，找到和逐步找到适合自己的角色并发挥优势。在自己的意见与团队大多数人不同时，能否妥协或者有理有节有据地说出自己的想法，在个人真实意见和团队目标中找到平衡点。能否尊重他人，并倾听他人的意见。

个人影响力和自信心：主要看一个团队成员能否得到大多数成员的认可和接受，提出的观点能否得到小组成员的认同，是用命令的方式去压制团队成员，还是用非常合理的方式去说明感化团队成员，能否把不同意见引向一致，发言中是否积极，是否有不同的意见。整个过程中呈现出来的精神面貌和自信心是否满足工作的需要。

3. 无领导小组面试考查评分表

表 7.1 是某公司组织的无领导小组面试考核中设置的考核项目以及评分参考标准。

表 7.1 小组面试考查评分表

序号	考核项目	权重	备注
1	口头表达能力	12	
2	逻辑与分析能力	12	
3	组织与协调能力	11	
4	积极主动性	10	
5	自信心	8	
6	说服能力	8	
7	反应灵敏性	9	
8	情绪管制与稳定性	10	
9	团队配合度	10	
10	尊重与倾听性	10	

4. 无领导小组面试的流程规则与应对策略

(1) 规则说明。一般进入此面试环节后,面试官会交代清楚大致流程及活动规则以及其他注意事项,作为团队成员一定要认真仔细聆听相关要求,否则在活动过程中会处于相对被动的局面进而影响自己水平的发挥且影响考核成绩。

(2) 自我介绍。一般在活动正式开始后由各小组成员简短地介绍自己的基本情况,主要是用于相互的了解和认识,便于开展后面的活动,同时也是为每一个应聘者提供一个展示的机会。

(3) 思考判断。经过自我介绍之后,面试官会把小组题目抛出来或者以资料的形式交给现场每位成员。拿到题目后一般会有 3～5 分钟的思考阶段。每位小组成员一定要在这 3～5 分钟内快速完成题目材料阅读、理解其本质和看到问题实质,同时要思考考核方向以及问题切入点,汇集综合以后在心中或者用笔记录下自己的核心观点和思路,便于小组讨论。

(4) 观点陈述。观点陈述环节是为了便于给团队成员相互了解各自的观点和看法,同时也是给每位成员一个充分展示的机会。在发言过程中一定要注意到表达清楚、条理清晰、逻辑正确、观点鲜明即可。

(5) 小组讨论。小组讨论是无领导小组面试的关键环节,里面涉及到角色分工和合作应对。在这个环节中,如何分工,谁来分工,分工能否得到团队成员的响应和配合,这些确实会考验团队成员的临场应变能力。一般有领导者、时间控制人员、建议者、记录员、总结人等多种角色,不管是哪一个角色都要参与到讨论中。这些角色的分工合作情况如表7.2所列。

表7.2 小组面试中分工合作表

序号	角色名称	职责描述	备注
1	领导者	确定方向、组织讨论、思路引领、协调	
2	时间控制人员	时间划分、管理进度	
3	建议者	提出建议和意见	
4	记录员	记录所有成员的观点与发言记录形成发言稿	
5	总结人	代表小组作出总体陈述和方案展示	

(6) 展示总结。就是整个讨论结束了以后,发言人在根据记录人员提供的信息,综合各方之后形成最后陈述发言材料。发言人一定要思路清晰、观点明确、考虑周全、表达准确。同时应注意到礼貌礼节,对应聘方给予感谢,对整个过程给予说明。小组其他队员则要一起仔细聆听面试官提出的问题,必要时可以给予补充和说明。

(四) 行为面试

所谓行为面试即是通过一系列基于具体行为的问题考核,主要考查求职者特定方面的素质和能力,常应用于企业,特别是外企中。主要考核面试者的领导能力、团队合作能力、分析和解决问题的能力、结构化思维能力和学习能力以及创新能力。

除了以上面试外,还有压力面试,即面试官不断提问和反复追问一个或多个问题,主要是考核面试者在高度紧张情况下的语言表达能力、逻辑思维能力以及心理素质。

四、面试后的等待和处理

(一) 礼貌地查询结果

每一个求职者面试之后都想得到结果,想知道自己是否被录用的心情是可以理解的,但是在咨询和查询结果时却要注意策略和方法,不然效果不好,会影响自己的结果。一般面试结束后最多一个星期或者15天左右均会给出消息。这段时间内应该耐心地等待,不宜过早打电话或者发邮件咨询。若过了时间仍没有消息,则可以打电话或者发邮件去咨询了解。主旨要意是重申自己对公司和岗位感兴趣,希望给予机会。把握好语言并注意礼貌,在招聘方难以决策时,你的关心和问候或许会帮助他们决策,增加入选机会。

(二) 做好再次复试的准备

有些重要岗位或关键岗位可能还有复试和与总经理的单独面试。因此,当知道通过面试后就开始了解或根据先前的日程安排做好下一阶段的准备工作,直至取得成功。

（三）心态放平，正确面对

天下没有谁是一帆风顺的。不经历风雨，怎能见彩虹？因此，当得知没有面试成功的消息后，也不要灰心气馁，应正确面对和处理，认真总结经验，争取在下次和以后的求职中取得成功。

五、面试中的常见问题

（一）个人基本信息类

请你简要介绍一下自己的基本情况（自我介绍）。你的家庭情况怎么样？你最大的优点是什么？你最大的缺点是什么？你和你室友的关系怎么样，你怎么评价他们？你喜欢班级哪一类学生，为什么？你的兴趣和爱好是什么？你有男/女朋友吗？谈过几次恋爱？

（二）教育经历

你的学习成绩在班级中的排名情况如何？你最喜欢什么样的课程？为什么？你最不喜欢什么样的课程？为什么？你除了学习以外，还参加了哪些社团和学习兴趣小组？

（三）实习经历

做过什么样的兼职？参加过哪些社会实践活动？有没有项目实践经验？担任过什么样的职务？负责什么样的工作内容？在实习中最大的收获是什么？遇到的最大困难是什么？如何克服它的？如果再遇到类似问题如何解决？

（四）职业素养

公司让你加班，你愿意吗？你缺少工作经验，如何能够胜任这份工作？如果你与上级的意见不一致，你将如何处理？你怎么看待学历不如你的人待遇还比你高？你短时间内会跳槽吗？具体专业知识和技能测试与交流……

（五）福利待遇

你对工资和福利有什么样的要求？如果有些要求不能满足，你是否愿意来公司上班？你还有什么要求和问题？

（六）职业规划

你的发展路径是怎样设计的？工作一段时间后，若工作不如意，你会中途离职去读研吗？选择一家公司你会考虑哪些因素？你为什么选择我们公司？你在哪些公司工作过？做过哪些岗位？你为什么要离开前一家公司？

六、面试注意事项

对于这些问题，大家可以事先作一些准备，也可以在网上去搜一搜，同时要注意在回答问题的过程中要做到：

(一) 形象良好、表达清晰

(1) 吐字要清楚,用词要准确。

(2) 基本的规范用语要懂:"您好!""请问是……?""麻烦了!""谢谢!""再见!"

(3) 整个过程要有素养、文雅。(感觉就是训练有素的正规军,而不是过于随意组合的"游击队")

(二) 良性地互动,有效地沟通

(1) 有问必答,但不能乱答。

(2) 诚实,知道就是知道,不知道就是不知道,可以策略性地回答,但要能自圆其说。

(3) 彬彬有礼、落落大方,得体、自信、阳光。

七、现场考核

有的招聘单位设置了现场考核的环节,如××中学招聘信息技术管理人员兼信息技术教师,要求应聘者既要有精湛的专业技术,还要有一流的讲课水平。一般采用的形式就是一场试讲、一场操作,时间不一定很长,但通过交流沟通和现场的操作演示基本上就可以决定是否录用求职者。作为计算机相关专业的学生而言,现场考核的形式就比较多了,如网络搭建、服务器配置、程序编写、前端设计等等。因此,一定要认真准备好本求职岗位的需求技能和现场演示环节。

如果没有涉及现场考核环节,作为求职者也可以创造机会,以提高竞争力和录取率。例如,准备好能够胜任岗位能力的作品和项目方案。

第8章

就业权益——职场前行的保障

如今网络招聘方式较为普遍，特别是IT相关专业基本上都是通过网络投递简历进行求职。大学生涉世未深，没有什么防范意识，又有着强烈的就业愿望和工作需求，对有的非法企业的招聘不能有效识别，很容易在求职过程中上当受骗。就业权益通俗地讲就是大学生在求职就业过程中的待遇和各种福利保障。当自己的正当合法权益受到破坏时，大学生应知道如何去维护。

一、常见招聘骗局

（一）各类收费

这类用人单位比较小，对外以刚成立、业务拓展为理由，需要大量招聘应届毕业生。大多会以交培训费、押金、手续费、押身份证等形式为由骗取大学生的钱财。

1. 还未入职就要交各类费用的张同学

张同学来自农村，家庭条件不好。张同学本人勤奋好学，在大学三年间多次获得奖学金且专业成绩和技能一向都拔尖。但眼看毕业还没有找到合适的工作，情急之下，他走街串巷，看到宣传栏张贴的招聘广告就去应聘。工作内容和工作待遇都让张同学满意，公司对张同学似乎也比较满意。第二天张同学去上班时，“经理”却告诉他：为防止人才流失和公司机密泄漏，要求张同学交500元保证金。张同学实在是需要得到这份工作，看到应聘成功的其他人员都在交纳保证金，本来就不宽裕的张同学还是从同学那里借来500元交了过去。第三天再去上班时，他发现“公司”大门紧闭，一打听才知道自己上当受骗了。

2. 高额培训费＋套路贷

目前大学生就业形势仍然比较严峻，原因是多方面的。有毕业生自己的原因，也有高校课程设置的原因，但主要还是毕业生的原因。有的用人单位联合第三方互联网金融公司和贷款公司，诱骗大学生参加各种技能培训。有的大学生因为不能还钱，出现各种难以处理的问题。也有正规的培训公司以大学生岗前职业培训为由向学生收取高额培训费，答应从工资中逐月扣除，一般与学生签订培训和就业协议。此类收费培训项目也要小心慎重选择。一定要明确培训时间、培训内容、所获技能、就业去向、就业保证等内容，以避免上当受骗。

(二) 误入传销组织，骗取家属钱财

笔者所在学校的学生曾因为求职误入传销组织，骗取家人数万元钱财，搞得家族苦不堪言。一个学生通过中介到东莞某公司上班，结果公司没有去成，却被中介引入了传销组织。第一次借故损坏公司设备要求家人打款 6 千余元到账上，第二次借故损坏别人的摩托车要求家人打款 8 千元，第三次以生病住院为由要求家里打款 1 万 5 千元，家人起初并没有在意，信以为真，东借西筹还是将款打过去了。第四次，家人正在犯难之际，恰巧碰到亲戚，亲戚就讲："小心点哟，不要进入传销组织哟！"于是家人立即报警，并告诉了学校。在学校和警方的通力配合下，终于将学生救出。

(三) 不签订劳动合同，充当廉价劳动力

有的毕业生可能觉得不签订劳动合同，想离职就离职，还自由一些。但实际上，不签订劳动合同就上班的情况，对于大学生而言是没有任何保障的，如工资、工作时长、内容以及各种福利待遇等都没有保障。这种情况主要是一些公司利用大学生求职心切或者利用大学生实习之际，经过短暂的培训之后把大学生安排到一些普通岗位，充当标准位工人，而发给大学生的工资却是实习工资，没有五险一金，不提供食宿和其他补贴。如果本身就是实习还无可厚非，但已经毕业的学生还是如此待遇，显然是不能留住大学生的。有的学生因为工作待遇等原因，工作几个月后直接离职，自己放弃劳动权利和权益。

二、就业程序

通过上面的案例和近年来的新闻报道我们知道，经常有大学生在求职就业过程中上当受骗，甚至有应聘医药代表的大学生被迫割肾的情况出现。为防止类似不良事件发生，大学生应该加强警惕性，增强防范意识，同时了解相关政策和大学生就业程序，通晓整个过程，对每一步了然于胸，只有这样才好应对和处置。

一般各高校每一届学生的就业工作会在大四的上学期开始启动，即从每年的 10 月份左右开始，一直持续到第二年的 12 月份才完全结束。有的学校会在当年的 11 月份开始安排实习，有的学校则要在大四的下学期才开始安排实习，但不管怎样就业工作已经开始。学校的就业主管部门会按照如下流程开展工作：毕业生生源情况统计—制作专业介绍，发布毕业生信息—发放推荐表和协议书—开展就业指导活动，组织校园招聘会(有的学生在校外自行求职应聘)—做好就业资料及思想准备—收集处理就业信息—应聘并签订就业协议—学生与用人单位、学校签订三方就业协议或劳动合同—学校统计学生就业去向和档案去向，以此制作就业方案初稿—毕业生资格审查—领取报到证并办理离校手续—按时到用人单位报到—办理改派手续—形成就业方案并上报教育部。

大家看到这个程序后，会看到有几个关键信息和要点：一是顺利毕业是关键，若不能毕业，不能拿到两证(毕业证、学位证)可能其他都是徒劳。二是报到证，报到证

是向用人单位报到的凭证，接收此证的单位与毕业前签订的单位相同。一般国有企业、大中型企业和机关事业单位都是需要报到证的，当然有的小微企业并不需要报到证。

三、就业协议或劳动合同

毕业生与用人单位通过双向选择达成就业意向后，均须签订《普通高等学校毕业生就业协议书》(以下简称《就业协议书》)或者劳动合同。学校根据手续完备的就业协议书或劳动合同制订就业计划，并作为毕业生派遣、户口迁移、档案转递的依据。《就业协议书》的发放对象为国家任务招收的非定向普通本、专科毕业生，其中考取研究生、专升本和未解除定向就业协议的毕业生不发放。《就业协议书》主要用于毕业生、用人单位、学校等三方，明确毕业生、用人单位、学校三方在毕业生就业工作中的权利和义务；另外，《就业协议书》主要用于毕业生介绍自身情况，并表示愿意到用人单位就业、用人单位表示愿意接收毕业生，学校同意推荐毕业生并进行派遣，毕业生到用人单位报到后其有效期就自行终止。而劳动合同是毕业生与就业单位间的协议，是不受关系和身份限制的，主要对毕业生从事何岗位、享受何种待遇等权利和义务进行规定，内容涉及劳动报酬、劳动保护、工作内容、劳动纪律等。有的同学会问，只签订劳动合同可不可以。当然可以，但是在没有正式毕业之前一般企业是不会与学生签订劳动合同的。所以三方协议就能发挥重要作用。因此，学生在毕业前一般是签订三方协议，毕业后一般是签订劳动合同。

毕业生如实填写基本情况后，将《就业协议书》交与用人单位签字、盖章，用人单位上级主管部门或地方就业主管部门盖章后，由毕业生将一式三份交回原学院签字盖章(一般推荐栏由各学院分管学生工作的院长(书记)或毕业班辅导员审核后签字并盖章)，最后一式三份交回各学校的招生就业办公室审核、盖章，纳入就业方案。

(一) 签订合同应遵循的原则

不管是签订就业协议还是劳动合同，在签订过程中都要遵循以下原则：

1. 合法合规原则

订立劳动合同时必须遵守国家的法律法规和相关政策。一是订立劳动合同的主体必须合法，作为用人单位，必须是依法成立的企业、事业单位、国家机关和社会团体以及个体经营户等用人单位；劳动者必须是具有劳动权利和劳动行为能力的公民。二是劳动合同的内容必须合法，劳动合同条款不能违反国家的法律法规和相关政策，不得违背国家利益和社会公共利益。三是劳动合同订立的形式和程序必须合法。

2. 平等自愿原则

平等主要是指当事双方在签订劳动合同时的法律地位平等，没有任何隶属关系、服从关系，用人单位与劳动者是以平等的身份订立劳动合同的。自愿是指订立劳动合同完全出于当事人自己的意志，任何一方不得将自己的意志强加给对方，也不允许第三者干涉劳动合同的订立。

（二）劳动合同必备条款

劳动合同的条款包括必备条款和约定条款两部分，其中必备条款有：一是用人单位的名称、住所和法定代表人或主要负责人；二是劳动者的姓名、住址和居民身份证或者其他有效证件号码；三是劳动合同的期限。四是工作内容。五是劳动保护和劳动条件。六是劳动报酬。七是劳动纪律。八是劳动终止的条件和违反劳动合同所承担的责任。

（三）应注意的其他方面

1. 以书面条款约定的形式确立劳动关系

《劳动合同法》规定：建立劳动关系，应当订立书面的劳动合同，如果已建立劳动关系，未同时订立书面劳动合同的，应当自用工之日起一个月内订立书面劳动合同。因为劳动合同是我们保证自己合法权益的基础，是受法律保护的。签订协议应当遵循合法公平、平等自愿、协调一致、诚实守信的原则，双方签订协议之后自毕业生到用人单位报到日即建立劳动关系。

2. 严格审核签订的合同内容

协议中可能内容复杂，约定事项较多，但是应该明确以下事项：用人单位的名称、住所、法定代表人或主要负责人；劳动者的姓名、住址和居民身份证或者其他有效身份证件号码；合同的期限；工作内容和工作地点；工作时间和休息休假安排、劳动报酬；社会保险；劳动保护、劳动条件和职业危害防护以及法律法规应当纳入劳动合同的其他事项。

3. 严格审核合同的有效性和真实性

在签订劳动合同或者在履行劳动合同的过程中，若发现实际情况与签订的内容有不一致的地方，就可能存在无效合同问题。《劳动合同法》第二十六条中规定：以下情况下劳动合同无效或者部分无效：

（1）以欺诈、胁迫的手段或者乘人之危，使对方在违背真实意愿的情况下订立或者变更劳动合同的。欺诈在现实生活中是真实存在的现象，如有个别公司虚构或者夸大了待遇和公司环境；学生伪造了学历证书或者资质证明以及工作经历等。这样签订的合同都是无效的。

（2）用人单位免除自己的法定责任，以达到规避企业责任风险、转嫁责任的目的，如对法律明确规定的福利和要求，要求毕业生自主放弃享受，否则不予录用。

4. 合同的变更、解除与终止

（1）变更。劳动合同是用人单位与应聘双方签订的劳动用工合同，若要变更当然需要双方沟通商量之后再作决断。变更之后合同双方应各执一份。

（2）解除。当签订合同之后，双方开始履行合同义务，但一方由于其他原因或事由出现提前终止劳动合同的情况，双方应本着协商沟通的原则进行处理。若是用人单位提出的，则要根据相关工资标准及合同约定进行赔偿。

四、就业权益及其保护

(一)相关法律与就业权益

与大学生就业相关的法律法规有《劳动法》《劳动合同法》《就业促进法》《劳动争议调解仲裁法》《普通高等学校毕业生就业工作暂行规定》等。

(1)《劳动法》。毕业生应着重了解平等就业和选择职业的权利、取得劳动报酬的权利、休息休假的权利、获得劳动安全卫生保护的权利、接受职业技能培训的权利、享受社会保险和福利的权利、提请劳动争议处理的权利以及法律规定的其他权利。

(2)《劳动合同法》。《劳动合同法》是《劳动法》的特别法。

(3)《就业促进法》。《就业促进法》是为了促进就业、促进经济发展与扩大就业相协调而制定的法律。《就业促进法》营造公平就业的环境,消除就业歧视,制定政策并采取措施对就业困难人员给予扶持和援助。

大学生要具备就业权益的自我保护意识,包括法律意识、契约意识、维权意识、证据意识和诚信意识。

(1)法律意识。市场经济是法制经济,毕业生就业也必须走法制化之路。

(2)契约意识。一是重视和深刻理解就业协议的重要性,有通过就业协议来保护自己合法权益的意识;二是严格遵守、履行就业协议内容的意识。

(3)维权意识。当权益受到侵犯时不要惊慌,可依靠学校、国家行政机关、新闻媒体、法律援助、司法机关维权。

(4)证据意识。一是要有收集证据的意识,即要求对方出示或者提供相关资料;二是要有保存证据的意识,以便将来在仲裁或诉讼时支持自己的观点;三是要有运用证据的意识。

(5)诚信意识。毕业生自己在求职过程中必须如实向用人单位介绍自己的情况。识别和规避企业的费用陷阱、高薪陷阱、试用期陷阱、合同陷阱。

(二)劳动争议与处理

如果在求职过程中遇到不公甚至人身伤害,或与公司发生了各种矛盾,该怎样来维护自己的合法权益呢?《劳动争议调解仲裁法》规定:发生劳动争议,当事人不愿意协商、协商不成或者达成和解协议后不履行的,可以向调解组织申请调解:不愿意调解、调解不成或者达成调解协议后不履行的,可以向劳动争议仲裁委员会申请仲裁;对仲裁裁决不服的,还可以向法院提起诉讼。因此,一般有协商、调解、仲裁、诉讼等四种途径解决劳动争议。

(1)协商。是个人与公司或工会组织或第三方协商解决处理。这种方式最简单,也最经济,直接沟通即可解决问题,但是缺少执行法律的效力。协商不成或不愿意协商的,可以申请调解或仲裁。

(2)调解。由专门的调解组织居中解决劳动争议的方式。一般由基层调解组织、劳动争议调解委员会进行调解。

(3) 仲裁。要解决劳动争议的必须程序，未经仲裁的劳动争议是不可以向人民法院提起诉讼的。一般要求仲裁人提交书面申请。对劳动争议仲裁委员会不予受理或者过期未作出处理的，申请人可以向人民法院提起诉讼。

(4) 诉讼。用人单位或个人可以就争议事件向人民法院提起诉讼。

(三) 试用期与五险一金

1. 试用期

试用期是指包括在劳动合同期限内，用人单位对劳动者是否合格进行考核，同时也是劳动者对用人单位是否符合自己要求进行考核的期限，这是一种双方双向选择的表现。试用期包含在劳动合同期限内。劳动合同仅约定试用期的，试用期不成立，该期限为劳动合同期限。

国家《劳动合同法》规定：劳动合同期限满三个月但不满一年的，试用期不得超过一个月。劳动合同期限满一年但不满三年的，试用期不得超过二个月；三年以上固定期限和无固定期限的劳动合同，试用期不得超过六个月。同一用人单位与同一劳动者只能约定一次试用期。以完成一定工作任务为期限的劳动合同或者劳动合同期限不满三个月的，不得约定试用期。

2. 五险一金

五险一金是用人单位给予劳动者的几种保障性待遇的合称，包括养老保险、医疗保险、失业保险、工伤保险、生育保险以及住房公积金。五险一金的缴费比例如表 8.1 所列。

表 8.1

费用种类	缴费比例		月薪 1 万元的缴费金额	
	单位缴费比例/%	个人缴费比例	单位缴费/元	个人缴费/元
养老保险	19	8%	1900	800
失业保险	0.8	0.2%	80	20
工伤保险	0.5	不缴费	50	0
生育保险	0.8	不缴费	80	0
医疗保险	10	2%+3	1000	203
住房公积金	12	12%	1200	1200
合计	43.1	22.2%+3	4310	2223

注：以 2016 年北京市城镇五险一金缴费标准为例。

3. 违约金

用人单位在哪些情况下可以约定违约金呢？《劳动合同法》对违约金条款给予了严格的限制，明确规定只有两种情况下可以约定违约金。一是用人单位为劳动者提供专项培训费用，对其进行专业技术培训的，可以与该劳动者订立协议，约定服务期。如果劳动者违反服务期约定，应当按照约定向用人单位支付违约金。但违约金的数额不得超过用人单位提供的培训费用。二是对负有保守商业秘密和知识产权义务的高级管理人员、高级技术人员和其他负有保密义务的人员，用人单位可以与之约定竞业限制，如劳动者违反竞业限制的约定，应当按照约定支付违约金。除这两种情况外，用人单位不得与劳动者约定由劳动者承担的违约金。

五、报到证与人事代理

（一）报到证

地方主管毕业生的部门一般是各省教育厅的大学生就业指导服务中心。毕业前夕，各高校将已就业学生数据上报主管部门，主管部门则以此制定包括就业报到证、档案管理等在内的就业方案。毕业生统一使用《全国普通高等学校本专科毕业生就业报到证》（如图 8.1 和图 8.2 所示）和《全国毕业研究生就业报到证》。未找到工作和未正常毕业的学生不得按时领取就业报到证。此证是毕业生就业派遣的正式手续，一般国有企业、大中型企业和机关事业单位都需要报到证才能正常报到工作。小型企业则不太看重此证。毕业生在受派遣后，因为特殊原因或违约不能到用人单位工作的，可以申请改派，也就是调整就业方案，重新办理相关手续。具体可登录各省教育厅就业服务网查看相关要求。一般也要毕业证、原报到证、原就业协议书、新签订协议、原解除就业证明等五个材料才可以改派。

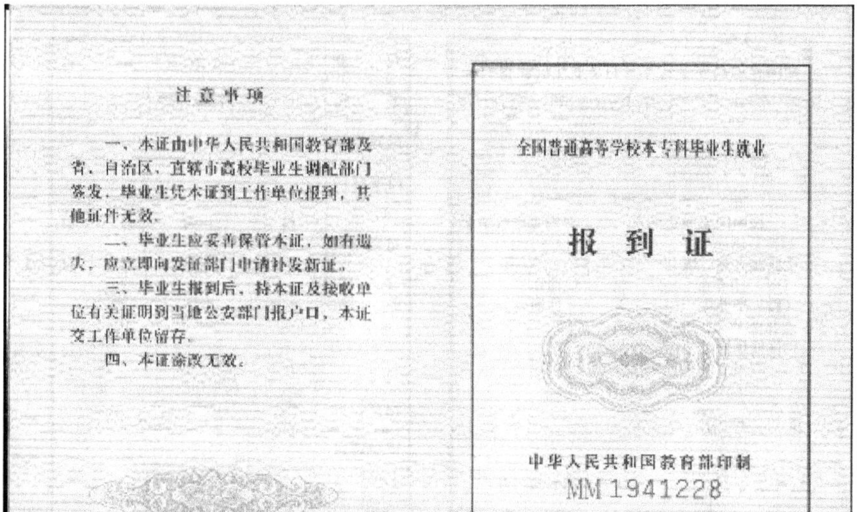

注意事项

一、本证由中华人民共和国教育部及省、自治区、直辖市高校毕业生调配部门签发，毕业生凭本证到工作单位报到，其他证件无效。

二、毕业生应妥善保管本证，如有遗失，应立即向发证部门申请补发新证。

三、毕业生报到后，持本证及接收单位有关证明到当地公安部门报户口，本证交工作单位留存。

四、本证涂改无效。

全国普通高等学校本专科毕业生就业

报到证

中华人民共和国教育部印制

MM 1941228

图 8.1

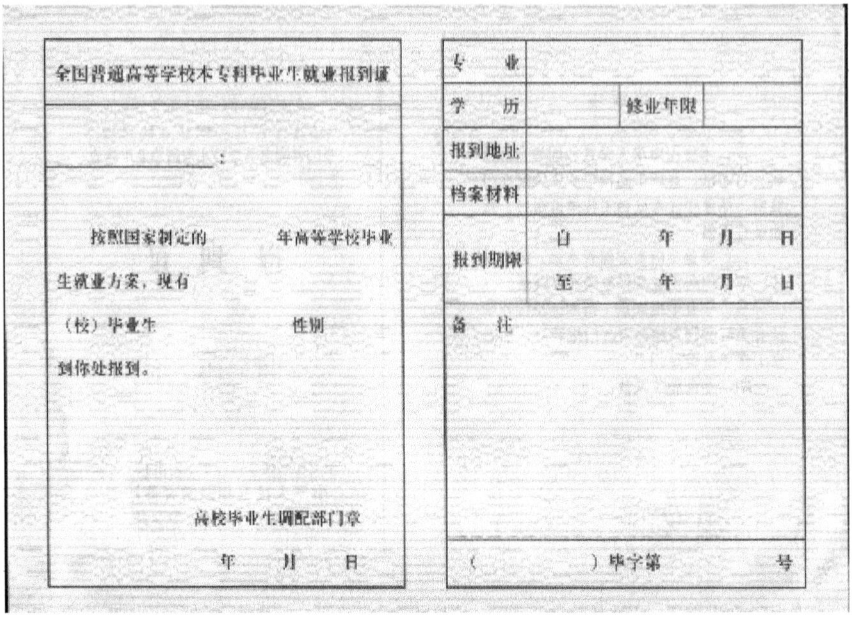

全国普通高等学校本专科毕业生就业报到证

________：

按照国家制定的　　　年高等学校毕业生就业方案，现有

（校）毕业生　　　　性别

到你处报到。

高校毕业生调配部门章

年　月　日

专　业			
学　历		修业年限	
报到地址			
档案材料			
报到期限	自　年　月　日 至　年　月　日		
备　注			
（　　）毕字第　　号			

图 8.2

（二）人事档案与代理

1. 人事档案

人事档案是个人学习工作经历的重要证明材料，是人事部门考察了解职工的必要依据。毕业生档案主要包括两大部分材料，一部分是高中阶段的材料和参加高考的报名材料；另一部分是大学期间的有关材料。这两大部分材料主要包括以下几种类型：学生基本情况材料，如学生登记表、家庭成员调查表等；政治材料，如思想品德考核、入党或人团志愿书及相关材料；学籍材料，如学习成绩单、会考证明、学历证明书等；奖惩材料，如奖励证明、处分文件等；毕业生鉴定材料；毕业生体检材料；毕业生《报到证》存根及毕业生派遣档案转递单。按照有关规定，档案接收单位应该是县级以上单位或地方政府人事部门，毕业生档案必须由专人通过机要的方式转递，毕业生个人不得携带档案。

到非国有单位就业的毕业生，在签订就业协议书时，一般要求到单位所在地的人事部门或人才交流中心办理档案、户口托管手续，以便能及时、准确地接转档案和户口，确保档案的安全，顺利办理落户手续。

毕业生到工作单位报到后，应当及时去工作单位的人事部门查询自己的档案是否转达。如果一到三个月内发现档案没有转达，则应及时与学校联系，以便及时查询档案的下落。按照规定，机要部门查询档案的期限为一年。

2. 人事代理

人事代理是指由政府人事部门所属的人才服务中心，按照国家有关人事政策法规要求，接受单位或个人委托，在其服务项目范围内，为多种所有制经济尤其是非公有制经济单位及各类人才提供人事档案管理、职称评定、社会养老保险金收缴、出国政审等全方位服务，是实现人员使用与人事关系管理分离的一项人事改革新举措。人事代理的方式有委托人事代理，可由单位委托，也可由个人委托；可多项委托，将人事关系、工资关系、人事档案、养老保险社会统筹、住房公积金等委托给区人才服务中心管理，也可单项委托，将人事档案委托区人才服务中心管理。毕业生在毕业离校后，其档案和户口都应迁出学校。已就业毕业生和未就业毕业生的档案和户口迁出情况如图 8.3 所示。

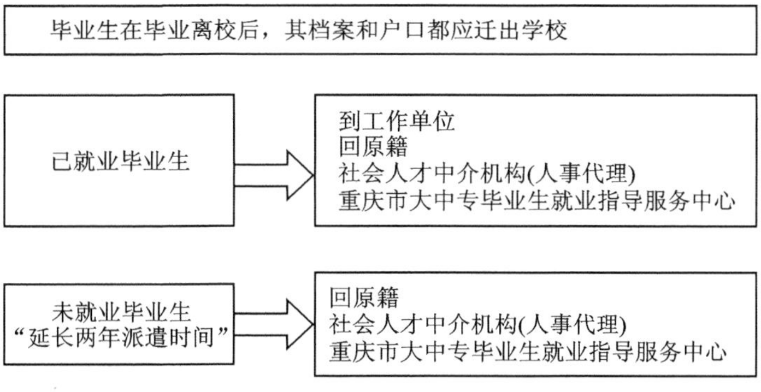

图 8.3

(1) 人事代理的内容是什么？人事代理的服务内容涵盖了人事档案管理以及与人事档案管理相关的就业手续、转正定级、档案工资、工龄计算、职称评审、年度考核、调动、出国政审、养老保险等各项业务。实行人事代理后，人才中心就成为各类非公有制单位共同的人事管理部门。它不仅有利于非公有制企业吸纳人才、促进经济的发展，而且能为到非公有制企业工作的专业技术和经营管理人才解除许多后顾之忧，提供许多实实在在的帮助和服务。

(2) 个人如何办理人事代理手续？持本人有效证件，经人才交流服务中心审查后，办理委托手续，档案依法交由人才交流服务中心管理。人事事务根据委托人需要按规定办理。

第9章

工程素养——做好项目的基础

前面我们谈了许多的能力和素养，但都是软实力和基本素养，构成职业素养核心能力的是硬实力即专业能力，硬实力和软实力犹如飞机的发动机和两翼，不可偏废。本章，我们将一起来讨论如何加强自己的专业能力和工程素养。这些能力和素养需要建立在大量的对专业知识和专业技能的综合应用基础之上，只有真正做过项目的同学，才会了解整个项目开发或实施的各环节，有利于提高职业核心竞争力。

第一节　公司概况与组织架构

作为信息技术相关专业的同学，一定要熟悉、了解 IT 公司的企业文化、运行模式和组织架构，以增强就业竞争力和职场发展空间。价值观相同有利于个人和企业的共同发展。不同的公司根据业务和规模大小其组织架构是不同的，但核心要素是差不多的，只是分工细致程度不同而已。大中型 IT 公司的环境舒适、明亮宽敞，设施齐全，流程规范，福利待遇较好，但对求职者的要求也是很高的。中小型公司可能在整体实力和办公环境以及福利待遇方面不如大型公司，但是基本工资待遇和福利状况还是可以的，主要取决于应聘者具有的能力和创造的价值大小以及所处的岗位。应届大学生主要不应考虑优厚的待遇，而是要看公司的发展前景和个人的发展空间以及职业晋升机会。

一、公司架构

作为刚入职的大学生或者即将跨入公司大门的大学生，要想获得职业发展，必须要有明确的就业意向和求职目标，要清楚地知道自己将来要成为一个什么样的人，以及要为这方面做好哪些基本的准备。例如，熟悉公司的组织形式有利于自己掌握公司的情况，方便开展工作，更有利于自己的业务往来。因此，作为一个刚入职的新人，一定要了解公司的组织机构和工作岗位。公司的组织机构一般由行政、技术等两大系统构成。行政一般由多个与公司管理运行相关的部门构成，如行政部、人力资源部、财务部；技术系统一般由企划部、产品开发部、质量督导管理部、销售部等部门构成。各二级部门下面根据规模大小和业务多少设有若干二级部门。不管有多少个行政部门和业务部门，他们都是在董事会下面运行和工作。而董事会则是在股东大会授权下代表公司实施和开展工作。另外，在股东大会下还设有一个监事会，下面我们就简单介绍几个与大学毕业生相关的部门。

二、行政体系

1. 股东大会

股东大会是公司的最高权力机构，主要负责公司宏观层面的事情，如对公司的重大生产经营决策、投资、资本变化事项及其他重大事项进行决议。具体工作权责主要有：选择和更换公司董事、选择更换股东代表出任公司监事；修改公司章程；对公司合并、分立、解散和清算等事项做出决议；对公司聘用、解聘会计师事务所做出决议；审议和批准董事会、监事会、年度财务预算方案、决算方案、利润分配报告(方案)以及公司章程规定的其他事项。

2. 董事会

董事会可以说是股东大会领导下的董事长负责制。主要制定与公司经营相关的各项规章制度、生产计划和各种方案，在权限范围内行使经营管理和决策权。

3. 监事会

监事会主要负责维护全体股东的利益，确保公司合法经营和正常运作。同时检查公司财务状况，对公司高级管理人员执行公务的情况、公司运行情况等进行监督，可以提议临时召开股东大会，并列席董事会议等职权。

3. 总经理

在董事会授权下，全面负责公司的日常管理工作，不断提高公司业绩，促进公司长远发展，确保公司正常经营。同时设有若干副总经理协助总经理促进公司整体业务和发展，确保分管范围内的业务良性运行、不断向前。

4. 人力资源部

人力资源部是公司专门负责招聘员工、培训员工以及选拔、培养、储备管理人员的人事、薪酬部门，负责制定符合公司发展战略和企业文化导向的薪酬福利制度、绩效考核制度。一般招聘大学生的工作多是该部门的工作人员进行的。

5. 财务部

财务部的负责人是财务总监，对应的上级领导是总经理，主要负责制定、完善公司的各项财务管理制度，为公司经营活动筹措资金，按照财务开支审核权限审核办理各项费用的资金支付，负责公司计划与预算、会计核算、财务分析等工作。通俗地讲，就是给各员工发薪酬的部门。

三、技术体系

现在我们将重点介绍技术体系下面的相关部门和工作岗位，这有利于增强大学生对研发技术部门的了解。大家都知道社会分工越来越细，而现在又特别讲求分工合作，即流水作业，各自分工又统一协调。因此，那种“单打独斗”就能顺利把工作完成的时代已经过去。作为一个程序员和技术岗的工作人员一定要了解与自己岗位相关的其他岗位，这可以有效地促进相互协作，可以帮助我们更快地融入一个新的团队。

1. 企划部

结合行业、竞争对手以及自身的情况通过对公司内部资源和外部环境的分析研究、项目投资和企业合作等工作进行研究，设计操作方案，指导相关部门实施，对实施情况进行跟踪、反馈，并负责日常信息管理、策略研究及公司法务和知识产权管理等，主要包括规划、新产品开发可行性研究、投资规划、策略研究等。

2. 技术总部

技术总部的负责人是技术总监，也有CTO(Chief Technology Officer)之称，首席技术官对应的上级领导是总经理。技术部门的主要职责是为公司研究和开发出有市场竞争力的新产品，具体包括提出研发计划、控制研发费用、立项新项目、开发已立项的新产品、研发技术平台的建设与维护、艺术设计与检查以及技术团队培养储备等。

3. 与我们相关的岗位

应届大学生应关心自己能够找到哪些工作或者在哪些岗位上履职。这样才能有更明确的方向和目标。通过近些年走访慰问毕业生校友和与就业相关单位的合作，我们了解到，与计算机科学与技术、网络工程、软件工程等专业相关的就业岗位主要有以下这些：

(1) 软件开发经理。软件开发经理是公司内部软件研发的负责人和管理者，对本部门内所有事务和人员进行管理、把控。

(2) 产品经理。产品经理是每个产品的牵头人，对某项产品负责，是决定产品未来适用性的主要负责人；对产品的目标、定位、销售计划进行设计和把控，同时与营销部一起对某个产品在集团内的盈亏负责，并为了这个产品的运作去协调的人员，并充分地协调这个产品的所有运作环节和经营活动。

(3) 项目经理。在IT企业中项目经理是与程序员打交道最多的人，他是某一个项目的主要负责人，也可以一直都是负责人。因此，在企业中工作团队是经常更换的，是根据项目的需要而组建的，组建周期随着项目变化而变化。项目经理一般由资深的程序员晋升而来。

(4) 软件测试师。软件测试师就好像企业产品的质检员，在软件行业中往往承担的是软件产品质量管理的重任。他要根据产品的功能需求进行测试以验证其是否符合要求或有没有漏洞以及bug，检查软件是否具有良好的稳定性，同时还要编写相应的测试规范和测试案例。这个岗位同样是对技术要求比较高的专业性岗位，但相比程序员的开发岗位要稍稍容易胜任一点。

(5) 程序员与软件工程师。程序员与软件工程师当然是有区别的，程序员分为初级、中级、高级三种类别。而一个软件工程师一定是一个思考全面、逻辑超强、代码精练、效率高的非常优秀的程序员。不仅如此，软件工程师还要熟练地掌握及应用几种语言(JAVA、Python、.NET、C＃……)。因为，一个软件工程师要对一个项目进行分析，根据当前的情况和需要来决定框架和要用什么语言来编写，分配每个程序员应该干什么事情。随时指导和纠正程序员出现的偏差，同时还要及时进行小块测试以验证功能需求等。因此，一个优秀的工程师，不仅要有过硬的专业岗位胜任力，还要具有必要的协调、交流沟通、把控能力。

(6) 网络管理员与网络工程师。任何单位都离不开信息技术和网络搭建，因此网络工程专业的同学其实是很有就业前景的。相比于程序开发，其面临的技术难度有所不同，逻辑思维和代码要求相对没有那么高。大型企业和公司都有专门的网络运行部，都需要专业能力强的网络技术骨干和专业的网络工程师。网络管理员主要负责日常网络维护，解决日常问题如服务器维护、电脑及周边设备维护、电话维护、ERP 处理、视频会议的搭建和处理等以及路由器配置、网络安装、检修、维护、故障排除等。网络管理员是网络运行的初级专业技术人员，而较复杂的网络安装、维修、网络布线、设计、构造等则由网络工程师完成。

(7) 架构师。架构师不负责撰写具体的代码和程序，而是从事更高层次的开发构架工作，要求对开发技术和相关环节相当熟悉，同时要有良好的组织管理能力；要在一个软件项目的开发过程中将客户的需求转换为规范的开发计划书或方案书。

(8) 软件实施工程师。所谓实施，指的就是在软件开发完成后交由客户或者第三方使用时的安装、调试、培训等。软件实施工程师的工作是软件产品服务主线的一个决定性关键环节，任何软件的开发完成都离不开实施，主要包括工程实施和现场培训两大环节。工程实施主要包括常用环境准备，如常用操作系统、应用软件及公司软件的安装、调试、定制开发、维护以及可能存在的部分硬件、网络准备和调试。现场培训实施包括软件应用培训、指导，用户使用跟踪，项目验收，项目维护以及进一步听取反馈意见完善软件需求等。

四、企业文化

我们为什么要介绍企业文化呢？主要是因为大学生一直在校园内学习生活，一直以来都是从学校到学校，对外界的环境和企业的文化了解甚少，所以有必要增强大学生对企业的了解，以使其能够尽快融入团队，发挥自己的特长和优势。那么何为企业文化呢？百度百科将其解释为：企业文化，或称组织文化(Corporate Culture 或 Organizational Culture)，是一个组织中由其价值观、信念、仪式、符号、处事方式等组成的其特有的文化形象，就是企业在日常运行中所表现出的各个方面。简而言之，是在企业发展历史中形成的，且被企业成员共同认可并传承的智慧。企业文化涉及方方面面，但其核心任务是组织员工完成生产任务，实现盈利。因此，企业的一切文化都是围绕这一核心使命而建立的。企业文化中包含六个要素，这六个要素分别是产品文化、企业使命、企业价值观、企业精神、企业愿景、理念体系。下面我们将就几个典型的 IT 公司进行分析和介绍。

(一) 华为公司的企业文化

华为华为,为中华而为。华为公司在中美贸易大战中扛起民族大旗与美国在一线斗争,实属中国企业的骄傲。美国多次制裁和扼制华为,但这不仅没有把华为打垮,反而让华为越战越勇,推出许多尖端品牌和具有竞争力的产品,让美国的打压和制裁不能对华为造成致命的影响,反而让美国帮助华为在全世界打了一个免费的广告,让全世界都认识了华为,了解了华为。要知道,在科技领域能够以一个企业的身份与一个庞大的帝国相抗衡,这本身就是一个神话,当然这个神话要归功于华为的实力和品质。这个实力和品质来源于华为 30 多年的苦心经营和任正非推崇的军事文化和狼性企业文化。华为的企业文化具有谦卑学习和自省的先进性,任正非认为:“生意终将死亡,唯文化生生不息。”

1. 企业简介

华为公司成立于 1987 年,总部位于广东省深圳市龙岗区。华为是全球领先的信息与通信技术(ICT)解决方案供应商,专注于 ICT 领域,坚持稳健经营、持续创新、开放合作,在电信运营商、企业、终端和云计算等领域构筑了端到端的解决方案优势,为运营商客户、企业客户和消费者提供有竞争力的 ICT 解决方案、产品和服务,并致力于实现未来信息社会、构建更美好的全联接世界。2013 年,华为首超全球第一大电信设备商爱立信,排名《财富》世界 500 强第 315 位。截至 2016 年底,华为有 17 万多名员工,华为的产品和解决方案已经应用于全球 170 多个国家,服务全球运营商 50 强中的 45 家及全球 1/3 的人口。[①] 笔者曾于 2014 年和 2015 年到华为深圳总部参观考察,对华为出色的管理以及卓越的产品十分佩服。

2. 产品文化

追求极致和卓越是华为对产品的要求。大家可以从华为销往全世界的产品中看出,华为的产品不是世界上最优秀的产品,但绝对是最优秀的产品之一,在很多领域都具有独特的优势。华为的产品是世界上最有竞争力的产品之一。这在《华为基本法》中得到了完美的诠释。在第一章第三条中写道:“广泛吸收世界电子信息领域的最新研究成果,虚心向国内外优秀企业学习,在独立自主的基础上,开放合作地发展领先的核心技术体系,用我们卓越的产品自立于世界通信列强之林。”第二十六条写道:“顾客价值观是演变趋势,引导着我们的产品方向。”第七十九条写道:“我们的质量目标是:技术上保持与世界潮流同步,创造性地设计、生产具有最佳性能价格比的产品。”5G 技术在世界范围内率先研发成功和商用是华为保持领先的代表。

3. 企业使命、愿景

华为认为人类将进入万物感知、万物联接的智能世界,构建万物互联的智能世界是华为的使命和愿景。华为致力于把数字世界带入每个人、每个家庭、每个组织,构

① 来源:百度百科。

建万物互联的智能世界:让无处不在的联接,成为人人平等的权利;让无所不及的智能,驱动新商业文明;所有的行业和组织,因强大的数字平台,而变得敏捷、高效、生机勃勃;个性化的定制体验不再是少数人的专属特权,每一个人与生俱来的个性得到尊重,潜能得到充分的发挥和释放。①

4. 企业价值观

华为在多年打拼和历练中形成和积累了自己的文化价值观。

一是成就客户。为客户服务是华为存在的唯一理由,客户需求是华为发展的原动力。华为坚持以客户为中心,快速响应客户需求,持续为客户创造长期价值进而成就客户。为客户提供有效服务,是我们工作的方向和价值评价的标尺,成就客户就是成就我们自己。

二是艰苦奋斗。我们没有任何稀缺的资源可以依赖,唯有艰苦奋斗才能赢得客户的尊重与信赖。奋斗体现在为客户创造价值的任何微小活动中,以及在劳动的准备过程中为充实提高自己而做的努力。我们坚持以奋斗者为本,使奋斗者得到合理的回报。

三是自我批判。自我批判的目的是不断进步,不断改进,而不是自我否定。只有坚持自我批判,才能倾听、扬弃和持续超越,才能更容易尊重他人和与他人合作,实现客户、公司、团队和个人的共同发展。

四是开放进取。为了更好地满足客户需求,我们积极进取、勇于开拓,坚持开放与创新。任何先进的技术、产品、解决方案和业务管理,只有转化为商业成功才能产生价值。我们坚持客户需求导向,并围绕客户需求持续创新。

五是至诚守信。我们只有内心坦荡诚恳,才能言出必行,信守承诺。诚信是我们最重要的无形资产,华为坚持以诚信赢得客户。

六是团队合作。胜则举杯相庆,败则拼死相救。团队合作不仅是跨文化的群体协作精神,也是打破部门墙、提升流程效率的有力保障。

5. 企业精神

华为的企业精神就是“狼性”。狼最显著的三大特征:一是有敏锐的嗅觉;二是不屈不挠、奋不顾身、永不疲惫;三是有群体奋斗的意识。具体描述就是:有危机感、持之以恒、团队作战、敏捷、有攻击性。

6. 理念体系

《华为基本法》中体现了许多理念,华为的理念一直都是最优秀、最值得学习的优秀理念之一。

(二) 阿里巴巴的企业文化

阿里巴巴网络技术有限公司(简称:阿里巴巴集团或阿里巴巴)是以曾担任英语教师的马云为首的 18 人于 1999 年在浙江杭州创立的公司。其发展到现在是全球最

① 来源:华为公司网站主页介绍。

大的电子商务平台之一，并于2014年在美国纽约上市，旗下产品支付宝更是风靡全球。在20年的创业历程中，以马云为首的创始人创造了公司特有的文化和价值观。

1. 企业使命

阿里巴巴的企业使命是让天下没有难做的生意。

2. 公司愿景

阿里巴巴的愿景是成为分享数据的第一平台、幸福指数最高的企业，建立一家持续发展102年的百年老店。

3. 公司的价值观

阿里巴巴的价值观就是"六脉神剑"，其实就是六个价值观：一是客户第一，员工第二，股东第三。他们认为只有持续为客户创造价值，员工才能成长，股东才能获得长远利益。二是因为信任，所以简单。世界上最宝贵的是信任。阿里巴巴成长的历史是建立信任、珍惜信任的历史。他们认为：你复杂，世界便复杂；你简单，世界也简单，没那么多顾虑猜忌，问题就简单了，做事情也因此高效。三是唯一不变的是变化。无论你变还是不变，世界在变，客户在变，竞争环境在变。他们教育和引导阿里人要心怀敬畏和谦卑，避免"看不见、看不起、看不懂、追不上"。改变自己，创造变化，都是最好的变化。拥抱变化是他们常说的一句话。四是今天最好的表现是明天最低的要求。在阿里巴巴最困难的时候，正是这样的精神帮助他们渡过难关，活了下来。逆境时，要懂得自我激励；顺境时，要敢于设定具有超越性的目标。面向未来，不进则退，仍要敢想敢拼，自我挑战，自我超越。五是此时此刻，非我莫属。这是阿里人对使命的相信和"舍我其谁"的一种担当。六是要认真生活，快乐工作。工作只是一阵子，生活才是一辈子。工作属于你，而你属于生活，属于家人。像享受生活一样快乐工作，像对待工作一样认真地生活。只有认真对待生活，生活才会公平地对待你。

（三）58同城的企业文化

58同城成立于2005年12月12日，总部设在北京，在全国共拥有27家直销分公司。笔者于2019年11月对58同城总部进行了访问和考察，对他们的企业文化和精神作了初步的了解。例如，他们的愿景是：人人信赖的生活服务平台。企业使命是让生活简单美好。企业价值观是：用户第一、开放协作、简单可信、学习成长、创新进取。而且58同城极其重视文化氛围营造，通过环境文化对员工的熏陶和浸染，如在走道、卫生间公共区域绘制公司的理念图或书写激励的话语等。通过设置公司的许愿树给予大家美好的祝福和个人愿望表达的地方，以加强公司员工的凝聚力等，这些小的地方和人文关怀确实很暖心很感人。

五、通过三个转变来谈谈如何步入职场

1. 从学校到企业

应届毕业生一般都是从学校到企业，即使有一定的社会实践也主要集中在寒暑假和实习阶段，不管是从环境，还是心态都是学生阶段的状况，没有真正发展成为一

个职业人的心态去面对企业和工作。因此，大学生要从思想认识和心理准备上给予调整。要有规则意识，学校也讲规则，但是大多时候学校是以老师的批评教育和引导说服为主，给予学生成长的空间和发展的机会。如迟到和个别时候的旷课，老师一般是以提醒为主，有时候也会有批评和适当的惩罚。而企业都是打卡制，迟到一次即扣发一定数额的工资，多次迟到或旷工则会被辞退。规则意识不仅体现在纪律的遵守上，还体现在企业的方方面面，对刚入职的大学生而言，更多的是去适应和学习，而不要总是以学校为参照标准。

2. 从学员到职员

每个人都会经历职场适应期。但我们要做的是把这个期限尽可能地缩短，尽可能在短时间内熟悉环境、熟悉流程、熟悉岗位，从而转变角色，成长为一个真正意义的职场人。一个人在学校的目标主要是学习知识，考个好成绩，而在职场是要完成公司交办的任务，要产生价值，要有完成任务的能力和技能。所以作为新人一定要调整自己的心态、正确看待公司、正确看待同事之间的报酬分配以及其他事情，更重要的是要正心诚意，正确认识到自己的不足，谦虚低调行事，多问多请教多学习，积极主动完成工作，热情细致地与同事相处。

3. 从个人到团队

大学里更多的时候是个人独立完成学习和任务，体现团队合作的地方不是特别多；即使有，与公司相比也少得多。公司讲求的是团队合作，因为一个项目大家组成开发团队，按照模板和流程分工完成任务。那怎样才能融入团队呢？一是自己要有一个主动积极大方的态度。二是应该多参加公司、部门、项目组等集体活动，多利用这些场合和机会多认识同事，多与他们交流和沟通。当然一个学生除了具有良好的学识和专业技术外，若还有一些特长则更能拓展自己的交际圈和知名度，如年会上的表演和才艺展示等。

2019 年笔者一行在北京调研走访工作于 BAT(百度、阿里、腾讯)、58 同城、新浪等企业多年的毕业生时谈到，为什么能够在北京生存下来，其主要原因有以下几个方面：一是要有顽强的环境适应能力，很多同学受不了北方的冷就回南方了；有些同学不习惯北方的饮食和住宿就离开了；最关键的是这些同学能够快速适应公司的管理模式和有与公司工作岗位需求相适应的能力和学习能力。简单点说，这些同学能吃苦，善于学习，敢于挑战。二是工作要认真和负责，要有责任心和细致度，一个有责任心的人是非常受企业欢迎的，企业认为当一个大学生具备了基本的文化和技术素质之后，即使有些东西不会，只要肯学习就能够把事情做好，把知识和技能学会。但一个人要是没有责任心，即使有再好的专业知识和技能也不会被聘用。三是要有工作的目标和方向。时间是宝贵的，如果没有工作目标和成长方向，就很容易在日复一日的重复工作中失去自我，进而止步不前。

六、优秀程序员的突出特点

任何人的优秀和杰出都不是一蹴而就的，都是要通过多年的积累和不断刻苦的学习以及勤奋的工作才达到的。在这个努力和奋斗的过程中，我们每个人心中一定要有一个模范和先进的员工来激励我们前行。俗话说：不想当将军的士兵不是好士兵。不想当软件工程师的程序员不是好程序员一样。

1. 酷爱程序编写

喜欢和兴趣是最好的老师，不热爱自己的工作和职业是不可能在此领域有杰出成就的，可能连干好都有问题，更不要谈杰出了。有的大学生在选择专业的时候是因为干这一行能够挣到更多的钱，如果有更好的职业，他们会毫不犹豫地辞掉程序员的工作。而优秀的程序员是热爱编程的，喜欢钻研代码中的问题，并且乐在其中，他们感到能通过电脑程序来帮助人们解决现实生活中的问题是一种神奇的能力。当遇到问题无法解决时，他们会茶饭不思，无法入睡。

2. 缜密的思维

编写程序这个工作对我们的逻辑思维能力有很高的要求，需要非常严谨的逻辑思维能力，要有精益求精的职业态度和工匠精神，在代码中任何一个看似不起眼的问题，都有可能导致整个软件系统发生故障和不稳定。举个例子，如果程序中有一个小小的 bug，可能会在关键时刻让整个系统崩溃，产生严重的后果，而这样的系统放在哪里都是承担不起后果的。

3. 坚持不懈的精神

IT 行业与其他行业不一样，程序员遇到困难就可能让程序无法进行下去，他们必须要把问题解决了程序才能完成。所以程序员在追求最优的解决方案时，无论遇到千难万难，他们都不能轻言放弃，哪怕是屡战屡败，他们仍然屡败屡战，迎难而上，一日又一日，一月又一月，甚至一年又一年，即使海枯石烂，也要实现自己的目标。只有这样，才能最终收获到成功的喜悦。

4. 吃苦耐劳的精神

当程序员是很苦的，你看到优秀的软件工程师年薪几十万的时候，你是否也看到了他们是如何加班加点地完成工作任务的？很简单，一是工期的问题，有时候因为各种原因，需要加急加快地完成产品，你可能不愿意加班，但不得不加班，加班是软件行业的常态。二是思维的连续性和“灵感”的偶然性需要，有时候困扰的一个项目问题突然有了解决的思路，如果不持续解决，留到下次完全有可能会中断或者忘记。因此，加班是软件行业的常态，作为一个初入行业的大学生来说，一定要做好心理准备。

5. 超强的学习能力

拥有强烈的好奇心与求知欲是保持学习的动力源泉。我们处在这样一个信息大爆炸的时代，IT 行业新技术的变化和知识的更新比其他行业都快。经验的总结远远比书本知识有价值，如果长期满足于已有知识，闭门造车，墨守成规，不去学习新的技术，那么，必然会造成个人思维局限，创意“生锈”，跟不上时代的步伐。由于程序员需要学习的知识非常多，所以，时刻思考、时刻学习以及强烈的好奇心正是能促使程序员把想法变成现实的动力。白天工作，晚上学习；上班日工作，节假日充电是这个行业的常态，作为新手也要做好准备。

6. 扎实的基本功和基础知识

当今是一个知识交叉、互联互通的社会，大数据、互联网＋、人工智能＋等等相互融入，作为一个优秀的程序员或软件工程师没有扎实的基础知识和基本功是不能胜任这些“相互＋”的工作的。可以分为基础知识和基本技能两个方面：基本知识如计算机系统知识、数据结构与算法思维、数据库使用等等，这些概念和逻辑知识以及原理应用等等要熟悉；基本功包括基础功和进阶功。什么是基本功？不是那些高大上、新潮的技术、框架，而是程序员每天做的基础工作。比如，快捷键是否熟悉，测试习惯好不好，代码干不干净，打字速度有多快等等。比如快捷键用得好，就是能够节省时间，提高效率，打字速度很快，绝对可以提高代码编写的速度。我自己都有这方面的经验和感悟，我发现我不管是编辑文档或者是操作计算机，只要是涉及操作和输入，由于我掌握了快捷键且提高了打字速度，相比同事的工作效率都要高得多。虽然这些技能被称作是基本功，而且都是非常基础的、非常简单的东西，但是就是这些看似简单的东西，却不被大家所重视。这样的现象确实很普遍，我见到很多同学都有这些现象，时间久了都成了习惯，而习惯则只是职业素养的一部分。

7. 编写高效的代码

编写高效可执行的代码和冗长复杂的代码所花的时间差不多，但在调试和运行时却相差很大。因此，一位优秀的程序员，从一开始就会考虑可维护性的代码。只有这样才能节约开发时间、减少调试且有利于后期的测试和维护。

8. 精通语言工具

作为一个优秀的程序员，一定要有自己特别喜欢和善长的语言，要将它学通学透，能够自如地使用。不仅如此，还要熟悉其他的开发语言，不能只熟悉一门两门语言。有一句俗语就是：精一懂二知三了四，即精通一门，懂得两门，知道三门，了解四门语言。这个公式套用在其他任何领域也是适合的。

9. 编写测试

对软件进行测试，是保证代码能够正常运行的重要工作。然而一些程序员却不屑于做这件事。优秀的程序员深深地了解和知道测试工作的价值所在，知道测试的目的就是创建一个能正常运行的系统。

10. 利用设计模式

世间万物都存在一定的模式，软件工程和程序编写也一样，也存在一定的模式。模式就是不断重现的跨语言跨系统的场景和机制，一位优秀的程序员往往能识别并利用这些模式，而不是受制于模式。

作业：

（1）上网搜索1～2个IT公司的组织结构和公司文化，加强了解和熟悉，再细化与之相匹配的工作岗位，了解工作岗位的职责和要求。

（2）根据上文的要求，对照自己的情况撰写一篇工作报告或心得体会，字数在2 000～3 000字，要求认识清楚、分析透彻、目标合理，过程和措施得当。

第二节 项目开发与团队组建

项目是软件程序员的载体，没有项目，程序员就没有价值和工作内容。因此，程序员都是依托项目而存在的。项目决定了程序员的多少、类别、以及工期等等。那么团队的组建就显得特别关键，因为涉及用什么样的领导者和开发人员来完成项目。团队之间如何搭建和配合，既实现效率高、又实现质量好是衡量团队是否协作的指标。

一、获取项目

（一）学科竞争项目

优秀的大学生在校期间通过一定的关系和社交可以获得一些小型商业项目，但对于大多数在校大学生而言，获取商业项目的机会是比较少的，当然还有一种可能就是导师带领团队完成校外实际项目，以获得实践机会。除此之外，通过参加学科竞争是可以加强团队建设和项目锻炼的。现今学科竞赛项目非常多，如互联网＋大赛、ACM程序设计大赛、“创青春”大学生创业计划大赛、大学生挑战杯学术科技作品大赛等。

（二）毕业设计项目

通过三年半的学习，在最后一个学期除要完成实习工作以外，还要完成毕业设计（毕业论文）工作。大家不要小看毕业设计，在短短的完成论文或设计工作的几个月里，你的收获可能比你前面几年学习所有知识的总和还要多。而且毕业设计是系统性思维训练和综合能力展示的一个集合，可以巩固并综合运用前面所有的课程知识，能够为以后的项目开发积累经验。因此，大家一定要充分重视毕业设计工作，把它当作是一次实战演习的机会。

二、组建团队

团队是核心，是关键。任何项目只要有一支坚强有力、能扛和特别能战斗的团队，那就无往无胜；相反，如果团队不得力可能会让项目进度缓慢，甚至不能按时完成。

(一) 分组与分工

1. 小型软件公司团队组织机构

小型软件公司只是规模小、业务小,但并不代表机构不存在;相反,麻雀虽小,五脏俱全。项目组主要由项目经理(PM)、开发工程师(SE)、测试工程师(TE)等构成,如图 9.1 所示。接下来,我们一起看看一家小型公司的项目团队是如何在项目经理的带领下完成项目的。团队小,有它的好处,例如分工灵活、沟通方便;但也有它不好的地方,那就是工作强度大、身兼数职。项目经理既要有很强的技术,又要有相应的管理经验;开发工程师除了进行需求分析、程序设计、程序开发之外,也要懂得数据库设计,并且要了解一些软件测试知识。这里面几乎每个人都要干数个岗位的活儿。

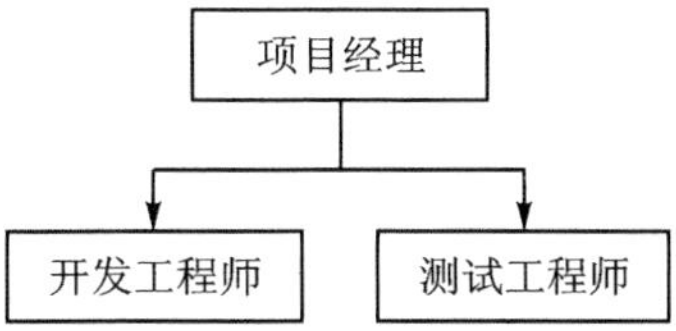

图 9.1　微型软件公司(项目组)组织机构

2. 大中型公司项目团队组织结构

大型公司由于承接项目大且工期长,涉及部门多,人员配置比较齐备。计划、需求、设计、开发、测试、验收等各个阶段和环节都有专人负责(见图 9.2),因此项目质量也比较高,但给管理也增加了难度。因此,近年来,大型公司也倾向于将大型团队和大型项目划分和分解成若干小型项目和小型团队以便于管理和提高工作效率。

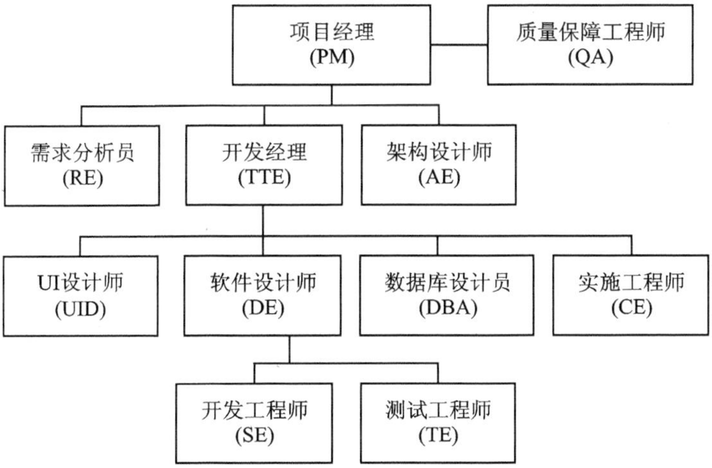

图 9.2　大中型公司项目团队组织机构

在学校阶段组建的团队,我们一般建议使用第一种小团队模式,因其灵活性比较高,机动能力强,可以随时调整和快速修复出现的问题。

三、拟定计划

软件项目中组建团队为项目启动的第一紧急要事，当团队确定也就是人确定之后，次重要的事情就是要根据项目情况制订项目计划书。凡事预则立，不预则废。软件项目也是一样，需要制订周详、全面的计划书。项目计划书一般由项目经理来制订和完成，但除了要由非常有经验的项目经理来制订外，还需要反复沟通并得到程序员的确认。因为了解制订开发计划的过程有助于我们明确分配给我们的工作与其他任务的关系，也可以更准确地预估该工作需求的工时和资源。尽量周详和缜密，如我们可以根据以往的经验进行预估计，这个项目需要多少人、多长时间、哪些资源和条件，最好具体到每天都要让人有事情做。

软件项目的大致过程如图 9.3 所示，大致可以分为需求分析、设计、开发、测试、实施计划和维护培训等六个阶段。通常，下一阶段的工作要在前一阶段的工作成果之上开展，但未必需要等前一阶段结束了才可以开始下一阶段的工作。例如，开发工作和测试工作是可以同步进行的，代码开始编写一段时间后，就可以开始测试工作了。

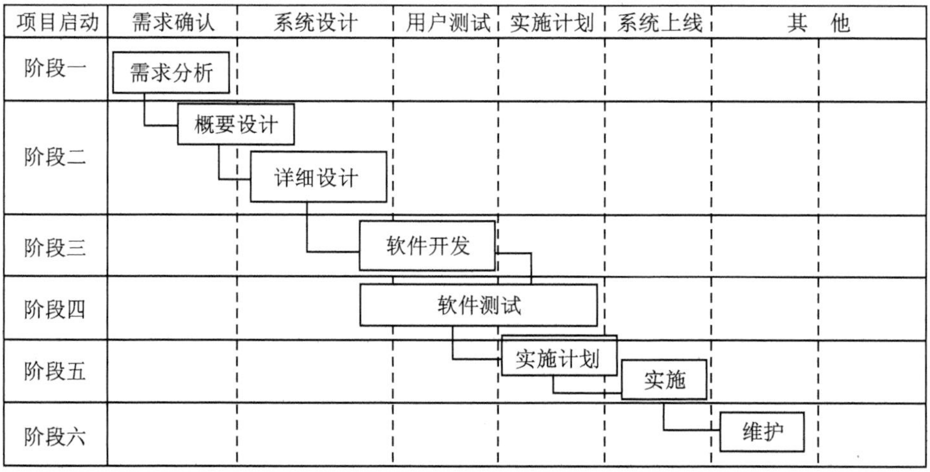

图 9.3　软件开发过程

软件开发的时间根据项目的大小来决定其长短，不管怎样，它是一个比较长期、复杂的系统工程，计划在其中起到重要的作用。一旦有了最终时间或期限，只要你做了计划，并且计划显示你能够在期限前完成，那么你就会在很紧张的氛围中开始第一项任务，并且尽可能地保证质量。这是因为，你心中有数，就会在全局和局部之间有一个很好的权衡。即便是中途受到什么事情的影响和耽误，我们也会进行调整和加急处理。因为在管理学中有一个著名的公式：管理＝计划＋跟踪＋调控。

（一）制订开发计划的步骤

1. 划分任务

一个大型的建筑由若干个小项目构成，一个小项目由若干个零件构成。同样的，一个大型的软件项目则是由若干个任务点构成，分配好任务点，就分配好了团队的工作，就做到了责任到人。

例如，我们开发一个软件项目，其项目计划可以分解如下：

（1）需求分析。分析报告撰写之前一定要加强需求调研与使用方进行沟通和协商，这个过程十分重要，关系到软件的成败。有的分析员只与高层沟通，而没有与一线使用者沟通，或者是沟通了但没有与对方进行确认，导致开发出来的软件只代表了部分人的意志，而不周全。因此这个过程的流程为：需求调研—分析—需求评审—编写需求规格说明书。

（2）概要设计。当我们得到需求分析报告之后，在充分了解和确认的基础上进行概要设计。主要有系统架构设计—软件结构设计—公共数据结构设计—系统环境约定—编写概要设计文档等步骤。

（3）详细设计。主要有各功能业务逻辑设计与实现设计并且根据各模块编写详细的设计说明书，以方便程序员阅读和理解项目的功能和意图。

（4）编码。编码就是根据以上要求，由程序员根据一定的开发工具逐一实现各模块功能的过程，如登录、注册功能，权限管理功能，查阅、报表、打印功能，等等。

（5）测试。主要有功能测试和集成测试等。

（6）实施。主要有系统布置、用户培训等。

（7）维护。根据用户需求再次调试和开发，根据用户环境进行调整等。

一个软件项目计划既要做到详细周全，职责划分明确、责任到人、时间期限清楚等，也要有一定的原则要求和灵活度，以便程序员各项目组都有自己的活动空间。

2. 如何分配资源

当任务划分清楚了之后就要给每个任务点分配人手和必需的设备、物资。这些人手、设备和物资统称为“资源”。所以资源的分配是否得当是衡量一个优秀的项目经理的能力所在。归纳成一句话就是：每个任务点务必做到什么事情由谁在什么时间在什么地方以什么样的要求完成。

3. 如何加强沟通获得确认

确认是一个非常关键的步骤和程序，很多程序员或者分配工作的人都喜欢按照自己的方式或者前公司的习惯来安排和布置工作，而这项任务是否恰当或者是否能够被接收工作的人接受也是一件非常关键的事情。因此，一定要加强沟通，反复确认，以让制订出的计划能够被大家接受和顺利完成。

（二）制订开发计划的原则

1. 充分了解原则

知己知彼，才能百战百胜。一个计划的制订者在计划软件开发项目时一定要对所做的项目、团队成员、当前的形势和环境做充分的评估和了解，只有充分的了解才能知道这个项目有哪些功能，需要多少人来完成，谁更适合做什么事情，等等。

2. 有效追踪原则

我们经常看到这样的现象：布置工作的时候多，跟踪检查反馈的时候少。要想顺利完成一个项目，一定要及时跟踪整个过程和完成情况。不及时跟踪反馈就会影响整个项目的工期和效果。

3. 共同参与原则

要想制订一个高效、合理的计划，就要求项目组全员参与，共同沟通，反复讨论并确认。

作业：

(1) 同学们自行商量组建团队，为完成一个小型项目作好准备。

(2) 根据项目的要求，选出各负责人，拟订项目目标书和岗位职责。

第三节　需求分析与报告撰写

需求分析是整个项目过程中的关键环节之一，与软件开发同等重要，甚至还要重要。有全面清晰的需求分析，才会有功能齐全、使用方便、性能稳定的软件系统。那么在本章节学习之前，我们要搞清楚为什么要进行需求分析、需求分析的方法有哪些、如何编写需求分析说明书。

一、软件过程模型

(一) 软件生命周期

1. 可行性研究与计划

项目的可行性是一切项目开发和实施的基础，没有可行性就没有项目本身。因此，可行性研究与计划最主要的任务就是讨论和确定一个项目的可行性。通过前面的需求分析和调研，了解软件项目的目的和期望，也就是大概要实现什么功能，干一件什么事。然后估计软件的规模，并从技术可行性、经济可行性、操作可行性、社会可行性等几个方面分析项目的可行性。在讨论的过程中，项目组通过讨论和研究确定出一个最优的方案，并为工程制订一个初步的计划。如果在讨论和研究的过程中发现没有什么可行性，则说明没有再讨论下去的必要，以避免浪费时间、资源、人力和金钱。

2. 软件需求分析

软件需求分析阶段的主要目的是获取用户对软件功能的具体要求并加以分析。获取用户需求的方法主要有：① 直接到目标客户单位与他们交流，向用户提出问题，甚至向用户群体发放调查问卷。注意，群体一定要有广泛的代表性，如领导、分管领导、部门负责人、部门中层以及直接使用的操作人员，甚至是客户的客户群体。② 参观用户的工作流程，观察他们的操作程序并与他们沟通，倾听他们的意见和想法。③ 与同行人员、专家进行交流交谈，听取他们的意见。④ 分析和使用现有的同类软件产品，提出需求，取长补短。通过以上四种办法就可得到一个相对比较全面的用户需求，并加以分析和研究，经反复确认之后即可进入下一步。为什么说要反复分析和确认呢？是因为要看分析所得到的需求是否有不清晰的地方、是否都可以用软件来描述和实现、是否存在矛盾和歧义。

3. 软件设计

设计是软件项目最关键和核心的过程，主要目的是设计如何把已经确定的需求转换成实际的软件。软件设计一般分为概要设计和详细设计两个阶段。概要设计就是总体设计，其基本目标是能够针对软件需求分析中提出的一系列问题进行笼统和概要的回答的解决思路和方法。这些问题包括：在项目中，软件系统采用什么样的体系架构，需要创建哪些功能模块，模块之间的关系如何，数据结构如何，软件系统需要什么样的网络环境提供支持，后台数据库需要采用什么类型，等等。虽然概要设计从软件的模块结构和接口等宏观层面进行了设计和描述，但是每个模块如何实现仍然是不清晰的，详细设计阶段的根本目标就是确定如何具体地实现所需求的系统。因此，经过详细设计阶段的设计工作后，得出的就是对目标系统的精确描述，也直接决定了最终程序代码的质量和效果。

4. 开　发

开发阶段主要是根据设计阶段的模型要求来完成软件系统的开发，如创建用户界面、构建数据库、编写代码以实现各模块的功能。

5. 测　试

软件开发完成一定模块后即可开始测试工作。在测试阶段，项目经理根据客户需求规范来审核已开发的系统，从而确保该系统能够彻底解决问题定义中确定的问题。主要包括三种测试：一是单元测试、集成测试和验收测试。二是安全性能测试，尝试验证系统的内置保护机制能否实际地保护系统不被误用和擅自访问。根据用户需求，确保软件根据相关权限遵守命令使用、数据访问和访问要求的限制。三是强度测试，要求以不正常的数量、次数或容易提供资源的方式来运行系统。

6. 维　护

维护阶段是软件开发过程中的最后一个阶段，这个阶段通常比较漫长，包括对用户的培训、软件缺陷的跟踪和升级准备等方面。

这些步骤和阶段都会在软件开发过程中存在和经历，但是在实际的开发过程中，针对不同类型的软件和系统，其实现也不尽相同。在具体开发过程中，这些软件开发生命周期中的具体实施方法和步骤被称为开发过程的模型。

（二）软件过程模型

1. 瀑布模型

瀑布模型是将软件生存周期的各项活动规定为按固定顺序而连接的若干阶段工

作，形如瀑布流水，最终得到软件产品。该模型于 1970 年由温斯顿·罗伊斯（Winston Royce）提出，直到 20 世纪 80 年代早期，它一直是唯一被广泛采用的软件开发模型。瀑布模型的核心思想是按工序将问题化简，将功能的实现与设计分开，以便于分工协作，即采用结构化的分析与设计方法将逻辑实现与物理实现分开。将软件生命周期划分为制订计划、需求分析、软件设计、程序编写、软件测试和运行维护等六个基本活动，并且规定了它们自上而下、相互衔接的固定次序，如同瀑布流水，逐级下落，如图 9.4 所示。当然这种模型只能适用于一些比较小的项目或需求非常明确的项目，也是最简单的一种软件过程模型。这种模型也有它的缺点：各个阶段的划分固定，阶段之间产生大量的文档，极大地增加了工作量，开发模型是线性的，用户只有等到整个过程的末期才能见到开发的成果，从而增加了开发的风险，不能适应用户的需求变化。

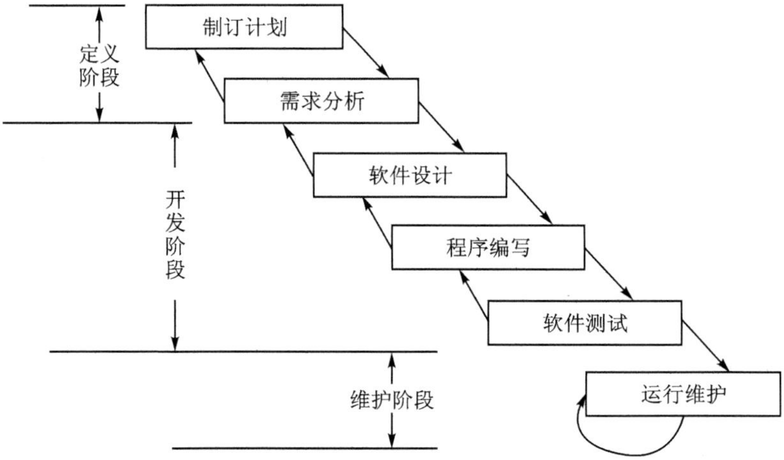

图 9.4　瀑布模型

2. 快速原型模型

在软件开发的过程中，用户的需求是软件成败的关键因素之一，但在开发初期用户的需求并不一定很明确，这就会导致开发出的软件可能不能解决用户的问题。那是不是要推倒重来呢？当然不是，基于这种情况，程序员和工程师们又设计出了快速原型模型。它的执行过程分为两个步骤：

第一步是建造一个快速原型，实现客户或未来的用户与系统的交互，用户对原型进行评价，进一步细化待开发软件的需求，如图 9.5(a)所示。通过不断调整和完善原型使其满足用户的需求，开发人员可以确定用户的真正需求。

第二步则是在第一步的基础上开发用户满意的软件产品，如图 9.5(b)和图 9.5(c)所示。快速原型模型可以克服瀑布模型的缺点，减小由于软件需求不明确带来的开发风险。其主要核心要义是尽可能快速地建造出软件原型，随之迅速修改原型以反映用户的需求。

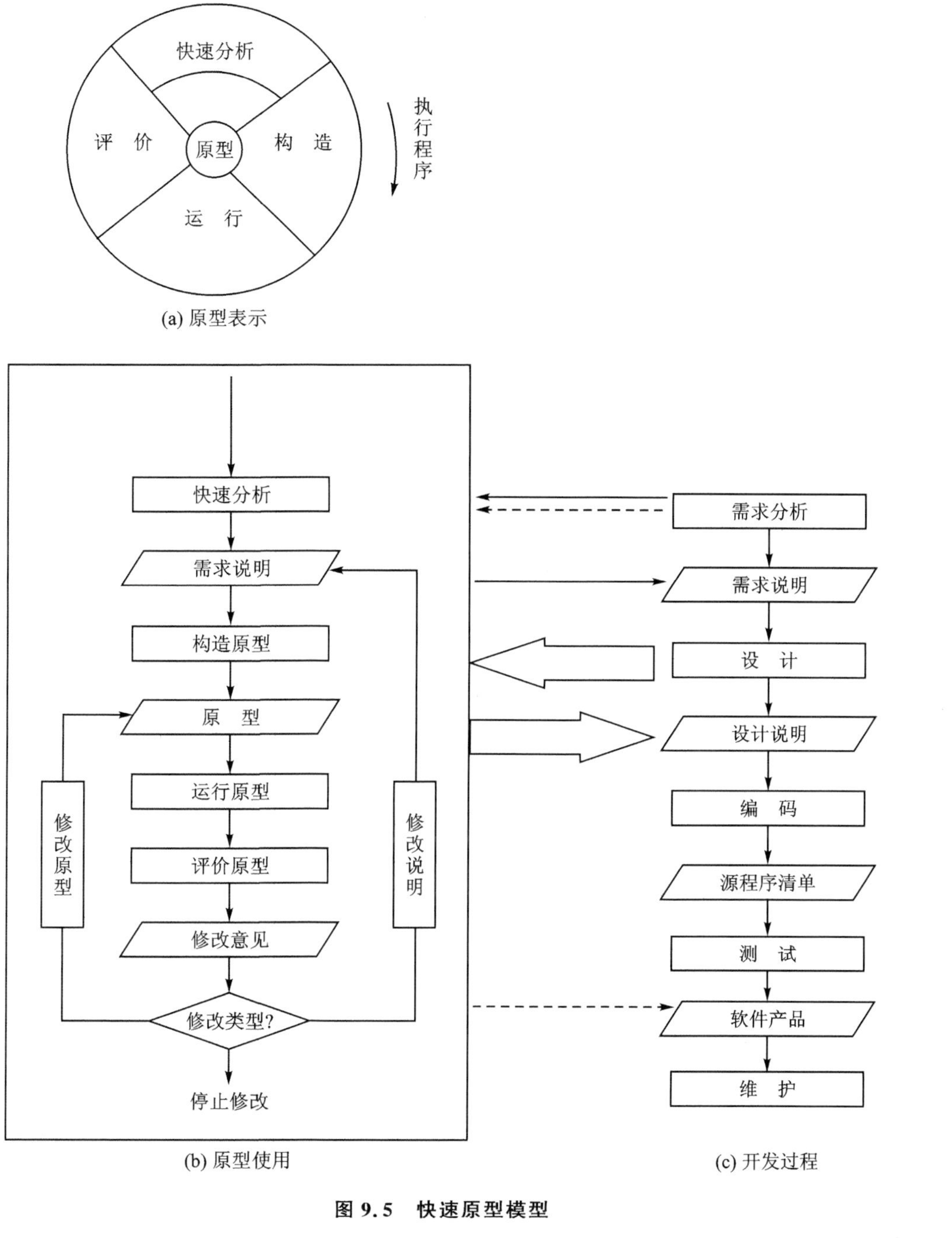

图 9.5 快速原型模型

任何模型都有自己的优缺点,快速原型克服了瀑布模型的缺点,减小了由于软件需求不明确带来的开发风险。但缺点是快速建立起来的系统结构加上持续的修改可能会导致产品质量降低,稳定性下降,并且给项目维护增加了一定的难度。

3. 迭代模型

瀑布模型对文档有特别的要求，并且在每个阶段都要仔细验证，但是由于这种线性过程过于理想化，不再适合现代软件开发的过程，几乎被业界抛弃。早在20世纪50年代末期，软件领域中就出现了迭代模型。最早的迭代过程可能被描述为“分段模型(Stagewise Model)”。迭代模型是RUP(Rational Unified Process，统一软件开发过程)推荐的周期模型。被定义为：迭代包括产生产品发布(稳定、可执行的产品版本)的全部开发活动和要使用该发布必需的所有其他外围元素。在某种程度上，开发迭代是一次完整地经过所有工作流程的过程：需求分析、设计、实施和测试工作流程。实质上，它类似于小型的瀑布式项目。RUP认为，所有的阶段都可以细分为迭代。每一次的迭代都会产生一个可以发布的产品，这个产品是最终产品的一个子集。① 迭代模型的选择使用有一定的条件，包括以下几个方面：一是在项目开发早期需求可能有所变化。二是分析设计人员对应用领域很熟悉。三是用户可不同程度地参与整个项目的开发过程。四是使用面向对象的语言或统一建模语言。五是要求有一定高素质的项目管理者和软件研究开发团队。正因如此，迭代模型也具有其他模型不可替代的优点：一是降低了在一个增量上的开发风险。如果开发人员重复某个迭代，那么损失只是这一个开发有误的迭代的花费。二是降低了产品无法按照既定进度进入市场的风险。通过在开发早期就确定风险，可以尽早解决而不至于在开发后期匆忙补救。三是加快了整个开发工作的进度。

4. 敏捷模型

近些年以来，针对传统的瀑布开发模式兴起了一种叫敏捷的开发模型，其目的是提高开发效率和响应能力。敏捷开发模型可以快速应对客户的需求变更。这种模式强调以人为核心，其主要特点如下：一是个体和交互胜过过程和工具。二是可以工作的软件胜过面面俱到的文档。三是客户合作胜过合同谈判。四是响应变化胜过遵循计划。采用迭代模式最大的一个优点就是循序渐进地开发软件，以增加灵活性，还可以使团队加强合作，提高团队的激情和活力，以适应更大的变化和生产出更高质量的软件。因为在此模型中，软件项目可以被划分成多个相互联系但又能独立运行的子项目，这就使每个子项目在开发、测试直至完成的过程中一直保持可使用的状态。

二、软件需求分析

要形成一份高质量的完整需求分析报告，前期的调研分析是关键的环节。我们首先来分析一下什么是需求？

(一) 需求概述

1. IEEE对需求的定义的两层含义

一层是对用户而言：用户解决问题或达到目标所需要的条件或能力。另一层是

① 迭代模型的描述来源于百度。

对开发者而言:系统或系统部件要满足合同、标准、规范或其他规定文件文档所需具有的条件或能力。因此,我们可以说需求是产品的根源,需求工作的优劣对产品影响最大,需求就是产品的源头活水。

2. 对待需求的三种状态

一是被动型。整个需求互动过程中被动地对待需求工程中的各项活动,能不多问则不多问,能少干则少干。这些员工认为需求是用户的事情而不是自己的事情。开发过程中经常发生需求变更,导致开发的产品不知所措而迷失前进的方向或者是中途中断合作。二是主动型。俗话说得好,良好的开端是成功的一半,主动型的需求工程是开发成功产品的必备条件,在整个工程中,他们会想尽一切办法克服需求开发和管理过程中的种种困难,他们会把准确获取需求当作是自己的职责。三是领先型。在主动型的基础上,还有一种是领先型需求,这是需求工程的最高境界。他们会引导和帮助用户发掘出更好的需求,这也是引导型消费的一种,它带来的效果就是让用户跟着新产品跑,而不让新产品跟着用户转。

3. 需求分析员的职责和技能

既然需求分析如此重要,那我们的需求分析员的工作职责和要掌握的技能包括哪些呢?分析员的工作职责主要包括业务需求定义、确定项目、获取和分析需求、编写需求说明书、为需求建模、需求验证、优秀级划分和管理需求。分析员必备的技能包括倾听的技巧、交谈和提问的技巧、分析能力、协调能力、观察能力、写作能力、组织能力、建模能力、人际交往能力、创造力,等等。

在实际的工作中,当完成需求调研后,要进行需求分析,然后编写需求文档给客户确认,由于文字的描述存在局限性,即使长篇大论,客户也不一定能理解专业术语。为了避免出现这种偏差,我们一般使用“静态原型”作为需求规格说明书的补充。

(二) 静态原型

1. 原型的定义

原型(Prototype)即把系统的主要功能和功能执行流程通过快速开发制作为“软件样机”,以可视化的形式呈现给用户,及时征求用户意见,从而准确无误地确定用户需求。同时,原型也可用于征求内部意见,作为分析和设计的接口之一,可方便沟通。因此它的主要价值就是可视化、强化沟通、降低风险,节省后期变更成本,提高项目成功率。所谓磨刀不误砍柴工。一般说来,采用原型后可以改进需求质量。虽然先期投入了较多的时间,但可以显著减少后期变更的时间。

2. 基本要求

对原型的基本要求有如下三点。一是体现主要的功能。二是提供基本的界面风格。三是明确展示需求中的模糊部分,便于客户进行确认或进一步明确,以防患于未然。同时要求原型最好是可以运行的,至少在各主要功能模块之间能够相互连接。

(三) 需求变更

需求变更在软件项目的实施过程中是常有的事,不管是大型项目,还是微型项目，都存在一定的变更。一方面由于前期需求分析不够深入和细致，另一方面由于客户在使用的过程中不断地变化和调整需求。为避免因为需求的变更而导致项目的失败，我们需要对需求变更进行严格的管理。曾经的一项研究表明：1997 年 12 月，美国一家公司对美国和英国的 500 名 IT 经理进行调查后发现，76%的受访者在他们的事业中经历过完全的项目失败，其主要原因就是用户不断地变更需求。

因此，作为软件开发人员必须接受在软件项目中需求会变更这一事实。我们要做的就是如何来应对需求变更和减少变更。

三、撰写各种文档与报告

文档是软件的重要组成部分，没有文档就不是完整的软件。可以说，文档自一开始就伴随着软件的产生而产生，软件的结束而没结束。甚至是先有文档后有软件。可见文档的重要性。既然文档如此重要，那么国家有没有一套标准来规范文档的撰写和拟定呢？显然是有的。国家质量监督检验检疫总局和国家标准化委员会联合颁布的 GB/T 8567—2006《计算机软件文档编制规范》中作了明确的规定。软件开发相关的文档一共有 25 种，而对于一般常用的或中小型项目的软件有 13 种文档。

（一）常用文档的种类

在软件项目开发过程中，应该按要求编写好文档，要突出文档的针对性、精确性、清晰性、完整性、灵活性和可追溯性。

1. 可行性分析报告

可行性分析报告说明该软件开发项目的实现在技术上、经济上和社会因素上的可行性，评述为了合理地达到开发目标可供选择的各种可能的实施方案，说明并论证所选定实施方案的理由。

2. 项目开发计划

项目开发计划为软件项目实施方案制订出具体计划，一般包括各部分工作的负责人员、开发的进度、开发经费的预算、所需的硬件及软件资源等。

3. 软件需求说明书（软件规格说明书）

软件需求说明书对所开发软件的功能、性能、用户界面及运行环境等作出详细的说明。它是在用户与开发人员双方对软件需求取得共同理解并达成协议的条件下编写的，也是实施开发工作的基础。该说明书应给出数据逻辑和数据采集的各项要求，为生成和维护系统数据文件做好准备。

4. 概要设计说明书

概要设计说明书是概要实行阶段的工作成果，它应说明功能分配、模块划分、程序的总体结构、输入输出以及接口设计、运行设计、数据结构设计和出错处理设计等，为详细设计提供基础。

5. 详细设计说明书

详细设计说明书着重描述每个模块是如何实现的，包括实现算法、逻辑流程等。

6. 用户操作手册

用户操作手册详细描述软件的功能、性能和用户界面，使用户能够具体了解到如何使用该软件，为操作人员提供该软件各种运行情况的有关知识，特别是操作方法的具体细节。

7. 测试计划

为做好集成测试和验收测试，需为如何组织测试制订实施计划。计划应包括测试的内容、进度、条件、人员、测试用例的选取原则、测试结果允许的偏差范围等。

8. 测试分析报告

测试工作完成以后，应提交测试计划执行情况的说明，对测试结果加以分析，并提出测试的结论意见。

9. 开发进度月报

开发进度月报是软件人员按月向管理部门提交的项目进展情况报告，报告应包括进度计划与实际执行情况的比较、阶段成果、遇到的问题和解决的办法以及下个月的打算等。

10. 项目开发总结报告

软件项目开发完成以后，应与项目实施计划对照，总结实际执行的情况，如进度、成果、资源利用、成本和投入的人力；此外，还需对开发工作做出评价，总结出经验和教训。

11. 软件维护手册

软件维护手册主要包括软件系统说明、程序模块说明、操作环境、支持软件的说明、维护过程的说明，以便于软件的维护。

12. 软件问题报告

软件问题报告指出软件问题的登记情况，如日期、发现人、状态、问题所属模块等，为软件修改提供准备文档。

13. 软件修改报告

软件产品投入运行以后，如发现需对其进行修正、更改等问题，应撰写软件修改报告，即将存在的问题、修改的考虑以及修改的影响作出详细的描述，并提交审批。①

（二）常用文档模板

1. 需求规格说明书

需求规格说明书主要用于系统分析阶段要编写的文档，包括确定用户的需求，描述系统相关用户解译的特色，明确系统的开发目标、业务执行以及软件在功能、性能和环境等各方面需要达到的基本要求，具体内容如表 9.1 所列。

---

① 参考来源：CSDN 博主「diggerping」的文章，https://blog.csdn.net/diggerping/article/details/287128。

表 9.1　需求规格说明书的模板

需求规格说明书阐述一个软件系统必须提供的功能和性能以及它所要考虑的限制条件，它不仅是系统测试和用户文档的基础，也是所有子系列项目规划、设计和编码的基础。它应该尽可能完整地描述系统预期的外部行为和用户可视化行为。除了设计和实现上的限制，软件需求规格说明不应该包括设计、构造、测试或工程管理的细节。要注意的是要相信模板是很有用的，但有时根据项目特点进行适当的改动是必须的

		1	2	3	4	5	6
1	引　言	目　的	文档约定	预期的读者和阅读建议	产品的范围	参考文献	
2	综合描述	产品的前景	产品的功能	用户类和特征	运行环境	设计和实现上的限制	假设和依赖
3	外部接口需求	用户界面	硬件接口	软件接口	通信接口		
4	系统特性	说明和优先级	激励/响应序列	功能需求			
5	其他非功能需求	性能需求	安全设施需求	安全性需求	软件质量属性	业务规则	用户文档
6	其他需求						
7	附　件	词汇表	分析模型	待确定问题的列表			

1. 引　言

引言提出了对软件需求规格说明的纵览，这有助于读者了解如何阅读文档并理解文档是如何编写的。

1.1　目　的

对产品进行定义，在该文档中详尽地说明了这个产品的软件需求，包括修正或发行版本号。如果这个软件需求规格说明只与整个系统的一部分有关系，那么就只定义文档中说明的部分或子系统。

1.2　文档约定

描述编写文档时所采用的标准或排版约定，包括正文风格、提示区或重要符号。

1.3　预期的读者和阅读建议

列举了软件需求规格说明所针对的不同读者，例如开发人员、项目经理、营销人员、用户、测试人员或文档的编写人员。描述了文档中剩余部分的内容及其组织结构。提出了最适合每一类型读者阅读文档的建议。

1.4　产品的范围

提供了对指定的软件及其目的的简短描述，包括利益和目标。把软件与企业目标或业务策略相联系。可以参考项目视图和范围文档，而不是将其内容复制到这里。

1.5　参考文献

列举了编写软件需求规格说明时所参考的资料或其他资源。这可能包括用户界面风格指导、合同、标准、系统需求规格说明、使用实例文档，或相关产品的软件需求规格说明。

续表 9.1

2. 综合描述

这一部分概述了正在定义的产品以及它所运行的环境、使用产品的用户和已知的限制、假设和依赖。

2.1　产品的前景

描述了软件需求规格说明中所定义的产品的背景和起源。说明了该产品是否是产品系列中的下一成员，是否是成熟产品所改进的下一代产品、是否是现有应用程序的替代品，或者是否是一个新型的、自含型产品。

2.2　产品的功能

概述了产品所具有的主要功能。其详细内容将在“4. 系统特性”中描述，所以在此只需要概略地总结。很好地描述产品的功能将使每个读者都易于理解。

2.3　用户类和特征

确定你觉得可能使用该产品的不同用户类并描述它们相关的特征。有一些需求可能只与特定的用户类相关。

2.4　运行环境

描述了软件的运行环境，包括硬件平台、操作系统和版本，还有其他的软件组件或与其共存的应用程序。

2.5　设计和实现上的限制

确定影响开发人员自由选择的问题，并说明这些问题为什么成为一种限制。

2.6　假设和依赖

列举出在对软件需求规格说明中影响需求陈述的假设因素(与已知因素相对立)。这可能包括你打算要用的商业组件或有关开发或运行环境的问题。你可能认为产品将符合一个特殊的用户界面设计约定，但是另一个 SRS 读者却可能不这样认为。如果这些假设不正确、不一致或被更改，就会使项目受到影响。

此外，确定项目对外部因素存在的依赖。例如，如果你打算把其他项目开发的组件集成到系统中，那么你就要依赖那个项目按时提供正确的操作组件。如果这些依赖已经记录到其他文档(例如项目计划)中了，那么在此就可以参考其他文档。

3. 外部接口需求

利用本节来确定可以保证新产品与外部组件正确连接的需求。关联图表示了高层抽象的外部接口。需要把对接口数据和控制组件的详细描述写入数据字典中。如果产品的不同部分有不同的外部接口，那么应把这些外部接口的详细需求并入到这一部分的实例中。

3.1　用户界面

陈述所需要的用户界面的软件组件。描述每个用户界面的逻辑特征。而对于用户界面的细节，例如特定对话框的布局，应该写入一个独立的用户界面规格说明中，而不能写入软件需求规格说明中。

3.2　硬件接口

描述系统中软件和硬件每一接口的特征。这种描述可能包括支持的硬件类型、软硬件之间交流的数据和控制信息的性质以及所使用的通信协议。

3.3　软件接口

描述该产品与其他外部组件(由名字和版本识别)的连接，包括数据库、操作系统、工具、库和集成的商业组件。明确并描述在软件组件之间交换数据或消息的目的。描述所需要的服务以及内部组件通信的性质。确定将在组件之间共享的数据。

3.4　通信接口

描述与产品所使用的通信功能相关的需求，包括电子邮件、W52 浏览器、网络通信标准或协议及电子表格等等。定义了相关的消息格式。规定了通信安全或加密问题、数据传输速率和同步通信机制。

续表 9.1

4. **系统特性**

4.1 **说明和优先级**

提出了对该系统特性的简短说明并指出该特性的优先级是高、中，还是低，还可以包括对特定优先级部分的评价，例如利益、损失、费用和风险，其相对优先等级可以从 1(低)到 9 (高)。

4.2 **激励/响应序列**

列出输入激励(用户动作、来自外部设备的信号或其他触发器)和定义这一特性行为的系统响应序列。这些序列将与使用实例相关的对话元素相对应。

4.3 **功能需求**

详细列出与该特性相关的功能需求。这些是必须提交给用户的软件功能，使用户可以使用所提供的特性执行服务或者使用所指定的使用实例执行任务。描述产品如何响应可预知的出错条件或者非法输入或动作。就像本章开头所描述的那样，你必须唯一地标识每个需求。

5. **其他非功能需求**

这部分列举出了所有非功能需求，如产品的易用程度如何，执行速度如何，可靠性如何，当发生异常情况时，系统如何处理，而不是外部接口需求和限制。

5.1 **性能需求**

阐述了不同的应用领域对产品性能的需求，并解释它们的原理以帮助开发人员作出合理的设计选择。确定相互合作的用户数或者所支持的操作、响应时间以及与实时系统的时间关系。你还可以在这里定义容量需求，例如存储器和磁盘空间的需求或者存储在数据库中表的最大行数。尽可能详细地确定性能需求。可能需要针对每个功能需求或特性分别陈述其性能需求，而不是把它们都集中在一起陈述。

5.2 **安全设施需求**

详尽陈述与产品使用过程中可能发生的损失、破坏或危害相关的需求。定义必须采取的安全保护或动作，还有那些预防的潜在的危险动作。明确产品必须遵从的安全标准、策略或规则。

5.3 **安全性需求**

详尽陈述与系统安全性、完整性或与私人问题相关的需求，这些问题将会影响到产品的使用和产品所创建或使用的数据的保护。定义用户身份确认或授权需求。明确产品必须满足的安全性或保密性策略。

5.4 **软件质量属性**

详尽陈述与客户或开发人员至关重要的其他产品质量特性。这些特性必须是确定、定量的并在可能时是可验证的。至少应指明不同属性的相对侧重点，例如易用程度优于易学程度，或者可移植性优于有效性。

5.5 **业务规则**

列举出有关产品的所有操作规则，例如什么人在特定环境下可以进行何种操作。这些本身不是功能需求，但它们可以暗示某些功能需求执行这些规则。

5.6 **用户文档**

列举出将与软件一同发行的用户文档部分，例如，用户手册、在线帮助和教程。明确所有已知的用户文档的交付格式或标准。

6. **其他需求**

定义在软件需求规格说明的其他部分未出现的需求，例如国际化需求或法律上的需求。你还可以增加有关操作、管理和维护部分来完善产品安装、配置、启动和关闭、修复和容错，以及登录和监控操作等方面的需求。

附件 1：词汇表

定义所有必要的术语，以便读者可以正确地解释软件需求规格说明，包括词头和缩写。你可能希望为整个公司创建一张跨越多项项目的词汇表，并且只包括特定于单一项目的软件需求规格说明中的术语。

续表 9.3.1

附件 2：分析模型

这个可选部分包括或涉及到相关的分析模型的位置，例如数据流程图、类图、状态转换图或实体-关系图。

附件 3：待确定问题的列表

编辑一张在软件需求规格说明中待确定问题的列表，其中每一个表项都是编上号的，以便于跟踪调查。

(1) 指明需求来源。指明需求的来源是为了让所有项目风险承担者明白需求规格说明书中为何提供这些功能需求，要都能追溯每项需求的来源，这可能是一种使用实例或其他客户要求，也可能是某项更高层系统需求、业务规范、政府法规、标准或别的外部来源。

(2) 为每项需求注上标号。为了满足软件需求规格说明的可跟踪性和可修改性的质量标准，必须唯一确定每个软件需求。为每项需求注上标号并制定一种惯例来为需求规格说明书中的每项需求提供一个独立的可识别的标号或记号。这种惯例应当很健全，允许增加、删除和修改。作了标号的需求使得需求能被跟踪，记录需求变更并为需求状态和变更活动建立度量。需求标识方法有序列号；层次化编码；使用“待确定”(to be determined，TBD)符号等。

(3) 记录业务规范。是指关于产品的操作原则，比如谁能在什么情况下采取什么动作。将这些编写成需求规格说明书中的一个独立部分，或一独立的业务规范文档。某些业务规范将引出相应的功能需求；当然这些需求也应能追溯相应的业务规范。

(4) 创建需求跟踪能力矩阵。建立一个矩阵把每项需求与实现、测试它的设计和代码部分联系起来。这样的需求跟踪能力矩阵同时也把功能需求和高层的需求及其他相关需求联系起来了。在开发过程中建立这个矩阵，而不要等到最后才去补建。

这里我们还要介绍需求规格说明书中设计阶段，用到的图形模型——数据字典、数据流图、数据流图、状态转换图、对话图和类图。

数据字典。一个定义应用程序中使用的所有数据元素和结构的含义、类型、数据大小、格式、度量单位、精度以及允许取值范围的共享仓库。数据字典的维护独立于软件需求规格说明，并且在产品的开发和维护的任何阶段，各个风险承担者都可以访问数据字典。它定义了原数据元素、组成结构体的复杂数据元素、重复的数据项、一个数据项的枚举值以及可选的数据项。

数据流图。是结构化系统分析的基本工具。一个数据流图确定了系统的转化过程、系统所操纵的数据或物质的收集(存储)，还有过程、存储、外部世界之间的数据流或物质流。数据流模型把层次分解方法运用到系统分析上，这种方法很适用于事务处理系统和其他功能密集型应用程序。数据流图描绘了系统的数据关系。分析实体联系图有助于对业务或系统数据组成的理解和交互，并暗示产品将有必要包含一个数据库。相反，当你在系统设计阶段建立实体联系图时，通常要定义系统数据库的物理结构。

状态转换图：实时系统和过程控制应用程序可以在任何给定的时间内以有限的状态存在。当满足所定义的标准时，状态就会发生改变，例如在特定条件下，接收到一个特定的输入激励。这样的系统是有限状态机的例子。大多数软件系统需要一些状态建模或分析，就像大多数系统涉及到转换过程、数据实体和业务对象。

对话图。在许多应用程序中，用户界面可以看作是一个有限状态机制。在任何情况下仅有一个对话元素(例如一个菜单、工作区、运行提示符或对话框)对用户输入是可用的。在激活的输入区中，用户根据他所采取的活动，可以导航到有限的其他对话元素。因此，许多用户界面可以用状态转换图中的一种对话图来建模。对话图描绘了系统中的对话元素和它们之间的导航连接，但它没有揭示具体的屏幕设计。

类图。面向对象的软件开发优于结构化分析和设计，并且它运用于许多项目的设计中，从而产生了面向对象分析、设计和编程的域。类图是用图形方式叙述面向对象分析所确定的类以及它们之间的关系。

2. 概要设计说明书

概要设计说明书是系统总体设计阶段要编写的重要文档，主要记录和描述软件系统或子系统功能组成及各功能间的关系、系统数据的组织等方面的内容，其具体内容如表 9.2 所列。

表 9.2　概要设计说明书的模板

1. 引　言

1.1　编写目的

说明编写这份概要设计说明书的目的，指出预期的读者。

1.2　背　景

a. 待开发软件系统的名称；

b. 列出此项目的任务提出者、开发者、用户以及将运行该软件的计算站（中心）。

1.3　定　义

列出本文件中用到的专门术语的定义和外文首字母组词的原词组。

1.4　参考资料

列出有关的参考文件，如：

a. 本项目的经核准的计划任务书或合同，上级机关的批文；

b. 属于本项目的其他已发表文件；

c. 本文件中各处引用的文件、资料，包括所要用到的软件开发标准。列出这些文件的标题、文件编号、发表日期和出版单位，说明能够得到这些文件资料的来源。

2. 总体设计

2.1　需求规定

说明对本系统的主要的输入输出项目、处理的功能性能要求，详细的说明可参见附录 C。

2.2　运行环境

简要地说明对本系统的运行环境（包括硬件环境和支持环境）的规定，详细说明参见附录 C。

2.3　基本设计概念和处理流程

说明本系统的基本设计概念和处理流程，尽量使用图表的形式。

2.4　结　构

用一览表及框图的形式说明本系统的系统元素（各层模块、子程序、公用程序等）的划分，扼要说明每个系统元素的标识符和功能，分层次地给出各元素之间的控制与被控制关系。

2.5　功能需求与程序的关系

本条用一张如下的矩阵图说明各项功能需求的实现同各个程序的分配关系。

2.6　人工处理过程

说明在本软件系统的工作过程中不得不包含的人工处理过程（如果有的话）。

2.7　尚未解决的问题

说明在概要设计过程中尚未解决而设计者认为在系统完成之前必须解决的各种问题。

3. 接口设计

3.1　用户接口

说明将向用户提供的命令和它们的语法结构，以及软件的回答信息。

3.2　外部接口

说明本系统同外界的所有接口的安排，包括软件与硬件之间的接口、本系统与各支持软件之间的接口关系。

续表 9.2

3.3 内部接口 说明本系统之内的各个系统元素之间的接口的安排。 **4. 运行设计** **4.1 运行模块组合** 说明对系统施加不同的外界运行控制时所引起的各种不同的运行模块组合，说明每种运行所需要的内部模块和支持软件。 **4.2 运行控制** 说明每一种外界的运行控制的方式方法和操作步骤。 **4.3 运行时间** 说明每种运行模块组合将占用各种资源的时间。 **5. 系统数据结构设计** **5.1 逻辑结构设计要点** 给出本系统内所使用的每个数据结构的名称、标识符以及它们之中每个数据项、记录、文卷和系的标识、定义、长度及它们之间的层次的或表格的相互关系。 **5.2 物理结构设计要点** 给出本系统内所使用的每个数据结构中的每个数据项的存储要求、访问方法、存取单位、存取的物理关系（索引、设备、存储区域）、设计考虑和保密条件。 **5.3 数据结构与程序的关系** 说明各个数据结构与访问这些数据结构的形式。 **6. 系统出错处理设计** **6.1 出错信息** 用一览表的方式列出每种可能的出错或故障出现时，系统输出信息的形式、含意及处理方法。 **6.2 补救措施** 说明故障出现后可能采取的变通措施，包括： a. 后备技术说明准备采用的后备技术，当原始系统数据万一丢失时副本的建立和启动的技术，例如周期性地把磁盘信息记录到磁盘上去就是对于磁盘媒体的一种后备技术； b. 降效技术说明准备采用的后备技术，使用另一个效率稍低的系统或方法来求得所需结果的某些部分，例如一个自动系统的降效技术可以是手工操作和数据的人工记录； c. 恢复及再启动技术说明将使用的恢复再启动技术，使软件从故障点恢复执行或使软件从头开始重新运行的方法。 **6.3 系统维护设计** 说明为了系统维护的方便而在程序内部设计中作出的安排，包括在程序中专门安排用于系统的检查与维护的检测点和专用模块。①

3. 详细设计说明书

详细设计说明书是主要用于系统详细设计阶段而编写的文档，包括记录和描述软件系统各功能模板内部的逻辑流程、关键算法、需要接收的输入数据以及执行后的输出数据等方面的内容，具体内容如表 9.3 所列。

① 来源：转载自国家计算机标准和文件模板。

表 9.3　详细设计说明书的模板

1. 引　言 **1.1　编写目的** 说明编写本设计说明书的目的和意义，指出预期的读者。 **1.2　背　景** (1) 待开发软件系统的名称； (2) 本项目的任务提出者； (3) 开发者； (4) 用户和运行该程序系统的计算机中心。 **1.3　定　义** 列出本文件中用到的专门术语的定义和缩略语的原形。 **1.4　参考资料** 列出有关的参考资料，如： (1) 本项目经核准的计划任务书或合同、上级机关的批文； (2) 属于本项目的其他已发表的文件； (3) 本文件中引用的文件资料，包括所用到的软件开发标准。列出这些文件的标题、文件编号、发表日期和出版单位，说明能够取得这些文件的来源。 **2. 程序的组织机构** 说明每个模块对应的程序名及实现的功能。 **3. 模块详细设计** 详细描述总体结构中的每个模块的处理过程。 (1) 功能描述 (2) 性能 (3) 输入项 (4) 输出项 (5) 流程逻辑与算法描述 (6) 接口 (7) 单元测试 ……

第四节　软件设计与项目实施

在本章前面的课程中，我们学习了企业概况、团队组建以及需求分析情况，但还没有接触软件设计的内容，本节中我们就重点介绍与软件设计相关的知识。

现实工作中，软件设计工作往往被分成两个阶段进行。第一阶段是前期的概要设计，用于确定软件系统的基本框架；然后是在概要设计的基础上进行详细设计，用于确定软件系统的内部实现细节。设计阶段的主要工作就是在前期需求分析的基础上，针对客户的要求和给出的问题，提出该问题的软件解决方案，也就是回答"是什么”和“怎么样”的问题。这两个环节的结果将直接对软件的架构和编码实现产生重大影响，所以概要设计和详细设计完成后还要进行文档编写和说明书拟定，以用于后续的开发和测试等工作。

一、概要设计

（一）概要设计目标

所谓的概要就是总体的意思，所以概要设计也叫总体设计。其主要目的和意义在于能够针对软件需求分析中提出的一系列软件问题，概要地回答如何解决。如软件系统采用什么样的体系架构，需要创建哪些功能模块，模块之间的关系如何，数据结构如何，软件系统需要什么样的网络环境提供支撑，需要采用什么类型的后台数据库，等等。

如果没有经过概要设计就直接设计和考虑它的算法或编写程序，这个系统的质量就很难保证。在现实运行中，许多软件就是因为结构上的问题，经常发生故障导致维护和后期完善的困难。因此，概要设计是软件系统开发中一个非常重要的环节。但它的前提却是建立在需求分析的基础上的。详细准确的软件需求分析文档是软件概要设计的前提条件和关键环节。只有通过这个严谨的过程才能保证开发出来的软件系统能够最大限度地满足用户的应用需要。

（二）概要设计过程

那概要设计到底包括几个关键环节呢？根据以往的经验，归纳出主要包括设计系统架构、设计软件结构、设计数据结构三个方面的设计，如图 9.6 所示。

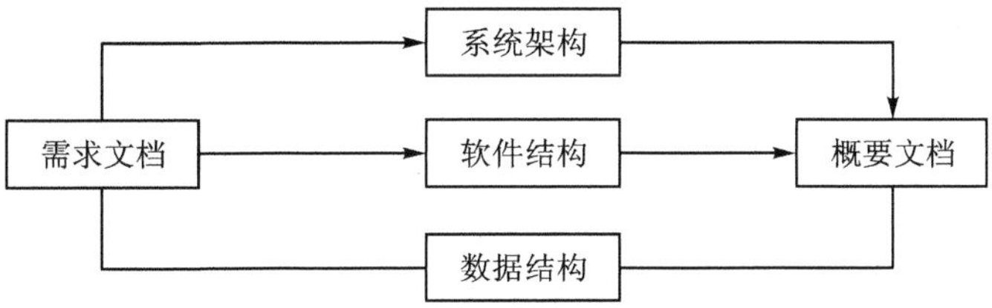

图 9.6　概要设计基本过程

1. 设计系统架构

主要用于定义组成系统的子系统，以及对子系统的控制、子系统之间的通信和数据环境等安排。

2. 设计软件结构

用于定义构造子系统的功能模板、模块接口、模块之间的调用与返回关系等。

3. 设计数据结构

用于定义数据结构、数据库结构等。

概要设计其实是一个转换的过程。转换什么呢？如何转换呢？主要是将需求设计分析中产生的功能模型、数据模型和行为模型等分析结论转换成软件的系统架构、软件架构和数据架构等设计模型。再将这些结论写入概要设计文档中，作为后期详细设计的基本思路和依据，能够为后面的详细设计、程序编码提供技术定位。

（三）设计系统架构

在软件设计的环节中，系统架构设计是非常重要的一个环节。关系到系统的优化和运行。所谓系统架构设计就是根据系统的需求框架来确定系统的基本结构，从而得到系统创建的总体方案。设计的主要内容有：一是根据系统业务的需求，将系统分解成诸多具有独立任务的子系统。正如一所大学里面有诸多满足师生教学和科研的部门。这些部门独立运行又服务于学校的总体需要。二是分析子系统之间的通信，确定子系统的外部接口。三是分析系统的应用特点、技术特点及项目资金情况，确定系统的硬件环境、软件环境、网络环境和数据环境等。四是根据系统整体逻辑构造与应用需要，对系统进行整体物理部署与优化。

1. 设计步骤

(1) 定义子系统。根据需求分析中有关系统的业务划分情况，将系统分解成诸多具有独立任务的子系统。

(2) 定义子系统外部接口。分析子系统之间的通信与协作，以获得对子系统外部接口的定义。

(3) 定义系统物理架构。根据系统的整体逻辑结构、技术特点、应用特点和系统开发的资金投入情况等，选择合适的系统物理架构，包括硬件设备、软件环境、网络结构和数据库结构，并将子系统按照所选的物理架构进行合理部署与优化。

2. 典型的系统架构

(1) 集中式结构。这种结构属于比较传统的系统架构，由一台主机和多个终端设备组成。一台主机上，包括操作系统、数据库系统、应用系统和资源文件等全部软件资源都集中安装在主机中。不仅如此，主机上还集中了智能处理器，用户则是通过和主机连接的基本无智能的终端与系统进行通信。这种集中式的结构优点在于具有高稳定性和安全性，不足就是对设备条件、经费需求以及维护成本等都有一定的要求。

(2) 客户端/服务器结构。这种结构也被称为客户端/服务器模式，即(Client/Server，C/S)，它是一种分布与集中相互结合的结构，系统依靠网络被分布在许多台不同的计算机上，但通过其中的服务器计算机提供集中式服务。客户端/服务器结构中客户端需要安装程序来访问服务器和通信。例如，现在大多数高校使用的青果教务系统均采用的是这种模式。客户端需要经常更新软件和信息以保持同步。

(3) 多层客户端/服务器结构。这种结构被广泛应用于数据库的信息服务领域，但是在客户端如果进行大量数据的处理和存储必然影响性能和数据的安全，所以演变出了多层客户端/服务器结构。

(4) 浏览器/服务器结构。这种结构也被称为浏览器/服务器，即(Browser/

Server,B/S)模式,这种结构模式在用户端只需要一个浏览器即可访问服务器资源,由于给用户端减少了负担,从而提高了访问效率,得到广泛的欢迎,用于各大网络商务系统中。

(四) 设计软件结构

当系统的架构设计确定以后,就可以进行结构设计了。软件结构设计是对组成系统的各个子系统的结构进行设计。例如,对各子系统进行进一步的分解和划分,通过一些具体的功能模块来构造这些软件。其主要设计内容包括以下几个方面:

(1) 确定构造子系统的各模块元素。

(2) 根据软件需求来定义每个模块的功能。

(3) 定义模块接口与设计模板接口数据结构。

(4) 确定模块之间的调用与返回关系。

(5) 评估软件结构质量,进行结构优化。

可能有的同学会问,什么是模块呢? 模块概念产生于结构化程序设计思想,这时的模块被作为构造程序的基本单元。在这种结构化的方法程序设计中,模块是一个功能单位,这个单位可以很大,也可以很小。可以理解成软件系统中的一个子程序系统,也可以是子程序系统内一个涉及多项任务的功能程序块,还可以是功能程序块内的一个程序单元。换句话说,模块实际上体现出了系统所具有的功能层次结构。模块的出现让复杂的大型软件被划分成若干简单的软件或小程序。但各软件和程序之间要遵循一定的原则:例如,模块功能完整、模块大小适中、模块功能可预测、尽量降低模块接口的复杂程序等原则。

(五) 设计公共数据结构

所谓公共数据设计指的是确定那些将被许多模块共同使用的那部分数据,如公共变量、数据文件、数据库的数据等,可以将这些数据作为系统的公共数据。定义公共数据可以统一系统中数据处理的格式和操作,避免因不一致导致的麻烦。

1. 公共数据设计

公共数据设计主要包括公共数据变量的数据结构与作用范围、输入输出文件的结构、数据库中的表结构、视图结构及数据完整性等三个方面。

2. 数据库设计

设计公共数据时,数据库的设计是其中重要的内容。同时还要考虑系统安全性设计、故障处理设计等方面的内容。

(六) 约定系统环境

在概要设计中,要对系统的运行环境进行规定和约定,这个环境既要对软件的运行起到稳定的作用,还要保证系统的性能和安全性。主要涉及的有:① 硬件要求:对运行机器的 CPU、内存、硬盘、网卡等硬件或外设的要求,如一些系统需要具备身份证读卡器、摄像头、光盘记录机、声音采集器、扫描记录等外设设备和传感设备都要进行详细的说明。② 操作系统要求：对运行设备机器的操作系统、浏览器、防火墙、杀毒软件等系统软件的要求。③ 服务器要求：对各个服务器性能、软硬件的要求。④ 数据库要求：对系统所使用的数据库软件及版本的要求。

（七）设计概要文档

在软件开发和使用的过程中将会出现大量的文档，因此需要对开发人员、测试人员作进一步的指导和说明。这些文档都是在概要设计基阶段产生的，涉及系统目标、系统架构、软件结构、数据结构运行控制、出错处理、安全机制等诸多方面的说明。显然，这些概要设计文档是面向软件开发人员而言的，主要作为项目管理人员、系统分析人员和设计人员之间交流的媒体。若对概要设计文档进行评审的话，主要涉及以下几个方面：① 需求确认，确认所设计的软件是否已覆盖了所有的需求状况。② 接口确认，确认该软件的内部接口与外部接口是否已经明确定义。③ 模块确认，确认所设计的模块是否满足要求。④ 风险性，该设计在现有技术条件下和预算范围内是否能按时实现。⑤ 实用性，该设计对于需求的解决是否实用。⑥ 可维护性，该设计是否考虑到今后的维护。⑦ 质量，该设计是否表现出良好的质量状况。⑧ 稳定性，该设计是否具有良好的稳定性，以满足用户的需求。

二、详细设计

概要设计是软件开发中比较宏观层面的设计，仍然不能让程序员直接编码和操作。能够指导程序员直接操作的设计方案是详细设计。因此详细设计是对目标系统的精确描述，从而在编码阶段可以将这个描述直接翻译成用某种程序设计语言书写的程序。所以，我们才说详细设计的质量和效果基本上决定了最终程序代码的质量和软件的质量。

可能有的个同学对概要设计和详细设计还存在一些疑惑，他们的区别如下：① 在概要设计阶段，数据项和数据结构以比较抽象的方式描述，而详细设计就要确定具体使用什么数据结构来实现。② 详细设计要提供关于算法的更多细节。

所以，我们才说详细设计是在概要设计的基础上，具体和详细描述各模块具体实现和处理逻辑。其主要使用的方法有结构化程序设计方法和面向对象程序设计方法。

（一）结构化程序设计方法

所谓结构化程序设计方法是按照模块划分原则以提高程序的可读性和易维护性。可调性和可扩充性是目标程序设计的一种要求。

在结构化的程序设计中，有顺序结构、分支结构（包括多分支结构）和循环结构等三种基本的程序结构形式。这三种基本结构的共同特点是只允许有一个流动入口和一个出口，仅有这三种基本结构组成的程序称为结构化程序。结构化程序设计适用于程序规模较大的情况。这样设计的优点在于程序结构良好、易读、易理解、易维护和正确性得到保证。

(二) 面对对象程序设计方法

所谓面向对象就是面向具体的真实世界,其目的就是使开发软件的方法与过程尽可能地跟人对世界的认识保持一致。面向对象程序设计(Object Oriented Programming)作为一种新方法,其本质是以建立模型体现出来的抽象思维过程和面向对象的方法。

1. UML 建模方法

UML 是面向对象开发中一种通用的图形化建模语言,也叫统一建模语言(Unified Modeling Language),它定义良好、易于表达、功能强大且普遍适用。面向对象的分析主要在加强对问题空间和系统任务的理解、改进各方交流、与需求保持一致和支持软件重用等四个方面表现出比其他系统分析方法更好的能力,成为主流的系统分析方法。

(1) UML 模型图的组成。UML 能够从各个不同的角度对软件系统进行描述,所用到的图形模型如下:

① 用例图:涉及参与者、用例等图形元素,用于描述用户与系统之间的交互关系。

② 用类图:涉及类、接口等元素,以及这些元素之间存在关系、泛化、依赖等关系,用于描述系统的静态结构。

③ 活动图:使用活动图形元素说明系统的高层活动状态与转换,用于说明用例图中每个用例的内部工作流程。

④ 状态图:涉及状态、事件等图形元素,主要用于对类元素所具有的各种状态以及状态之间的转换关系进行细节描述。

⑤ 序列图:涉及对象、消息等元素,其中对象沿横向排列、消息沿竖向排列,用于反映对象通信时传递消息的时间顺序。

⑥ 协作图:涉及对象、消息等元素,用于对系统在某个工作片段所包含的对象及对象与对象之间基于消息的通信进行设计说明。

⑦ 构件图:使用构件及其构件之间的依赖关系说明系统的物理构造。

⑧ 部署图:由客户机、服务器等物理节点组成,用于描述系统的分布式架构。

(2) UML 建模过程。UML 建模过程主要包括分析与设计这两个建模阶段,其中各阶段使用的模型不一样。分析阶段需要创建的模型有用例图、活动图、分析类图和序列图,而设计阶段需要创建的模型有设计类图、协作图、状态图、构件图和部署图。

作业:

开发小组将召开程序设计工作会。请研究出项目方案,撰写出概要设计文档和详细设计文档。

第五节　项目规范与进度管理

在软件项目实施过程中，软件开发是一个复杂的过程；在团队开发中，也会出现多个人同时编辑同一代码，如何保证代码的准确性和可读性是衡量软件质量的重要指标，编码的规范性成了软件质量的第一步。因此，我们要对项目进行规范管理和进度控制。

一、项目规范

家有家规，国有国法。每个行业都有自己的规范体系和规章制度，就如高铁和飞机一样，都有自己的轨迹和航空路线，不至于出现相互碰撞的情况。同样的，软件行业也有自己的标准和规范。为什么要有一套规范体系呢？大家知道软件诞生在20世纪，在编写程序的初始时期程序往往很小，基本上是一个小团队或者仅有的少数几个人就可以完成。随着时代的进步和社会的发展，软件深入到各个行业中，若没有一套统一的规范标准，当软件进行移植或修改以及补充的时候可能就会没有多少人能读懂代码的含义。再如，大型的软件项目工期较长，可能出现程序员离职的情况，若没有一套统一的标准和规范，后面的程序员在接手工作时可能就会有很大的困难。具体而言，规范性如何呢？

（一）项目规范的意义

1. 提高程序的可读性

编码规范可以帮助我们写出人们容易理解的代码，它为我们提供了最基本的模板，良好的编码风格使代码具有一定的描述性，可以通过名字来获取一些代码的相关信息。

2. 促进团队合作

写程序时有一套规范的编码规则，有利于加强团队人员之间的合作，提高效率。同时达到节约成本的目的，刚才也提到，如果团队里有程序员离职，由于编码规则大家都熟悉，采用的是标准编码方式，下一个接手的程序员很容易上手和读懂上一个程序员编写的程序。

3. 提高程序员的个人能力

由于有标准和规范，当然不是每一个人写的程序都那么标准和规范，一般程序员都会有自己在编码的过程中养成的一些习惯。因此，有经验的程序员通过查看新程序员编写的代码就可以看出个人的能力和水平以及规范性。因此，养成良好的编码习惯对于开发人员而言是十分重要的。

（二）项目规范的内容

什么是项目规范呢？简单地说就是一系列标准，这些标准中规定了文档如何命名、数据库规范、编码规范如代码中的变量如何定义和命名、注释如何编写、数据库表格如何设计、界面如何组织等方面。例如，我们一般采用的表格名称＝表格名前缀＋下画线(_)＋表内容标识的形式来给数据中的表格进行命名。

需要注意的是，编码规范不仅限于命名规则、缩进、换行和注释，有时候还要包括程序结构等方面的要求和规定。同时还要注意到用户界面的规范，要有统一的风格和友好的界面。

二、进度管理

在管理软件时还要注意版本的控制。为了避免错误，人们尝试使用文档来记录项目中各个文档的改动历程，并为每一次改动编上序号，但这种工作不可能手工完成，有人开发出了将部分或全部版本控制工作自动化的系统。目前市面上和业内常用的是 VSS、SVN、Git 等工具。具体使用方法和技巧不在本书介绍范围内，大家可以专门去了解和学习。

作业：

安装并配置 VSS 版本控制工具，熟悉界面并了解各种功能。

第六节　软件测试与项目运行

软件的设计和开发都是为生产和生活服务的，然而这些程序代码的质量并不会随着代码编写的完成而提高。显然一个软件完成之后仍有许多的漏洞和 bug 需要我们去调试和测试。只有经过反复测试和试运行的软件才能提供给用户使用。因此软件调试工作是一项极其重要的工作，直接关系到后续的安全和稳定性。

一、软件缺陷的后果

软件是根据需要预先设计好的程序和逻辑流程，是人脑高度智力化的体现。但遗憾的是软件自诞生以来就存在不同程度的缺陷，虽然人们已经想尽一切办法来弥补和改进，但是软件的缺陷和故障仍然存在。

为什么有缺陷呢？因为没有达到软件本来的面目。Ron Patton 所著的《软件测试》中文版于 2002 年出版，它对软件缺陷的定义为：一是软件没有实现产品说明书所描述的功能。二是软件实现了产品说明书描述不应有的功能。三是软件执行了产品说明书没讲到的操作。四是软件没有实现产品说明书没讲到但应该实现的功能。五是从软件测试员的角度来看，软件难以理解、不易使用、运行缓慢，或者最终用户认为不对。同时，现实生活中因为软件设计的缺陷而导致的失误和损失是非常大的。

1. 程序失误漏统考分

安徽省 2007 年高考文科综合科目成绩因计算机程序失误漏统了第 39 题的考分，致使文科考生成绩统计有误。这一失误不仅给考生和家长带来巨大的影响，给社会也造成极坏的影响，致使教育考试院后来重新划定分数线。同时，为保证广大考生有充分的时间填报志愿，查分结束时间推迟，志愿填报时间再次延后，因此给工作造成了极大的影响。

2. 因程序重复发射失败的火箭

阿丽亚娜5型火箭的悲剧处女秀。1996年6月4日，阿丽亚娜5型运载火箭的首航，原计划将运送4颗太阳风观察卫星到预定轨道，但因软件引发的问题导致火箭在发射39秒后偏轨，从而激活了火箭的自我摧毁装置。阿丽亚娜5型火箭和其他卫星在瞬间灰飞烟灭。后来查明的事故原因是：代码重用。阿丽亚娜5型的发射系统代码直接重用了阿丽亚娜4型的相应代码，而阿丽亚娜4型的飞行条件和阿丽亚娜5型的飞行条件截然不同。此次事故损失高达3.7亿美元。

3. 一触即发的世界大战

1980年，北美防空联合司令部曾报告称美国遭受导弹袭击。后来证实，这是反馈系统的电路故障问题，但反馈系统软件没有考虑故障问题引发的误报。1983年，苏联卫星报告有美国导弹入侵，但主管官员的直觉告诉他这是误报。后来事实证明的确是误报。幸亏这些误报没有激活“核按钮”。在上述两个案例中，如果对方真的发起反击，核战争将全面爆发，后果不堪设想。

4. 温州7·23动车事故

2011年7月23日20时30分05秒，甬温线浙江省温州市境内，由北京南站开往福州站的D301次列车与由杭州站开往福州南站的D3115次列车发生动车组列车追尾事故。此次事故已确认共有6节车厢脱轨，即D301次列车第1至4位，D3115次列车第15、16位。造成40人死亡、172人受伤，中断行车32小时35分，直接经济损失19371.65万元。7·23甬温线特别重大铁路交通事故是一起因列控中心设备存在严重设计缺陷，遭雷击发生故障后，导致本应显示为红灯的区间信号机错误显示为绿灯。

以上案例充分说明，软件存在缺陷或发生错误后对人类生活和生命财产所造成的各种影响，有的甚至会带来灾难性的后果。但是通过软件测试却可以使这种风险降到最低，甚至是无风险。有了软件测试即在一定程度上解放了程序员，使他们能够更专心于解决程序的算法问题。同时它也减轻了售后服务人员的压力，交到他们手里的程序再也不是那些“一触即死机”的定时炸弹，而是经过严格检验的完整产品。同时，软件测试的发展对程序的外形、结构、输入和输出的规约和标准化提供了参考，并推动了软件工程的发展。

二、软件测试的原则

软件测试其宗旨要义是让软件通过预先设计的要求完整而准确，没有缺陷的实现。所以在测试的过程中就会出现多种心态：作为程序员而言，希望软件在测试过程中能够一次性通过测试，实现起初的完整准确的设计目标。而作为用户而言，希望通过软件的测试充分暴露软件中存在的问题和缺陷。通过几辈的不懈努力，归纳出以下测试原则，供大家学习参考。

1. 预先介入原则

前面我们也谈过要让测试工作与开发工作同步进行，甚至要让测试工作早于开发工作而提前构思。当然前提是要在充分理解和掌握需求分析报告和概要设计以及详细设计的基础之上。所以，所有的测试工作一定是要在产生任何代码前就开始计划和设计。

2. 独立测试原则

这里所说的独立指的是跟程序开发员之间的独立，至少要单独测试，找出问题之后可以再商讨。为什么呢？很简单，在业内有一句话叫作：程序设计部门不应测试自己开发的程序，程序员也应该避免测试自己开发的程序。因为，程序员是在他自己理解的思维模式下完成的设计和程序缩写工作，很难让他突然再转换视角去理解和审核自己的程序。如果程序员在开发过程中，错误地理解了需求或程序要义，那么他也会在测试过程中按照错误的理解去测试。因此，测试程序与开发程序应该分开和独立运行。

3. 完全检测原则

所谓完全检查指的是在程序测试过程中，争取全面地审核和验证程序的功能性、稳定性、安全性、交互性等方面的内容。检查程序不仅仅要看它是否做了该完成的事情，还要看它是否做了不该完成的事情。同时要彻底检查每个测试的执行结果。如果在输入框中输入正确的数字或格式，是可以得到正确的结果的；如果输入不正确的数字或格式，是否有提示和判断呢？因此在测试过程中针对无效或者未预计到的数据和情况进行测试，往往能够发现很多问题。

三、软件测试的分类

软件测试分类的方法很多，从不同的角度可以对软件测试进行不同的类别，我们在这里简单提一提，让大家有一个基本的了解。

1. 根据开发过程分类

根据开发过程分类的有单元测试、集成测试、系统测试、用户验收测试、回归测试等 5 种测试类别。

2. 根据测试特性分类

从测试特性上对软件测试进行分类，主要可以分为白盒测试、黑盒测试和灰盒测试。

3. 根据是否运行程序分类

根据是否运行程序对软件测试进行分类，可以分为静态测试和动态测试两大类。

4. 根据功能测试分类

根据功能测试分类，主要有界面测试、业务逻辑测试、兼容测试、易用性测试、安全性测试、安装测试。

5. 根据性能测试分类

根据性能测试分类，可以分为负载测试、压力测试、容量测试、并发测试、配置测试、可靠性测试等6种。

四、软件测试的流程

（一）简易软件测试流程

1. 分析设计

一般情况下，需求分析与架构全部由项目经理完成。设计完成之后项目经理会给具体的某个开发人员分配工作任务，对某个功能模块如何实现就会有说明和描述。前面我们也谈过，这样的角色对这个项目经理的经验和技术要求就特别高。因为，他一人身兼数职，既要完成需求分析师的工作职责，还要担任架构师的角色。

2. 程序编码

因为我们开发语言用的是JAVA语言，IDE用MyEclipse中自带的CVS版本管理工具，开发人员完成代码后，提交到版本库中。

3. 软件测试

我入职后的第一个任务是搭建缺陷管理工具——禅道项目管理，通过推广对发现的问题进行跟踪。后来证明效果并不好，因为对于一个六七人的开发团队项目，开发人员更喜欢测试人员能当面反馈，这样更能提高效率。对一个小bug，通过当面交流的方式就可以将问题修复。对于当时的环境，并没有测试的条件。开发人员在电脑上将项目进行部署运行。测试人员通过局域网访问开发人员的电脑进行测试。或在测试人员电脑上进行部署测试。这也是一个致命的缺点。因为开发人员和测试人员使用的电脑存在太多的不稳定因素，这些都会造成问题的出现，有时候难以判定是系统问题还是环境问题。

4. 上线使用

经过测试人员测试通过后，开发人员部署上线。

简易流程测试的唯一优点就是能够快速发现问题并进行修复。缺点就是不够系统和规范。一般小型软件公司和项目小组会使用类似的流程进行测试。

（二）规范流程软件测试

1. 需求分析

需求分析由产品人员或需求分析员制定，他们要做的不是一份简单的文档，而是每一个功能的细节描述，甚至是每一个按钮的位置以及大小形状等，对于稍大或复杂一点的需求都是用建模的方法来处理。

2. 需求评审

当需求分析员撰写完需求报告之后，项目负责人就会通知所有参与项目的部门或人员参与讨论:如开发人员、测试人员、QA 人员。测试人员提出需求。开发负责人和开发人员考虑功能实现的方案与可行性。测试人员主要是对需求的理解提出疑问,以便根据需求写出用例。QA 人员是最终对软件质量进行验证的人,所以也需要了解需求。

3. 编写排期

开发人员会根据需求功能点进行排期,然后将开发计划转交给测试人员。

4. 测试排期

测试人员根据开发计划对测试具体时间,也即是开发功能完成后的时间进行测试,然后会把项目的开发与测试计划发送给各部门负责人及参与项目的所有人员。

5. 编写用例

根据详细的需求分析,开始进行用例的编写。

6. 用例评审

在用例评审前或期间,负责人会以邮件的形式将用例发送给相关人员,便于他们事先了解用例对哪些功能进行验证以及验证的细节。然后,测试组人员对用例进行评审,开发人员对用例与实际功能不相符的地方提出质疑和说明。产品人员对通过用例功能的具体实现进行把控,等等。

7. 提交基线

开发人员完成所有功能后,会对自己的功能进行一个自测。自测完成后提交测试人员进行基线。

8. 具体测试

开发人员对基到测试线的功能进行测试,发现问题后通过缺陷管理工具进行反馈。同时,开发人员对问题进行修复并准备第二轮基线。测试人员完成第一轮测试后撰写测试结论,并发送相关人员。然后进行基线后的第二轮测试。第二轮测试将对第一轮中发现的问题进行重点回归。

9. 测试通过

经过两到三轮或四轮的测试后,若没发现新的问题,或暂时无法解决,或不紧急的问题报经上级确认后,可以编写测试报告与验收方案。验收方案是交由 QA 进行验证的。在有的公司中测试与 QA 是分开的。测试人员重点关注的是功能是否可以正常运行。QA 关注的是整个流程的质量以及最终用户的质量。但有些公司 QA 与测试是不区分的。不区分的情况下对测试的要求会更高,除了关心功能,还需要关心整体流程与质量等。

(三) 软件测试模型

软件测试是软件生命周期中一项非常重要、非常复杂的工作,它对保证软件质量具有极其重要的意义。软件测试是为了尽可能发现被测试软件中的错误,从而达到提高软件质量之目的。同时,我们也要看到软件的测试与开发是相对应的,其应对的关系如图 9.7 所示。图的左边是开发过程,图的右边是测试过程。V 模型是软件开发瀑布模型的变种。它反映了测试活动与分析、设计等方面的关系。

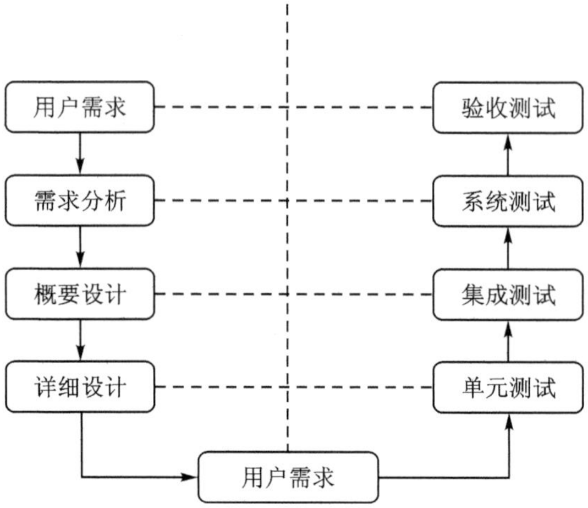

图 9.7 开发与测试的 V 型对应关系

除此之外，我们还要了解和熟悉软件测试的详细过程（见图 9.8）。

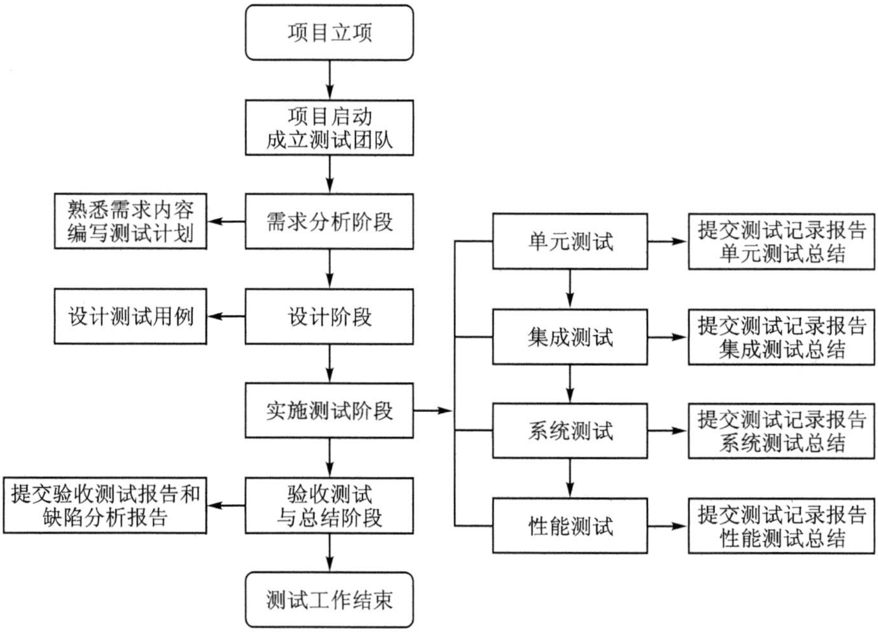

图 9.8 软件测试的详细过程

当然，在具体的测试方法中，我们要特别注意学习黑盒测试方法中关于等价类划分法、边界值分析法、因果图法以及错误猜测法等几种方法。白盒测试方法中关于逻辑覆盖测试、循环覆盖测试、基本路径测试等方法。由于篇幅有限，我们不在此处赘述，同学们可以自行到技术博客社区去学习和了解。

五、做一名软件测试工程师

现在提倡对口就业和高质量就业，信息技术相关专业一直都是朝阳产业，计算机相关专业的个别学生由于多方面的原因总是畏惧从事技术工作。但实际上测试岗位相比于程序员而言，难度要适当小一些。因此，测试员可以成为大部分学生的就业去向。为什么呢？因为，软件测试人才缺口大、薪资待遇高、发展方向广、入学门槛低、学习方便容易等优点。如果自己足够优秀和努力，通过7年左右的时间就可以从一个初级测试员晋升到技术总监的位置上去，如图9.9所示。通过此图我们也可以了解到一个测试团队基本组成由QA测试经理、实验室管理人员、内审员、测试组长、测试设计人员、资深测试工程师和一般初级测试工程师等人员类别构成。

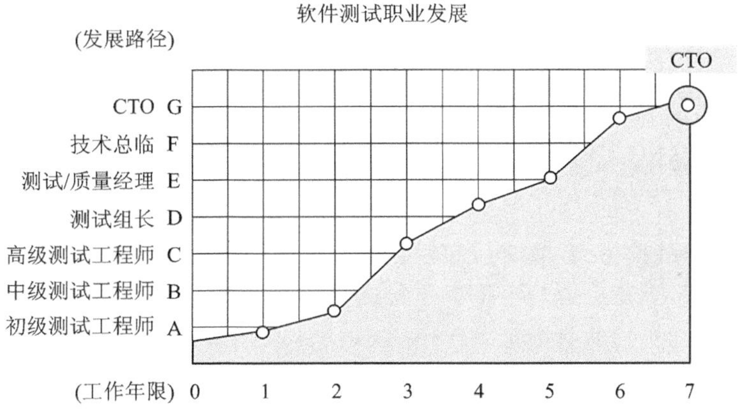

图9.9 软件测试职业发展年限

既然有这么大的一个缺口，又相对程序开发要“容易”和“轻松”些，那我们要如何努力才能成为一个合格或者优秀的软件测试员呢？软件测试员必须具备哪些技能呢？

（一）基础知识

1. 计算机专业知识与技能

一是熟练使用和配置各种类型的计算机操作系统，如Windows、OS390\AS400、HP、UNIX、Linux和MAC以及掌握基本的网络知识，能完成测试环境的搭建，熟悉服务器相关知识，如Web-logic、Web Service等；打字速度快，能够满足程序输入和文档录入的需要。二是熟悉运用Office系列办公软件和常用软件来解决工作和生活中的各类问题。三是熟练掌握Java、C、C++、PB、Delphi、VB、JavaScript、Shell和Python等开发语言中的某几种。四是熟悉掌握Microsoft SQL Server、Oracle和My SQL等数据库知识，能编写简单的SQL语句。五是对软件工程、软件生命周期、测试理论和测试方式有较深的理解。六是熟悉软件测试技术、方法、流程、测试文档编写,能独立设计和执行测试用例,编写测试报告等;并且要掌握一些主流的测试工具,能够熟练使用至少一种以上的功能/性能自动化测试工具。七是了解质量管理体系的相关知识,如ISO9001、CMM和CMMI等。

2. 测试员个人素养技能

一是要有良好的工作态度和敬业精神,对测试工作充满兴趣,当热爱这个职业时就会把测试工作完成好。二是要有较强的学习能力和较强的逻辑思维能力以及分析判断能力。三是要有良好的职业素养,如团队合作精神、交流沟通能力、强烈的责任感和进取心等。四是要有一定的英语阅读能力和语言组织能力,可以准确地表达相关描述。五是要站在用户的角度思考问题并具有项目管理能力。

(二)工作范畴

软件测试工作范畴可以分为工作范畴和工作内容两个方面。工作范畴分为软件测试工作的组织与管理和软件测试工作的实施两个方面。软件测试工作的内容分为测试组织和管理、测试计划、设计测试用例、测试实施、测试结果分析、测试评审与报告、测试流程控制等方面的内容。

第七节　验收交付与后续管理

在软件开发周期中,验收交付和后续管理是最后一个阶段,也是软件质量保障的最后一道防火墙,更是企业乃至每个项目成员和客户方都想要的结果。软件项目的验收,一般是由一系列验收准备工作构成,如果我们在最终验收前,已经将很多工作细化并得到认可执行的话,那么项目验收也就成了水到渠成的事情。在验收阶段,不仅要准备好招标书、合同、技术协议、需求规格说明书等文档,更应将客户关心的业务是否真的在系统中能够良好地运作,是否能解决真实的问题,作为检验项目验收的标准。因此,验收交付与后续管理主要包括验收交付、项目维护、过程改进等方面。

一、验收交付

软件项目经过商谈、计划、需求分析、概要设计、详细设计、编码、测试等过程后,开发工作接近尾声,下一步就是交给客户验收使用。而验收交付阶段主要包括项目实施、用户培训和验收等活动。

(一)项目实施

所谓实施,就是根据事前约定的项目要求,将软件系统部署到客户方的服务器上,并培训客户、协助客户准备基础数据,使系统顺利上线运行的过程。因此,这一过程是开发方和客户方共同配合完成的工作,但主要还在于开发方事前做好充分的准备工作。

1. 确保软件质量,达到客户要求

质量是软件的核心和关键,也是企业的生命,可以说一切工作均是围绕软件展开的，如果质量不过关一切都是徒劳。因为，在实施工作开展前一定要确保软件经过集成测试、系统测试、性能测试和安全测试。

2. 制订实施计划，做好充分准备

当软件开发和测试完成以后，就要准备实施了，在实施前期也要作好交付验收的各项准备工作，并根据客户方的环境、条件、参加人员以及相关要求结合软件的需求情况进行统筹考虑并作好实施计划，当万事准备就绪之后方可进行实施和交付使用。准备什么呢？主要有，一是准备好经过测试打包封装的软件以及相关文档如详细设计、测试用例、软件使用说明书等。二是与客户方沟通，准备好编译环境、要发布的代码版本、软件打包方式、数据库创建\导入\导出的方式、客户方软硬件及网络环境的安装调试，以及客户方相关负责人在什么时间和地点进行的调试试运行等。三是注意到客户方的服务器是否已经购买了序列号，是否有效，是否有第三方的产品，是否要利用他们的通信和连接。四是要准备好基础调试数据，是由客户输入完成，还是导入数据完成，等等。

（二）用户培训

系统调试结束后，并不意味着我们的工作就结束了，可以说是完成了一半，还有一半尚未开始，那就是培训我们的客户，让他们快速掌握软件的使用方法和技巧，同时让他们接受我们的软件。这个过程相当重要，但往往被个别企业忽视。为什么呢？因为只有我们的客户真正使用我们开发的软件，认可了我们的软件才会真正接受我们的价值观和企业文化。培训工作，不仅仅是教会他们使用软件，而且还要培养他们从一个熟悉的领域过渡到一个完全陌生的操作方式中来。因此，培训工作中，一定要耐心细致和热情周到，做好示范和解释说明工作，我们的真心与诚心一定会打动客户，让他们真正地喜欢和接受。

现在都讲求雁过留声，抓铁留痕。当我们培训的过程中一定要做好几件事情：一是培训环境和时间地点以及参加人员一定要事先沟通协调好。二是培训过程中一定要签到签退并拍摄好过程照片甚至视频影像资料，以便后续归档管理和产生不必要的麻烦。

（二）验　收

当交付客户试运行和培训之后，就到了验收阶段。验收的时候，可能会出现客户方再次提出许多改进的建议和意见，如果是合理的意见，我们要接受，采取“先倾听再解释，先记录再解决”的思路进行。但是一定要坚持一条原则，即确认一定要以最初确定的需求文档为依据。为什么？因为，如果差别很大或者改动很大，可能不是修改一两个模块就可以解决的，而是要推倒重来。因此一定要坚守以合同规则和需求报告为基准。

最后就是客户方代表签字，一切工作完结。大型公司的大型项目竣工时，甚至还会举行签字验收仪式。

二、项目维护

当我们的软件在客户方运行一段时间后，可能会出现一些问题，一方面可能是开发的系统的缺陷造成的，也可能是客户方业务要求的增加带来的，主要有以下几点：一是软件的原有功能和性能可能不再适应用户的业务要求。二是软件的工作环境改变了，软件也要做相应的变更。三是软件在运行中发现错误，需要修改。四是用户使用不方便，没有实现预定的要求，影响工作效率。当出现这些问题后，我们就要作出回应并进行维护。

维护工作可以分为校正性维护、适应性维护、完善性维护和预防性维护等几大类别。

① 校正性维护：把诊断、校正软件错误的过程称为校正性维护。

② 适应性维护：由于时代的进步、科学技术的发展以及外部环境的变化等原因而做出的变更和调整。

③ 完善性维护：在系统的使用过程中，为满足用户提出的新功能、新要求而进行的维护。

④ 预防性维护：为进一步改进可维护性、可靠性而进行的维护。

这里一定要搞清楚一个问题——哪些范围是维护，哪些是新需求？可以通过维护合同来进行约定和完成。

三、过程改进

提高效率、节约成本，加强质量，获得用户好评可以说是每一个企业都力争做到的事情。因此，通过不断总结、改进和完善软件生产过程，将会实现提高软件质量和工作效率之目的。那我们怎么来定义一个软件的开发过程呢？目前比较通用的做法就是给整个软件开发周期划分出阶段，给每个阶段一个明确的定义。每个阶段给出明确的任务图和时间表以及具体事项，具体流程责任到人就能实现每个阶段的顺利完成。接下来我们简要介绍 CMM 模型。

（一）概　况

CMM，全称是 Capability Maturity Model，中文意思为软件能力成熟度模型，是目前国际上使用流行的一种软件生产过程行业标准模型，可定义、评价软件开发过程的成熟度，并提供提高软件质量的指导。CMM 模型分为五级：初始级（1 级）、可重复级（2 级）、定义级（3 级）、管理级（4 级）和优化级（5 级），低级别是实现高级别的基础，如表 9.4 所列。

表 9.4　CMM 等级特点及关键过程域

序　号	能　力	等　级	特　点	关键过程域
1	第一级	初始级	软件过程是混乱无序的，主要依靠个人的能力和经验进行管理	没有关键过程域
2	第二级	可重复级	建立基本的项目管理机制，对进度、费用、功能特征进行跟踪	需求、计划、跟踪、监控、子合同管理、软件配置管理、软件质量保障
3	第三级	已定义级	将软件过程管理文档化、标准化，同时综合成该组织的标准软件过程，使其统一化	组织过程定义、组织过程 焦点、培训大纲、软件集成管理、软件产品工程、组织协调、专家评审
4	第四级	已管理级	整理软件过程和产品质量的详细信息，严格控制产品质量	定量的软件过程管理和产品质量管理
5	第五级	优化级	软件过程量化反馈和新的思想、技术促进过程不断改进	缺陷预防、过程变更管理和技术变更管理

(二) 特　征

1. 初始级(Initial)

初始级的特征包括：工作无序，项目进行过程中常放弃当初的计划。管理无章法，缺乏健全的管理制度。开发项目成效不稳定，项目成功主要依靠项目负责人的经验和能力，项目负责人一旦离去，工作秩序面目全非。

2. 可重复级(Repeatable)

可重复级的特征包括：管理制度化，建立了基本的管理制度和规程，管理工作有章可循。初步实现标准化，开发工作比较好地按标准实施。变更依法进行，做到基线化，稳定可跟踪，新项目计划和管理基于过去的实践经验，具有重复以前成功项目的环境和条件。核心：建立基本的项目管理制度来跟踪项目费用、进度和功能特性。

3. 已定义级(Defined)

已定义级是许多组织追求的目标，其特征包括：开发过程(包括技术工作和管理工作)均已实现标准化、文档化。建立了完善的培训制度和专家评审制度，全部技术活动和管理活动均可控制，对项目进行中的过程、岗位和职责均有共同的理解。核心：使用标准开发过程(或方法论)构建(或集成)系统。

4. 已管理级(Managed)

已管理级的特征包括：产品和过程已建立了定量的质量目标。开发活动中的生产率和质量是可量度的。已建立过程数据库。已实现项目产品和过程的控制。可预测过程和产品质量趋势，如预测偏差，实现及时纠正。核心：管理层寻求更主动地应对系统的开发问题。

5. 优化级(Optimizing)

优化级的特征包括：可集中精力改进过程，采用新技术、新方法。拥有防止出现缺陷、识别薄弱环节以及加以改进的手段。可取得过程有效性的统计数据，并可进行分析，从而得出最佳方法。核心：连续地监督和改进标准化的系统开发过程。

作业：

根据以上学习内容对自己实习或实践的项目进行总结，将各个过程进行梳理，做成 PPT，在小组内讨论后进行展示和演讲。

第10章

团队素质——融入职场的基础

社会分工越来越细，每个人都会专注于自己最擅长的领域。但社会又是交叉发展的，在分工细致的同时又需要人们配合协作完成同一个产品或多个任务。跨岗位、跨部门、跨公司，甚至是跨地区和不同的国家开展合作已是国际趋势。团队合作成为一个公司首要的入职培训内容和对员工的基本要求。在团队合作之前首先得做好自己，因此本章在介绍如何管理好自己的同时，重点介绍如何加强和配合好团队管理。

第一节　个人管理

一、何为自我管理

当代社会的竞争是人才与能力的竞争，能力通过学习是可以弥补和跟上的。但一个人的态度和秉性却难以在短时间内培养起来。因此，加强自我管理是大学生向职业人跨出的第一步。那么，什么是自我管理呢？自我管理可以视为与自我的关系管理(self-management)，就是指个体对自己的目标、思想、心理和行为等进行管理，自己把自己组织起来，自己约束自己，自己激励自己，自己管理自己的事务，最终实现自我奋斗目标的一个过程。自我管理又称为自我控制。它是指利用个人内在力量改变行为的策略，普遍运用在减少不良行为和增加好的行为。自我管理注重的是一个人的自我教导及约束的力量，亦即行为的制约是透过内控的力量(自己)，而非传统的外控力量(教师、家长)。[①]

二、为什么要自我管理

为什么要加强自我管理呢？简单地说，如果一个人管理不好自己，就不能管理别人，更谈不到如何去管理企业或在企业里面担任一定的职务去管理别人。著名的管理学家彼得·德鲁克(Peter Drunker)说过："未来的历史学家会说，这个世纪最重要的事情不是技术或网络或网络的革新，而是人类生存状况的重大改变。"在这个世纪里，人们将拥有更多的选择，他们必须积极地管理自己。那些伟人往往有惊人的个人

① 来源：百度百科。

管理能力，所以他们能够取得成功。例如，毛泽东是一个抽烟抽得非常厉害的人，经常在夜里边抽烟边写文章。但在重庆与国民党谈判期间，听说蒋介石不抽烟，他就连续一段时间做到了不抽烟。后来有人知道这件事情以后，就此断定毛泽东必是领导中国成功之人。而对于我们普通人来说，自我管理是迈向成功大门的前提。对于组织和单位而言，培养和提升员工的自我管理和约束力是提高组织整体管理能力和综合竞争力的基础。只有每个人都能够做到自律、自励、自省、自立、自强、自信，从而使整个组织的目标一致，方向一致，执行一致、落实到位，整个组织或企业才能实现既定目标。

当然，除了约束和加强自我管理以外，一定的引导和修炼持之以恒的品质，每个人的个人习惯和身心素养是可以养成并达到一定境界的。

三、自我管理的类别

如何进行自我管理？这涉及自我管理的方向和类别。自我管理的类别有很多，但主要的有目标管理、时间管理、情绪管理、学习管理、习惯管理等方面。

1. 目标管理

人生没有目标就像大海里的航船一样没有方向，始终不能到达胜利的彼岸。人生没有目标就会浑浑噩噩地过日子，过一天算一天，就会没有动力，就会一事无成。有规划和没有规划的人生是截然不同的，哈佛大学的一项跟踪调查研究表明：3%的人有清晰且长期的目标，一直朝着同一个方向不懈努力，结果是25年后，他们几乎都成了社会各界的顶尖成功人士。10%的人有清晰的短暂目标，大都生活在社会的中上层，结果是不断完成预定的短期目标，生活状态逐步上升。25年，他们成了诸如医生、律师、工程师、高级主管等各行各业不可或缺的专业人士。60%的人目标模糊，25年后能安稳地生活与工作，但都没有什么特别突出的成绩。27%的人是那些没有目标的人群，结果他们几乎都生活在社会的最底层，生活过得很不如意，常常失业，靠社会救济，并且常常都在抱怨他人、抱怨社会、抱怨世界。可见目标确定对于一个人的成长是极其重要的。

2. 时间管理

为什么我们要提出时间管理呢？因为，时间是最重要的，时间也是最公平的。每个人的天资和能力不一样。但是每个人的时间却是公平的，会利用时间的人一定是可以成功的人。在同一段时间里面做更多更好的事情意味着成功。那如何管理时间呢？将时间排列成先后顺序和优先级别即可实现时间管理。

3. 情绪管理

情绪的商数指标，也叫情商（EQ），能够管理好自己的情绪的人，往往就是能够管理团队的人。每个人都会面对工作、生活、人际关系等不同的压力，不同性格的人会在同一场景和情况下表现出不同的情绪状态，会不同程度地出现紧张、焦躁、心烦、忧虑等情绪。做好情绪的管理可以对生活中的矛盾和事件引起的反应做到适可而止，或者进行排解，能以乐观的态度、幽默的情趣来及时地缓解紧张的心理状态。如何能够先处理情绪再处理事情，是我们每个人都要修炼的本领和修养。

4. 学习管理

学历并不重要，重要的是会学习。21世纪人才的一个特点就是会学习和拥有学习的能力。学习是终身的，而不仅仅是在学校期间的学习。在现代社会里要学知道，学什么，如何学，跟谁学，怎样能够持续地学和学成功。

5. 习惯管理

著名的军事家拿破仑·希尔说："我们每个人都受到习惯的束缚，习惯是由一再重复的思想和行为所形成的。"因此，我们要养成一个好习惯关系到我们的成长和成才。我们主要通过掌握正确的思想来指导我们的行为，从而养成正确的习惯，以达到改变我们的命运之目的。

自我管理的内容很多，不局限于以上几种，我们只根据大学生的特点适当罗列了几个方面。比如，自我管理还有压力管理、财务管理、逆境管理等多方面。

四、如何实现自我管理

(一) 目标管理

1. 何为目标管理

目标管理的概念最先由一个叫彼得·德鲁克(Peter-Drunker)的美国管理学家于1954年在一本名为《管理实践》的书中提出。其后他又提出目标管理和自我控制的主张。彼得·德鲁克说："并不是有了工作才有目标，相反是有了目标才能确定每个人的工作。"经典管理理论对目标管理MBO的定义为：目标管理是以目标为导向，以人为中心，以成果为标准，而使组织和个人取得最佳业绩的现代管理方法。目标管理亦称成果管理，俗称责任制。是指在企业个体职工的积极参与下，自上而下地确定工作目标，并在工作中实行自我控制，自下而上地保证实现目标的一种管理办法①。

2. 如何进行目标管理

这里的目标管理，我们暂时不谈企业和组织层面的，我们只谈个人层面的。

(1) 目标管理的步骤与程序：

自我认识与分析；

设定发展目标并分解目标；

发展目标的实现路径、方法与措施；

目标规划的评估与反馈；

目标的实施；

目标阶段总结并实行激励与处罚。

---

① 来源：百度百科。

(2) 自我管理与认知:

我的气质、性格等;

我的爱好、兴趣、喜好等——分析自己的兴趣爱好,认定自己想干什么;

我具备的能力——分析自己的能力、特长,确定自己能干什么;

再次分析专业、行业和目前岗位情况,确定社会需要什么。

(3) 确定并分解你的发展目标:

长期目标:大学毕业的求职目标甚至是自己近五年的发展目标。

中期目标:大学各年级阶段的目标。

短期目标:各学期和近段时间的目标。

(4) 注意事项:

拟定各阶段的目标时,一是要参考前辈、同行、同事以及咨询相关专业的人士给予建议;二是要结合自己的求职目标或发展目标。三是拟定目标、设定期限、并且给出理由,切割成若干个小目标。盘点资源、找出成功的经验、确认你要克服的障碍、确认你所需要的知识、目标视觉化、效法模范(榜样)、核对目标,再次确认。

3. 分析工具

在对目标管理和个人管理的同时我们可以借助国外的SWOT、SMART分析法等两个管理工具进行自我分析。

(1) SWOT分析法。所谓SWOT分析,即基于内外部竞争环境和竞争条件下的态势分析,就是将与研究对象密切相关的各种主要内部优势、劣势和外部的机会和威胁等,通过调查列举出来,并依照矩阵形式排列,然后用系统分析的思想,把各种因素相互匹配起来加以分析,从中得出一系列相应的结论,而结论通常带有一定的决策性。[①] S(Strength)指优势,W(Weakness)指劣势,O(Opportunity)指机会,T(Threat)指威胁。这种分析自己的优势、劣势和在这个时代面临着的机会以及遇到的困难和威胁,也是做到知己知彼的一个有效方法和分析工具,建议我们的大学生们使用。个人职业决策中的SWOT分析法的具体内容如表10.1所列。

(2) SMART分析法。制定职业生涯目标有一个黄金准则可以供大家参考,那就是SMART原则。SMART是五个英文单词的第一个字母的汇总,好的目标应该符合此原则。SMART分别由Specific、Measurable、Attainable、Relevant和Time-based五个单词组成。下面作简单介绍。

SMART原则一 S(Specific)——明确性。所谓明确就是要用具体的语言清楚地说明要达成的行为标准。明确的目标几乎是所有成功团队的一致特点。很多团队不成功的重要原因之一就因为目标定得模棱两可,或没有将目标有效地传达给相关成员。对个人而言也是如此。

SMART原则二 M(Measurable)——衡量性。衡量性就是指目标应该是明确

---

① 来源:百度百科。

的，而不是模糊的。应该有一组明确的数据作为衡量是否达成目标的依据。如果制定的目标没有办法衡量，就无法判断这个目标是否实现。

表 10.1　SWOT 分析法

	优　势	劣　势
内部因素	指个体可控并可利用的内在积极因素 ● 工作经验、教育背景 ● 丰富的专业知识和技能 ● 特定的可转移技巧（沟通、职业道德、团队合作、领导能力等） ● 人格特性（职业道德、自我约束、承受压力、创造性、乐观等） ● 广泛的个人关系网络 ● 在专业组织中的影响力	指个体可控并努力改善的内在消极因素 ● 缺乏工作经验、学习成绩差或一般 ● 缺乏目标，且对自我的认识不足 ● 较差的领导能力、人际交往能力、沟通能力和团队合作能力 ● 较差的寻找工作的能力 ● 负面的人格特征（职业道德较差、缺乏自律、缺少工作动机、害羞、性格暴躁等）
	机　会	威　胁
外部因素	指个体不可控但可以利用的外部积极因素 ● 就业机会增加、专业领域急需人才 ● 专业晋升的机会 ● 职业道路选择带来的独特机会 ● 地理位置的优势 ● 强大的关系网络	指个体不可控但可以使其弱化的外部消极因素 ● 就业机会减少 ● 由同专业的大学毕业生带来的竞争 ● 具有丰富技能、经验、知识的竞争者 ● 名校毕业的竞争者 ● 专业领域发展有限

SMART 原则三 A(Attainable)——可实现性。目标是要能够被执行人所接受的。太高不是自己的目标，太低也不算自己的目标，那什么样的目标是最合适的呢？我经常说的一句话就是，跳起来够得着。比如说，我们确实举不起千斤重的物体，但却要给自己定一个这样的目标，结果自己不管怎样练习始终都达不到。

SMART 原则四 R(Relevant)——相关性。目标的相关性是指实现此目标与其他目标的关联情况。如果实现了这个目标，但对其他的目标完全不相关，或者相关度很低，那这个目标即使达到了，意义也不是很大。

SMART 原则五 T(Time-based)——时限性。目标特性的时限性就是指目标是有时间限制的。没有时间，就没有意义和价值。所以任何目标的设置一定要在一定时间内完成。

（二）时间管理

一天 24 小时，一周 168 小时，一个月大约 720 小时，一年大约 8760 个小时，听起来挺充裕，可是每个人的时间使用却千差万别。早上 6 点，有人在睡觉，有人在跑步，有人在读书，有人在工作……因此，我们经常说决定一个人的成长的不仅仅是利用 8 小时以内，更是利用 8 小时以外。

为什么有的人一天可以做许多有价值和有意义的事情，而有的人一整天都在忙，却没见完成什么任务，甚至连基本的工作都还完成不了呢？马克思在《资本论》里揭示了资本家压迫无产阶级的密码是剩余价值。那么，我们反过来理解呢？那些成功的人除了比我们能干以外，主要还是利用了更多的剩余时间。因为他们比我们更勤奋，当我们的在工作的时候，他们在努力工作；当我们在休息的时候，他们也在努力工作。他们每天都比我们多工作1～2个小时，长年累月下来他们就比我们多工作很多的时间。我们承认人和人之间有一定差距，但我们更愿意想信人和人之间存在的差距更多的是由于自己的努力不够和时间分配问题造成的。

1. 四象限原则

四象限原则是时间管理理论的一个重要观念，是应有重点地把主要的精力和时间集中地放在处理那些重要但不紧急的工作上，这样可以做到未雨绸缪，防患于未然。在人们的日常工作中，很多时候往往有机会去很好地计划和完成一件事。但常常却又没有及时地去做，随着时间的推移，造成工作质量的下降。因此，应把主要的精力有重点地放在重要但不紧急这个“象限”的事务上是必要的。要把精力主要放在重要但不紧急的事务处理上，需要很好地安排时间，如图10.1所示。①

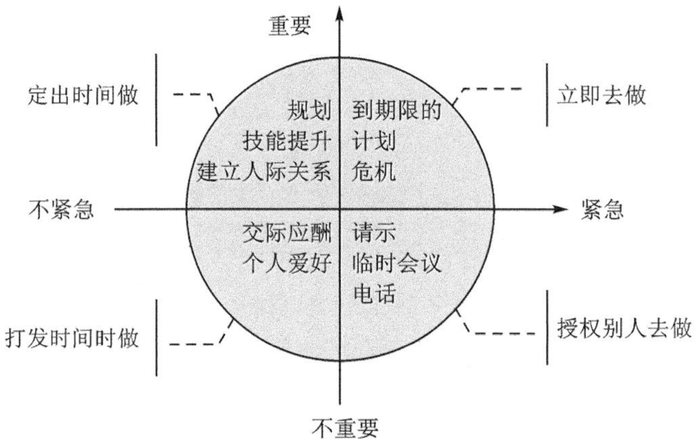

图10.1　时间四象限原则

2. 清单原则

列清单是有效解决我们工作头绪的办法之一。当我们面临着纷繁复杂的内外环境和事无巨细的烦琐事务时，难免将主次事情搞混，甚至忘记。有效解决这一问题的办法就是列清单。比如，航天员的操作是非常复杂的，如果出现一次操作失误就会造成毁灭性的损失。因此人们制作了清单，让他们一条条地操作指令，以至于不会出现任何问题。清华学霸姐妹花也是通过一个小小的清单实现了学习、工作、兴趣爱好几不误。清单操作起来其实也很简单，一是罗列出要完成的事情并明确时间和责任人；二是给罗列出来的事项排出优先次序。三是完成一件勾划一件。四是每天总结完成

① 来源：百度百科。

事项和未完成事项，并规划明天要做的事项。

除此之外，我们还有什么办法来控制时间吗？

你看专家大咖们都是通过努力和学会时间管理来活出自己想要的样子：写公众号、写书稿、回答知乎、约稿、管理社群、开讲座、谈合作、开课程、阅读和学习，还有工作和家庭持续精进，似乎一切都做得井井有条、风生水起。整个人生也风风火火的。你是否也想拥有一种像你羡慕的人那样高效的人生呢？

事实证明，只要你努力，你也是可以的，但是一定要立即开始。

伏尔泰说："人生来是为行动的，就像火总向上腾，石头总是下落。对人来说，一无行动，也就等于他并不存在。"所以，说一千道一万的，还不如行动起来。当然在开始行动之前，我们需要找到正确的行动方向，如何找到这个方向，这就涉及时间管理的本质是什么。

曾经有人问，如果将时间比作一间屋子，通过一些方法来提高屋子的价值，你会怎么做？

看到这个问题，有的专家和学者说："首先想到的是在屋子里塞满有价值的东西，不断地塞就会增加屋子的价值。"而有的学者想到的是价值和效率这两个要素。有的专家和学者都说要提高时间效率来管理好自己的时间。但也有的专家认为在时间管理上，除了追求时间的效率，更应该考虑时间的价值，这样才能让时间的收益达到最大化。那如何提升时间的效率和价值呢？

一是列出当日重要的任务。有的人一整天都是浑浑噩噩的，晚上临睡前都不知道自己白天干了什么，好像做了很多事，又似乎没做什么重要的事。那如何来摆脱这种"混日子"的状态呢？最好是把每日最重要的任务列出来，写在备忘录、清单、日程本上都行，可以随时增加和删减，完成一件就划掉一件，不要删除，千万别小看这一步，它会清晰地告诉你一天内究竟做了多少事。还有就是有时候大脑里会突然闪现出一些灵感和要做的事情。那平时记录本又不在身边怎么办呢？可以设置一个印象笔记本，建立灵感收集录，每月每天随时收集要处理的事情，以及突发的灵感。

二是找出属于自己的高效时段。每个人都有属于自己的高效时段，有的人是早上，有的人是晚上，有的人是中午或下午。要提升自己在单位时间上的使用效率，就该先找到自己的高效时段。试着将同一任务放在不同时段简单测试下就能知晓。比如，有的人早上适合记事，晚上适合写文章、读书，白天嘈杂适合运动。明确了自己的高效时段或者说是生物时间钟以后，尽量把每日最烧脑或最希望完美收尾的任务放到这一时段来完成，以保证脑力的高效利用。比如，要练就的核心硬本领就要利用这个时间段来完成。

三是避免其他干扰，保持内心的专注。有的人在网上搜索信息或查看新闻时被一个又一个的链接点击吸引，浪费时间看了不少不需要看的内容，结果该完成的事情却没有做。在工作进行时，手机总是我们的天敌，我们很难对"叮咚"的声音充耳不闻，很难对闪着小光点的黑屏手机视而不见。结果忍不住会刷刷微博、看看微信群、翻翻朋友圈？不知不觉时间就过去了，怎么办呢？建议工作时，手机远离身边或者保持静音。放心，别人有急事会电话联系你的。很多事情都是利用整块时间来完成的，这么做的目的就是让自己得以保持长时间的专注，避免好不容易聚拢的思绪被突然打断，增加时间的无效损耗。我们经常批评小学生上课精力不集中，其实有时候我们也是一样，精力不集中，容易被不重要的事情所干扰。

四是合理利用碎片时间和统筹安排。鲁迅先生说过："时间就像海绵里面的水，只要愿挤，总还是有的。"很多人都说每天很忙，有很多想做的和要做的事情，却没有时间去做。其实我们每天除了整块的工作和自我学习时间，还有很多碎片时间，比如等车、坐车、饭后午睡前、各种排队等，这些碎片时间我们就可以用来处理一些碎片事情，比如回复微信信息、找东西或寻找图片素材、打一个电话，等等。时间是有弹性的，我们不能创造更多的时间，但是我们可以选择哪段时间适合干哪一件事情。长久利用碎片时间来处理碎片事情，就可以节省下想象不到的惊人的整块时间来干整块时间需要做的事情，例如专注于读书、创作、写程序代码等。当然，这又涉及一个统筹安排的问题，小学的时候我们都学过华罗庚的一篇关于烧水泡茶的课文，这就是统筹方法的利用。这也是一种安排工作进程的数学方法。它的适用范围极广泛，在企业管理和基本建设中，以及关系复杂的科研项目的组织与管理中，都可以应用。但原理却是非常的简单。比如，想泡壶茶喝。当时的情况是：开水没有；水壶要洗，茶壶，茶杯要洗；火已生了，茶叶也有了。怎么办？办法甲：洗好水壶，灌上凉水，放在火上；在等待水开的时间里，洗茶壶、洗茶杯、拿茶叶；等水开了，泡茶喝。办法乙：先做好一些准备工作，洗水壶，洗茶壶茶杯，拿茶叶；一切就绪，灌水烧水；坐待水开了泡茶喝。办法丙：洗净水壶，灌上凉水，放在火上，坐待水开；水开了之后，急急忙忙找茶叶，洗茶壶茶杯，泡茶喝。哪一种办法省时间？我们能一眼看出第一种办法好，后两种办法都浪费了时间。这虽然是小事，但这种思路和处理事情的程序能够帮助我们解决生活中的许多问题。

五是明确要完成任务的目的和意义。人们似乎都有这样的经历，我们一群人要开一个会议，结果来了之后发现材料没有准备好，或者想讨论一个重要的事情，结果重要的事情没有讨论下来，不重要的事情却讨论了半天，甚至讨论了其他事情。这说明我们在处理任务时常常会"跑偏"主题。因此，我们在开会时就要有一个会议主题和要解决的问题，不然讨论了半天也没个所以然，最后还是草草结束，没有一个明确的解决方案。做事，一定要有明确的任务目的——我来这里做什么，当下的主要任务是什么，我做到了哪里，弄清楚之后，思绪就不容易被转移，更容易高效专注地做好当下的事情。

六是要学会拒绝，勇敢地说不。生活和工作中，经常会遇到不属于你的事情，别人让你帮忙去做，因为面子，不好意思拒绝，就帮忙做了，一做不要紧，以后就得你来维护和跟踪，本来不属于自己的事情，最后反而变成了不属于对方的事情，而成了你的事情。根源就是因为自己不会勇敢地说不，结果这只猴子就爬在了你的背上，甩都甩不掉。作为成年人,我们要明白最重要的应该是效率,而不是面子,我们要在适当的时候学会说不,不要在一些无谓的事情上浪费时间。

七是学会权衡利弊。当很多人说"我没有时间"的时候,并不一定意味着真的没有时间,而是他们不愿舍弃或减少做 A 事的时间去做 B 事,但事实上当真的有更紧急也更重要的 C 事出现时,那些每天看似忙得焦头烂额的人还是能挤出时间去完成的。我们无法创造时间,但时间是可以得到充分利用的,这取决于我们用时间来做什么。你不愿意去做一件事情,可能是因为你觉得这件事不那么重要和紧急。比如很多同学宁愿花时间去逛淘宝、刷微博、翻朋友圈,也不愿静下心来读几本书,学习知识。这样的事情在我们身边比比皆是,大家都想评职称,但就是不动笔,不申报课题。骨子里还是两种思想在作怪:懒惰和为难情绪严重,职称肯定是不会主动找上门来的。蔡垒磊说:"当一个瓶子被石子塞满时,你依然能往里加沙。当它被沙填满时,你依然能往里加水。不要认为原来既定的时间计划就不能动,当有更重要的事情出现时,别急着说自己没时间,先去对比有没有更不重要的事情可以被替代。"为什么同样多的时间,有的人可以做很多事,有的人却碌碌无为,这都是源于使用时间的不同,这种不同直接决定了结果的天壤之别。

(三)情绪管理

一个人的情绪是很重要的,小则对自己的身体健康产生影响,大则会因一个人的情绪对组织和公司,甚至整个国家带来巨大的影响。人生不如意事十之八九。我们常常会有心情低落的时候,觉得自己很可怜、很糟糕、很差劲,或是很倒霉,好像整个人都陷在生命的谷底,被一片愁云惨雾笼罩着……这时,有些人很快就找到了轻松与平静,回到原有的生活之中;有些人却很难回得去,在情绪之海里面挣扎,怎么也游不到对岸,常常由于一时冲动而失去一份好工作,破坏一段好婚姻,甚至断送一生,或者一直活在后悔、抱怨、愤世嫉俗之中。

但反过来,情绪是可以被管理的,我们是可以调整自己的情绪的。俗话说:适应不了天气,我们可以改变情绪。如果我们能调整、管理好自己的情绪,就会拥有幸福而美好的人生。那如何管理情绪呢?笔者认为影响个人情绪的因素主要还是一个人的思想认识和修养修为。这些都是可以通过学习和习惯养成来修炼的。

近年来大学生非正常死亡现象增多,特别是因为恋爱、心理抑郁而导致的自杀和他杀比较突出。身体发肤,受之父母,我们既属于我们自己,更属于我们的家庭和国家。大学生轻生的惨痛经历,留给家庭的却是无限痛苦和一生悲伤……

当有人背地骂你时,你会愤怒吗?当工作和生活遇到挫折时,你会感到沮丧吗?当受到别人的误会,你会委屈吗?其实每个人遇到困难和挫折,内心或多或少都会有一些感触,或愤怒或伤悲,但不同的人却有截然不同的反应。为什么呢?这源于每个人的内心世界不同,有强大内心的人可以面对很多残酷的现实和惨淡的人生,内心弱小的人很容易被困难和挫折打败,成为情绪的奴隶。

成功不仅仅取决于你的能力和机遇,更取决于你的心理素质。在心理上输了,有的时候就意味着你已经输了。那么,什么是内心强大呢?内心强大是人的一种心理素质,指人的胸怀和一种潜力——对未来充满希望,有清晰的人生目标;也可以指人的思想与外在存在很大的差异,尽管受到很多人的排斥,也不会因外界环境变化而受到影响,其内心依然坚持自己的看法。

1. 阳光心态,做一个有自信的人

内心强大的基本要求之一,就是要做一个自信的人。一个人有了自信,说话才会有力量,语言才有感染力,与人交往才会打动人心,做事情才会取得成功。自信既来源于对自己正确的认识,也来源于自身的实力和价值。万缘发于心,相由心生,境随心转,万事万物都有一个原因,关键是要拥有一个良好的心态,即阳光心态去看待周围的人和事物。俗话说,有好心情才能欣赏好风光,好花要有好心赏。你内心是一团火,就能释放出光和热,你内心是一块冰,即使是化了也是冰冷的水。亚里士多德曾说,生命的本质在于追求快乐,使得生命快乐的途径有两条:第一发现使你快乐的时光,增加它;第二发现使你不快乐的时光,减少它。他揭示生命的本质就是趋利避害,获得阳光心态。那么,怎样才能获得阳光心态呢?阳光心态的主要内涵是:不能改变环境就改变自己,不能改变事情就改变你对事情的态度,不能向上比较就向下比较。这样才能趋利避害,获得阳光心态。一个事情总有两面,心态决定命运。古时候有甲、乙两个秀才去赶考,路上遇到了一口棺材,甲说:“真倒霉,碰上了棺材,这次考试死定了。”乙说:“棺材,升官发财,看来我的运气来了,这次一定能考上。”当他们答题的时候,两个人的努力程度就不一样,结果乙考上了。回家后他们都跟自己的夫人说:“那口棺材可真灵啊!”这就说明心态影响人的能力,能力影响人的命运。生命的质量取决于人们每天的心情,如果你能保证每天心情好,你就会获得很好的生命质量,体验别人体会不到的靓丽生活。

2. 心胸宽广,做一个有包容心的人

人之所以不快乐是因为烦恼太多,这烦恼却不是别人给的,而是自己造的。人之所以快乐不是因为得到的太多,而是计较得少;之所以烦恼不是得到的太少,而是计较得太多。想想已经走过的路,我们到底有过多少快乐,多少烦恼。快乐的事常常是在失意时想到,而烦恼的事又常常是在快乐之中产生!我们自己是快乐还是烦恼,取决于我们是计较得多还是少。《易经》告诉我们,这个世界是对立统一的,正确是因为有错误的存在,这就是宇宙的真理。因此,当我们面对生活中的种种烦恼时,要学会开拓心胸,默默地包容生活中的一切烦恼和诸多不顺。如果我们不能包容,就会心生烦恼,心生憎恨,心生怨气,久而久之就会让自己更烦恼。不但扰乱了自己的内心,还让自己活得更痛苦。所以,我们需要清醒,需要冷静,需要善良,需要我们淡化欲望,需要我们学会包容,需要我们远离攀比、斗争、嫉妒、怨气、憎恨,需要我们丢掉自己的固执、任性、极端、自私、自利,包容生活中的一切事物。如果我们做到了,就会很快乐,这种快乐是发自内心的一种平静。

3. 释放压力,做一个接纳自己的人

压力太大,当然就不能正确处理情绪,有情绪就会影响心情和事情。我们不是完美的人,都会有这样那样的缺点和问题,有时候我们要学会接纳自己的、愉悦自己,正确地看待自己的缺点和不足,从而让自己更加淡定。当我们自己的压力和包袱太重时,就要学会释放:一是消除压力源。缓解压力最直接的方法就是找到压力源,然后尽可能地消除它。如果你的压力是由于工作任务重造成的,不妨合理安排一下时间,重要的工作先做,次要的放一放,待时间充裕再完成。这样完成了影响压力的工作,情绪得到缓解,压力也就消除了。二是合理宣泄。压力是在所难免的。俗话说:压力越大,动力越大。但在面对太强的压力的时候,我们的压力就变不成动力了,或许只剩下压力了。当自己无法排解时,不妨将心中的压力和不快说出来,或者通过运动、唱歌、大喊、哭泣等方式宣泄出来,不良情绪就会一扫而空,压力自然得到了缓解。三是做深呼吸。当你心力交瘁、压力倍增时,最快的一种恢复平静的方法是深呼吸。然后想想到底是什么让你感觉焦虑。深呼吸也能在你体内注入更多的氧气,从而让你的精力更加旺盛。研究表明,冥想是解除任何形式和程度的压力的最好方法。因此建议每天冥想 10 分钟,它能降低心跳频率和血压,减缓呼吸,平复脑电波,更快恢复身心平稳,防止在压力下身体的免疫能力下降。四是饮食解压。日常饮食多吃一些振奋精神、消除疲劳的饮食,也可以消除不良情绪,缓解压力。建议把一些缓慢释放能量的食物,如水果、粗粮、蚕豆、坚果和植物种子加入你每天的饮食清单中。特别是坚果和植物种子不仅含有碳水化合物,还富含蛋白质,是很好的抗压力食物。此外,还需要每日增补那些有效转化为能量的营养素,如 B 族维生素、胆碱、维生素 C、钙、镁、锌、辅酶 Q 等。五是利用慢运动缓释压力。平时我们可以做适量的运动,让身体达到最佳的姿态,从而能够更加放松、强壮,我们可以选择游泳、散步、瑜伽、太极拳等运动。无论在家、工作,甚至逛街购物,我们多数时候都在室内。阳光照得不够,会让我们的身体失去平衡,承担压力的能力也越来越差。因此,当你感觉到有压力时,就多到户外走动,即使天气不怎么好,也要坚持走一走,当看到外面的景色时心情自然就舒服多了。

(四)习惯管理

个人的习惯对一个人的成长实在是太重要了,为什么这样说呢?习惯有好的方面,也有坏的方面。一个人拥有好的习惯,自然就拥有好的职业素养,从而成为单位竞相聘用的对象。如果一个人十分聪明,但是习惯不好,那可能就不会有好的机会和发展。比如迟到、拖沓、情绪化、工作不认真等这些不良习惯就会影响个人的工作和发展,甚至还会给自己带来麻烦。如果有守时、尊重、合作、亲切、包容、冷静、低调等这些习惯就会成为受欢迎的人。

一是正确认识,确立目标。一个人要正确地对待和认识到自己的不良习惯和优秀习惯,好的要加以坚持,不好的要正确认识并制订计划慢慢改正,关键还是要坚持,做到持之以恒。比如一个人想要锻炼身体,制订了一个每天长跑 5 公里的计划,坚持了几天以后发现自己真的受不了，于是后面就不想去了，总给自己找出理由来放弃锻炼。

二是持之以恒，坚持到底。一天，苏格拉底对同学们说："今天咱们只学一件最简单也是最容易的事，即把你的手臂尽量往前甩，再尽量往后甩。"然后自己示范了一遍，并问道："从现在开始，每天甩臂 300 下，大家能做到吗？"学生们大都觉得这个问题可笑，这么简单的事怎么能做不到呢？都齐刷刷地回答："能"。过了一个月，苏格拉底问道："每天甩臂 300 下，哪些同学坚持了？"有 90％以上的学生骄傲地举起了手。两个月后，当他再次提到这个问题时，坚持下来的学生只有 80％。一年后，苏格拉底再次问道："请你们告诉我，最简单的甩臂运动，还有哪些同学坚持每天做？"这时候只有一个学生举起了手，这个学生叫柏拉图，他后来成了古希腊的另一位大哲学家。因此，成功在于坚持，坚持是最容易做到的事，只要愿意，人人都能做到；坚持又是最难的事，因为真正能做到的，终究是少数人，柏拉图坚持做到了，他后来就能成为古希腊的另一位大哲学家。也许正因为柏拉图做到了这一点，他给后人留下一句名言："耐心是一切聪明才智的基础。"应该说这是经验之谈，也是肺腑之言。

许多专家学者也说一个习惯的养成或者改变一个不良的习惯需要至少 21 天。那么我们只要坚持 21 天做一件正确的事情，这个习惯就可能会被养成。写下你的不良习惯和制订你的计划并尽力去改变吧，你也是可以的。

（五）学习管理

人与人之间之所以有很大的不同和差距，除了其他重要因素以外，其中一个重要的因素就是学习能力的大小。有的人天天爱学习，善于学习，通过学习能够改变自己的命运和实现自己的理想。而有的人就是不善于学习，而且保持原地不动。

一是要有目标。目标前面我们谈了很多了，就是要通过自己的思考和提炼最终形成自己的学习目标或者职业目标，通过自己的努力一步一步地实现。

二是要勤奋。一个人即使确定了目标，如果不努力学习，则也是空中楼阁，或者叫作竹篮打水一场空。所以勤奋是一个人成功的关键因素之一。下面我看一个例子。从 49 岁宿管阿姨考上研究生看勤奋和努力的学习状态。49 岁的原梦园，为了陪儿子读书，提前退休来到上海，并在上海交通大学当起了宿舍管理员。为了营造良好学习氛围和给儿子树立榜样，2018 年 12 月，他们母子一起考研，他们的共同科目是英语和政治。不同的是，儿子有数学两门专业课，她有汉语两门专业课。经过努力，最终儿子拟录取为复旦大学研究生，原梦园拟录取为广西大学汉语国际教育专业硕士研究生，母子二人均实现人生理想。

三是要经常总结。总结就是不断反思的过程，就是不断明确目标和确信自己做得好的和做得不足的方面，从而为自己做得好的方面积累经验，为自己做得不好的方面找出原因和差距。

四是要掌握方法。学习讲方法，做人讲原则，做事讲规则。我们说这些话都是经过自己多年的积累和经历之后形成的一定固化的思维模式。作为大学生而言如何讲学习的方法呢？主要还要做到刻苦钻研，没有哪一门学问是轻轻松松就能掌握和学得精的，只有多花时间和多请教师生，才能学好悟透会用。同时还要利用好时间，优秀的人之所以优秀，那是因为他们比别人更会利用时间，做到少休息，多学习，以至于比别人拥有更多的剩余时间。再则还要注意三个结合，要从课前预习、课中认真学习、课后及时复习三个方面加强学习技巧和方法。如此，一定能够实现学业的进步。

对于个人的管理还有很多，这都需要大家在学习和工作实践中不断积累和不断总结。

第二节　团队训练与管理

我们说没有完美的个人，只有完美的团队，一个人再能干也做不完所有的事情，只有依靠团队才能取得胜利。因此，真正聪明和能干的人，不是一个人在那里工作，而是激发每个人的热情，凝聚团队的力量一起工作，实现利益的最大化。邓小平曾经说过我们的现代化事业能够取得成功一是要有共同的目标和理想，二是要有良好的纪律。因此，要搞好团队建设，这两个方面是值得借鉴和参考的。团队管理和建设还涉及许多理念和知识，由于考虑到大学生的实际状况，我们这一节内容主要从团队的素质拓展和训练方面来讲述。

一、适用于室内外的团队训练项目

游戏 1：极目远跳（此游戏，红蓝两队率先进行，黄白两队其后进行）

游戏内容：两队同时进行，以接力的形式完成。每队队员依次在趾压板上跳绳，在跳跃的同时，读出前面工作人员所举的一句话，所有队员完成即完成挑战。

游戏规则：每位队员需在趾压板上连续跳跃，直至正确念出所对应的内容，中间不得中断，若中途失败，则该队员重新挑战（挑战三次不过则轮到下一位进行游戏，且该队罚时 20 秒），直到挑战成功，下一位队员方可开始；若有弃权者或违规者，按人数计算，一人罚时 20 秒。所有队员通过，则完成挑战，用时最短者获胜。第一名获得 4 分。二、三、四名依次获得 3、2、1 分。

游戏 2：衣架接力（此游戏，红蓝两队率先进行，黄白两队其后进行）

游戏内容：游戏分两队进行，每队队员穿过衣架，所有人员完成，则挑战成功，游戏结束。

游戏规则：每队队员站成两排，从第一个队员开始穿过衣架，从头部开始朝脚下穿，完成后立即传递给下一位，若中途有弃权者或不能穿过衣架者，按人数计算，一人罚时 20 秒，到最后一名队员成功穿过衣架，则该游戏完成。用时最短的队伍获胜，第一名获得 4 分。二、三、四名依次获得 3、2、1 分。（衣架中途损坏可向工作人员要求更换）

游戏 3：高效传情（此游戏，黄白两队率先进行，红蓝两队其后进行）

游戏内容：两队同时进行，每队队员处于不同位置，用规定的动作及道具完成挑战，所有队员完成任务即游戏结束。

游戏规则：每组成员站在一条线上，第一人开始扔排球；第二人用纸箱接球，再向第三、四个人传球；第三个人与第四个人抱在一起(面对面)，用身体接球，再传向第五个人；第五个人用纸箱接球；第六人与第七人以两人三足的方式到第五人处接球，再往回走到第八人处，交给第八人；第八人接到球后做大象鼻子转动作转5圈后将球抛向第九人和第十人；第九人与第十人接到球后不间断地跳5次绳(失败则重跳，要求：第九个人接到球并抱在怀里，与第十个人一起跳绳)(失败三次则直接传给下一人，该队罚时20秒)，再将球传向第十一和十二两人；第十一、十二人，其中一人背着另一人，背上的人以任意方式接球后向第十三人传球；第十三人用纸箱接球；第十四、十五人答题正确(两人共答对两题。若出现回答不上的问题可换另一道题，但每队只能换两次题，若不能答对两题者，则算作弃权，罚时20秒)后，方可把球传给最后一人。最后一人以反扣的形式将球投进背后的塑料盆，完成所有规定动作，游戏中的违规(动作没有按要求进行的)者该人罚时20秒，弃权者该人罚时20秒。用时最短者获胜，第一名获得4分。二、三、四名依次获得3、2、1分。(本环节游戏除第六、七人可以离开原位置，其余参赛人员只能在原位置接球或传球，否则违规罚时20秒)

游戏4：趾高气扬(此游戏，黄白两队率先进行，红蓝两队其后进行)

游戏内容：分两队进行，以接力跑的形式完成，跨越障碍并完成规定任务，到达指定点，所有队员完成则游戏结束。

游戏规则：每组两人组队，一人背着另一个人，并且背人的人需要用眼罩蒙上眼睛，此人背上的人负责指引方向，两人合作走过一段有障碍的路程。第一个障碍为跨过高度为20厘米的线才能向前走(若绳线被破坏，则罚时20秒)；第二障碍为在趾压板上背着人转3圈，若在转圈的过程中脱离趾压板的区域，则需要重新转3圈，直至完全在趾压板上转完3圈方可向前前进；第三个障碍为在趾压板组成的路径上，背上的人需要喝完一瓶250 mL的小可乐才能向前走。并踩爆在终点的一个气球后才能通过，下一队在第一队到达终点后才能开始。按人数计算，一对违规者罚时20秒，弃权者罚时20秒。本次游戏通过计时评判，用时最短的队伍获胜。第一名获得4分。二、三、四名依次获得3、2、1分。

(注：以上游戏综合得分排出名次，若有平分队伍队，则这些队伍进行加试游戏，一决胜负。)

加试游戏：空中拍照

游戏内容：由比分相同的队伍进行比赛，率先完成挑战的队伍获胜。

游戏规则：两支分数相同的队伍按规定的动作进行，游戏中会随机播放音乐，当游戏音乐停止的时候，挑战队员同时跳跃，做出如下动作：(脸部表情：所有队员在空中露出牙齿并保持眼睛睁开；男生左腿向上弯曲，右腿伸直；女生双腿伸直)工作人员拍照，并拿给裁判审核，直至记录的照片完成规定动作，该游戏结束，首先完成规定动作的队伍获胜。

（注：排名最末的队伍将进入惩罚环节。）

惩罚环节

惩罚内容：以接力的形式，输的一队全部成员每人手拿一个保鲜膜框架，将脸贴在保鲜膜上并用力穿破保鲜膜。

游戏规则：该队的成员需要拿着硬质框架贴在脸上，并用力穿破保鲜膜，与此同时，不能用外力（手指、牙齿等尖锐物品）戳破保鲜膜，只能用脸穿过保鲜膜。穿过保鲜膜后该人的惩罚结束。

互动环节：

幸运抽奖

游戏内容：团委老师在暗箱中抽取三张入场券（在本次活动开始前，我们收取的每个部门所持有的入场券），所抽到的幸运队员就可获得一份礼品。

欢乐印手掌

内容：每队的成员在手上涂上各色颜料，并在游戏喷绘墙上印下自己的手印，以纪念本次活动。

二、真实的团队训练项目案例

世界500强企业富士康A次集团曾经来重庆文理学院招聘程序员和软件测试员。由于来求职的学生来自于不同的院系，为了加强团队凝聚力和素质拓展，他们提前来校举行了一场以学生为主的训练活动和总结。通过这个素质拓展的过程增强了大学生的自信心，激发了团队活力，效果非常好，获得了校内外的一致好评。甚至多年以后成了入职前训练的一个经典项目。这样的项目，其实通过一定的设计策划，我们也是可以复制的，甚至可以做得更好。当然问题的关键是要提前做好设计和策划，而且要根据项目团队人的特点来进行。

（一）前期策划

重庆文理学院与富士康A次集团校企合作专班素质拓展训练

一、活动背景

为了更好地贯彻落实党的十八届三中全会关于“强化体育课和课外锻炼，促进青少年身心健康、体魄强健”的精神，引导和帮助大学生激发参加体育锻炼的主观能动性、形成良好的体育锻炼习惯、提升身体素质，并从中磨炼坚强意志、培养良好品德和拼搏精神，共青团中央、教育部、国家体育总局、全国学联近日联合下发《通知》，决定从2014年开始，在全国高校范围内全面启动和广泛开展大学生“走下网络、走出宿舍、走向操场”（简称“三走”活动）主题群众性课外体育锻炼活动。

二、活动主题

奔跑吧！兄弟

三、活动目的

1. 培养团队精神、创新精神和实践能力，增强心理素质；

续表

2. 增强班级内部凝聚力，增进感情，同时也锻炼学生组织活动的能力；

3. 增添校园活动氛围，倡导青春正能量，促进学生身心健康成长，展现大学生的精神风貌。

四、活动时间

2015 年 5 月 27 日下午 2:00—5:00

五、活动地点

重庆文理学院红河 A 区室外篮球场

六、活动参与对象

重庆文理学院在读学生

七、活动相关要求

1. 工作人员需提前将时间、地点、注意事项等通知给各参与活动的成员；

2. 活动过程中安排相关人员维持秩序并注意安全；

3. 要求参与活动的人员穿休闲装，女生着装得体，不穿高跟鞋、裙子；

4. 参与活动的人员请遵守游戏规则，并尊重裁判的处理。

八、活动项目

（一）体验：盲人穿越

时间：20 分钟

地点：风雨球场及周边地区

道具：红领巾

规则：每队队员排成一列纵队，由队长带领本队人员穿越既定区域，队长可以虚构任何地形或路线，口述注意事项，指引队员前行，如：向前走、迈台阶、跨东西、向左或右拐等（见图 10.2 和图 10.3）。

工作人员提前准备好路线图，各组跟进人员应做好安全工作，防止活动中出现摔倒现象。

图 10.2　素质拓展训练中的小组活动

续表

图 10.3　素质拓展体验活动——盲人穿越

（二）游戏环节

各支队伍从起点站出发，到终点站完成游戏后，所用时间最短者为第一名，依次类推。

起点站：六人七足

地点：室外篮球场

道具：2 卷玻璃绳

规则：4 支队伍两两 PK。每队排成一横排，相邻的人把腿系在一起，一起跑向终点（往返跑，共 50 米），先到的队伍进行下一轮游戏。

第二站：投篮

地点：室外篮球场

道具：篮球

规则：男生在罚球线处投篮，女生可在任意处投篮。若没有投中，则该成员要投篮，直到该组所有成员全部投中即可进入下一轮游戏。

第三站：跳大绳成语接龙

地点：室外篮球场

道具：4 根大绳，若干已写好成语的纸条

规则：各队先派 1 名代表抽成语题目，各队先进行思考与讨论，准备充分后开始本轮游戏。每队选出 2 人摇绳，剩下的人完成本轮任务。每队的队员依次进绳连续跳，同时依次完成成语接龙。若有间断则所有队员从头开始跳。直到该组所有成员全部完成本轮游戏即可进入下一轮。

举例：红队，抽到的成语为“洋洋自得”，该队第 1 人进绳说出第一个接龙成语“得意忘形”后要一直跳，第 2 人进绳后说出第二个接龙成语“形影不离”，直到该队的所有队员（除摇绳的 2 人之外）全部进绳并完成 8 个成语接龙后即可停止。

第四站：乒乓球接力

地点：室外篮球场

续表

道具：筷子、乒乓球、凳子、盆

规则：每队队员排成列，第一人将乒乓球夹起传给下一位，由该队最后一位成员放入指定地点。直到传完 10 个乒乓球即可进入下一轮，若中途乒乓球掉落，则重头传递（见图 10.4）。

图 10.4　素质拓展体验活动——乒乓球接力

第五站：竞速拼图

地点：室外篮球场

道具：拼图、图片（A4 纸）

规则：工作人员提前将完整拼图展示 10 秒，每队队员依次轮流从规定的起点处跑到终点，每次只能拿一块拼图回到起点。直到得到完整拼图即可进入下一轮。（拼图中有重复）

终点站：悬空合影

地点：室外篮球场

道具：相机（手机）

规则：各队派出一名队员负责拍照，其余人集体起跳，直到拍照者拍到所有人脚离地的照片即为成功。（规定不能使用连拍功能）

最先完成的即为第一名，依次类推。

（三）撕名牌大战

参与者：富士康科 A 次集团 IDPBG 事业群 IT 专班学员

地点：风雨球场

道具：贴纸若干（名牌）

规则：各队成员背后要贴上自己的名字，游戏开始后互相撕掉其他队伍的名牌，直到其他队伍名牌全体被撕完为止，在比赛期间不得跑出区域范围，跑出者直接淘汰。本游戏采用两两对比淘汰制，直到选出最终胜利者。

九、活动详细实施方案

（一）前期准备阶段

1. 召开小组讨论会，拟定活动方案，包括详细的实施流程、分工表、经费预算表、安保方案等；

续表

2. 提前完成活动材料的采购以及准备工作，包括道具、活动奖品等的准备工作，并完成相关场地申请；

3. 宣传工作的开展，通过制作与张贴海报、利用微博等新媒体宣传本次活动；

4. 提前借音响、话筒、相机、电脑等设备，准备游戏音乐；

5. 整理参与名单，完成分组(6人/组，共4组)，组建QQ群；

6. 提前组织班级内部人员体验游戏，并进行完善。

(二) 中期活动阶段

1. 活动当天13:20所有工作人员到场签到；

2. 13:30各小组做好相应准备，道具组布置场地，音响组确认音响的正常使用、音乐的正常播放；

3. 14:00开始活动，主持人开始主持，介绍本次活动相关事宜；

4. 15:00结束活动，统分，颁奖，合影留念，工作人员收拾场地；

5. 所有工作人员对突发情况都要随机应变并随时反馈。

(三) 后期总结阶段

活动当天完成活动总结及活动成果汇报。

十、注意事项

1. 开展前，检查游戏中所用器械及场地是否存在安全隐患；备好一些常用的医疗药品，如创可贴、治疗跌打损伤的药、绷带等。

2. 开展前，讲解活动流程，并做好活动前热身。

3. 活动前签到组负责将各队队员分好，并清点好各队人数，若缺队员则可以进行微调或由工作人员补上，尽量保证每队人员一样。

4. 安排4名工作人员全程跟进各支队伍，以杜绝任何不安全操作。

十一、附件

附件1：重庆文理学院与富士康A次集团校企合作专班素质拓展训练实施流程表

附件2：重庆文理学院与富士康A次集团校企合作专班素质拓展训练安保方案

附件3：重庆文理学院与富士康A次集团校企合作专班素质拓展训练经费预算表

重庆文理学院与富士康A次集团校企合作专班

2015年5月25日

同时，在这次素质拓展和项目训练过程中，有一个环节是收集和拍摄学校各级代表对这个项目的支持和祝愿，于是他自己通过无领导小组的形式拟定了计划和方案。

重庆文理学院与富士康A次集团

校企合作专班关于拍摄院校领导寄语视频策划方案

一、项目背景

带着希望的寄语，我们扬帆起航，驶向更美好的未来。为了让同学们在校所学与企业实践有机结合，以切实际提高育人的针对性和实效性，提高技能型人才的培养质量。

二、项目目的

为了了解院校领导对校企合作的看法以及建议，同时也为了进一步促进校企合作的可持续发展，我们富士康A次集团IDPBG专班举办了此次项目。

续表

三、项目时间

2015 年 5 月 27 日

四、采访地点

院校领导办公室

五、采访对象

院校领导

六、项目组委会

顾　问:张亚鹏

组　长:俞芳芳

副组长:常泽林

小组成员:张　华　　丁　杨　　刘思宇　　何　川

七、项目流程

1. 前期通知

提前将我们本次项目的目的告知我们即将采访的院校领导,以免发生时间冲突。

2. 前期准备

(1) 联系采访的院校领导。

(2) 确定采访的时间和地点。

(3) 确定摄影人员和采访人员。

(4) 准备好各种提示性问题的卡片。

(5) 准备好送给领导的小盆栽。

3. 采　访

(1) 一名队员负责采访,采访领导对于校企合作的看法与建议,同时也可以让领导简略地写下一些寄语。

(2) 一名队员负责拍摄整个采访过程。

(3) 最后一名队员负责发送小盆栽给领导,作为领导对本次项目支持的小礼物。

4. 总　结

总结并剪辑本次整个项目的经典时刻,并认真地做好本次项目汇总报告的 PPT。

八、注意事项

1. 应选择恰当的时间采访领导。

2. 原则上是在领导自愿的情况下进行采访。

3. 实事求是地把领导的看法与建议表达出来。

4. 做海报时,最好把领导讲的原话展现给大众。

2015 年 5 月 25 日

重庆文理学院与富士康 A 次集团校企合作专班

续表

关于拍摄院校领导寄语视频分工表

时间(段)	相关事宜	总/负责人	联系方式
全　程	活动总负责及活动的策划	俞芳芳	18883282133
5.26—5.29	策划书的书写	张　华	18883278220
	负责联系校领导、老师,联系摄像师	常泽林	18883281417
	负责联系学院领导、老师	俞芳芳	18883282133
	负责跟拍院校领导、老师	丁　杨	18375790520
	负责卡片制作	刘思宇	18883280654
		常泽林	18883281417
	负责后期剪辑	何　川	18223779255

收集院校领导对校企合作的寄语项目名单表

	姓　名	职　位
软件工程学院	罗万成	院长
软件工程学院	黎　明	书记
软件工程学院	罗代忠	副院长
软件工程学院	余继军	院学工办主任、团总支书记
软件工程学院	高　峰	院党政办副主任
学工部	胡守敏	校团委副书记
软件工程学院	刘　霞	2012 级辅导员
软件工程学院	殷　娇	院科研秘书
软件工程学院	安建梅	院教学秘书
软件工程学院	吴　影	院学生党支部书记、2013 级辅导员
软件工程学院	邓龙芳	院行政秘书
校团委	孙小媛	

(二)后期总结

在整个活动过程中,设计得非常精巧的项目让每个人都获得了极大的收获,组织者更是用总结工作来升华了取得的成效。让每个团队成员,畅谈感受和理想,同时让团队负责人制作精美的 PPT 进行播放和讲解,进一步拉进大家的距离和增进友谊。例如总结者陈述道:这个活动达到的目的包括:培养团队精神、创新精神和实践能力,增强心理素质;增强班级内部凝聚力,增进感情,同时也锻炼我们组织活动的能力;增添校园活动氛围，倡导青春正能量，促进学生身心健康成长，展现大学生精神风貌等。

通过这些活动，调动了小组成员的积极性，提高了小组成员的团结协作的能力。选手玩了之后会觉得好玩，还有再想来的想法。参与的同学都很开心，全部都积极投入在比赛着。设计的五个游戏既需要团结协作的精神，也需要一定的智慧。这让同学们在游戏中得到了一些锻炼。活动之后陌生的同学成了亲密的战友(见图 10.5)。

图 10.5　活动之后陌生的同学成了亲密的战友

当然，也存在些不足，就是人员调配得不是很好，事前各个阶段的负责人没有很好地协商好、接洽好。现场的观众比较少，参赛人员的时间没有控制好。游戏规则修改的次数太多了，工作人员给予参赛选手的提示和帮助过多，这导致了游戏的难度降低。但总的来说，这样的活动锻炼了团队的每一个人，大家都学会了如何去诠释团队精神。团队的力量是很大的，一个完整的活动能在两三天内完成，这是很不容易的。

参考文献

[1] 康家珑.语言的艺术[M].北京:海潮出版社,2002.

[2] 景文斓.10 分钟演说[M].北京:海潮出版社,2002.

[3] 李元授.演讲学[M].武汉:华中科技大学出版社,2003.

[4] 戴晨志.口才魅力高手[M].上海:上海人民出版社,2003.

[5] 刘瑞庭.成功的口才艺术[M].北京:农村读物出版社,2002.

[6] 杰夫.实用说话口才一本通[M].北京:中国纺织出版社,2003.

[7] 布莱克.演讲的艺术[M].北京:中国财政经济出版社,2003.

[8] 林染.三分天才 七分口才[M].北京:中国国际广播出版社,2003.

[9] 彭国萍.世界最著名名人演讲录[M].兰州:甘肃文化出版社,2002.

[10] 关爱.脱稿演讲,练就职场达人[M].北京:中华工商联合出版社,2003.

[11] 玉钦.书信写作指南——演说名人经典[M].武汉:武汉大学出版社,1998.

[12] 张岩.新编现代应用文书写作大全[M].北京:北京工业大学出版社,2016.

[13] 岳海翔.中国党政机关公文格式与规范技巧指导全书[M].杭州:浙江人民出版社,2016.

[14] 吕叔湘,朱德熙,张志公.写作基础知识[M].北京:北京出版社,1979.

[15] 金正昆.社交礼仪教程[M].北京:中国人民大学出版社,2009.

[16] 应届生求职网.应聘生求职简历全攻略[M].上海:上海交通大学出版社,2009.

[17] 刘磊,岳付灿.我们需要招聘什么样的应届生[M].上海:上海交通大学出版社,2017.

[18] 邱仲潘,叶文强.IT 企业文化[M].北京:清华大学出版社,2015.

[19] 魏娜娣,李文斌.软件测试技术及用例设计实训[M].北京:清华大学出版社,2015.

[20] 李炳森.软件质量管理[M].北京:清华大学出版社,2013.

[21] 王顺,朱少民.软件测试方法与技术实践指南[M].北京:清华大学出版社,2010.

[22] 肖睿.ACCP 软件工程师培训教材[M].北京:电子工业出版社,2013.

[23] 马小军,张玉祥.软件工程项目案例与实践指导[M].北京:清华大学社出版社,2013.

[24] 卡伦·霍勒姆斯.个人与团队管理[M].北京:清华大学出版社,2016.